書物学 BIBLIOLOGY 18

海外図書館の日本古典籍コレクション

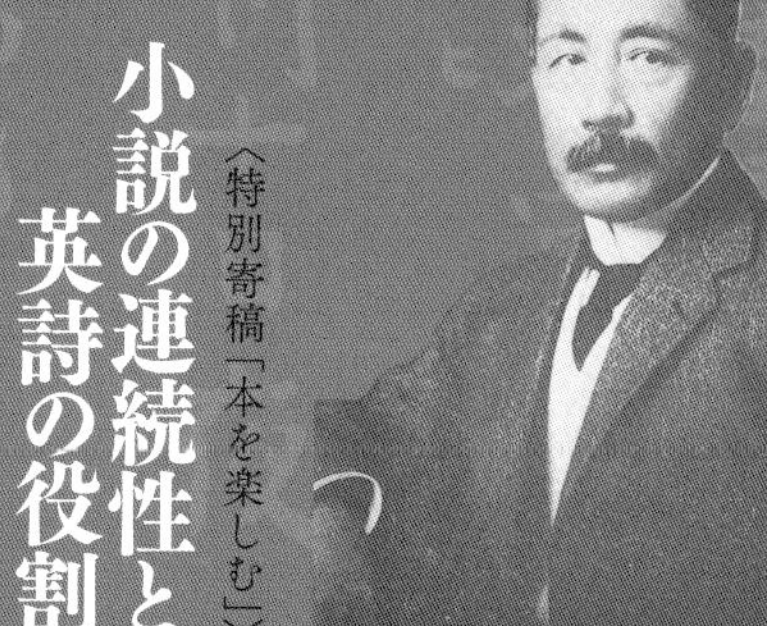

表紙・目次使用図版(参照頁)

- フランク・ホーレーの蔵書印と印影(P4)
- フランク・ホーレー旧蔵書(P6)
- 伊勢物語圖會(P16)
- 江戸時代初期版画並絵入版本展観目録(P22)
- 三都花街文學(P24)
- 役者風俗三國志(P29)
- 日本海山潮陸図(P40)
- 勇魚取絵詞(P41)
- 錦百人一首あずま織(P48)
- 輪池叢書(P57)

特集◉蔵書はめぐる——海外図書館の日本古典籍コレクション

個人蔵書のゆくえ

横山學
YOKOYAMA Manabu

愛書家の没後、個人文庫はどうなってゆくのか。
それぞれの文庫にそれぞれの物語がある。
フランク・ホーレーの「宝玲文庫」は散り散りとなったが、
坂巻駿三の英断が、琉球関係資料を救った。
「ハワイ大学宝玲文庫」は、
ホーレーの「関心世界」と書物への愛着を留めている。
終生手元に置いた一冊の皮装本に、文献学者ホーレーの原点を見る。

ノートルダム清心女子大学名誉教授。近世日本文化史、日琉文化交渉史。人物研究（フランク・ホーレー、横山重、坂西志保、坂巻俊三など）、ハワイの日系文化研究。

生涯を通して集めた個人の蔵書は、主人を失った後にどこへ移ってゆくのだろうか。理想は「一括保存」である。集められた蔵書は、書物そのものばかりでなく、その人物の「関心世界」を我々に教えてくれるからである。書物に残る書き入れ、覚えのために頁の端を折る「dog-ear」から所蔵者の「視線」が知れる。また著者との親交を示すメモが残っていることもある。蔵書印の種類や押印の場所から、入手の時期や経路を知ることもでき、補修や丁寧に仕立てられた本帙に、所蔵者の愛着が感じられる。まさに、「所蔵者の世界」が蔵書に宿り、後の人はその「関心世界」に遊ぶのである。図書館が個人文庫を受け入れるのも、ここに理由がある。その一方で、蔵書を受け入れる側には、別の問題がある。たとえ無償の寄贈であっても、保管場所の問題と、受け入れの作業、整理登録の仕事が待っている。重複本は収蔵スペースを狭める。また、整理の作業が始まれば終了の時期に縛られる。そのため今日では、受け入れられるとしても、整理経費としての「持参金」を付すこともある。

本草・植物関係を所蔵したひとりの植物学者が亡くなり、遺族が蔵書の行く先を探した。昭和十六年四月、最終的に古書市場に出され、各所の図書館や個人の書架に場所を移した。その蔵書家は村野時哉（昭和十二年十二月二十七日没）。豊田佐助の右腕と称された実業家で、自身の植物園「山野園」に樺太から台湾までの植物を数千種類も栽培していた。本草・医学・植物・農書を始めとする関連書物を集め、写させ、自らも書写し、愛書家として知られていた。晩年（昭和十一年十二月）に作成された『村野文庫目録』がある。

この時のことを横山重（一八九六～一九八〇）は、次のように記している。「村野さんがなくなられると、未亡人は、その蔵書をまとめて、某図書館に寄付しようと考えた。その話をすると、図書館の人が、いやな顔をしたという。そんなものを貰うと、手がかかって仕様がないという意味。図書館の人が悪いというのではない。何か、日本の現状に、または図書館に関して考えなくてはならぬことだ。村野さんの入札は、従来の値段に比べて、一時期を劃したほどの高値であった。六万円を越えたという。」「村野未亡人は、（中略）むずかしいと知って、むしろ一般に分けることの公平であることを知られた。そして、その収入によって、亡夫の供養を行い、残額は全部、公共に寄付されたという。ゆかしさよ。村野さんの偉さ。未亡人のよさ。」続けて「だが、私の場合、どういうことが可能であろうか。多分、どういうことも可能ではない。多分私は、私の死ぬよりも前に、恥ずべき方法において、私の本を手放すであろう。実に楽しくない。やはり、よきこと、よき考えの中に、楽しさはある。楽しく生きたい。楽しく生きたい。」と結んでいる。[1]

横山重にとっての「よきこと」は明確である。つまり、「よきこと」は、可能な限り良い書物を集めて「定本」を作ること。原本は無論、原典に近いもの。原本を求められなければ、写真に撮り、書写する。これらを集めて校合して「定本」を世に示すことであった。用いた書物を必ずしも手元に残す必要はない。必要に応じて、次の「良い」書物のために手放すのであった。こうして「赤木文庫」は出来上がった。しかし、「アカキ」蔵書印を持つ横山重蔵書は、最晩年に古書店に譲渡された。横山重はこのことを、予見したのであろう。[2]

ホーレー蔵書のゆくえ

稀覯本集書家として知られるフランク・ホーレー（Frank Hawley、一九〇六～一九六一）の蔵書の全容は、未だ明らかになっていない。来日した昭和六年から集めた書物は、和書約一万五千冊、洋書約二千六百三十冊。開戦直後に接収され、その後GHQ命令によって返還された書物は、総数一万千五百七十一冊であった。戦後さらに蔵書が増してゆく。ザ・タイムズの特派員を辞めて山科に移ってからは、収入を失ったためほぼ定期的に蔵書を手放し、その資金で新たに書物を購入していた。[3]その多くは、反町茂雄、村口四郎らを通して天理図書館に渡った。一九六一年一月十日の没後、坂巻駿三の強い希望により琉球関係（約二千冊）はハワイ大学に譲渡された。その後、ホーレー家の遺産相続管財人となった両氏が、四月六日に全蔵書を東京美術倶楽部の展覧会に出品した。[4]そのうち、和紙関係図書資料一括（四百二十二件）は天理図書館が購入し、その他は、古書籍商を経由して各地に散っていった。

戦後返還された書物には、一時期の所蔵者を示す「慶應義塾図書館印」があり、返還時の「図書館抹消印」が押されたものもある。宝玲文庫の蔵書印は、ホーレー旧蔵の「良書」の証しであった。

ホーレーは四種の蔵書印を使用していた［図版01］。当初は押印を嫌っていたが、友人ヴァン・グーリック（元駐日オランダ大使、Robert Hans van Gulik, 一九一〇～一九六七）[5]の勧めによって蔵書印を用いるようになったという。掲載写真の蔵書印は、陽刻体　長方形　単郭　一行　楷書四字、六二×二一　高さ一〇〇粍、「寶玲先生命刻　東魚長」の刻銘がある［図版02］。篆刻者は松丸長三郎（東魚長・一九〇一～一九七五）。松丸とグーリックは戦前からの知り合いで、戦後になってグーリックが自著のための篆刻を依頼した。[6]ホーレーの蔵書印はグーリックが篆刻者として松丸長三郎を紹介し、作成されたものである。

【図版01】…ホーレーの蔵書印四種

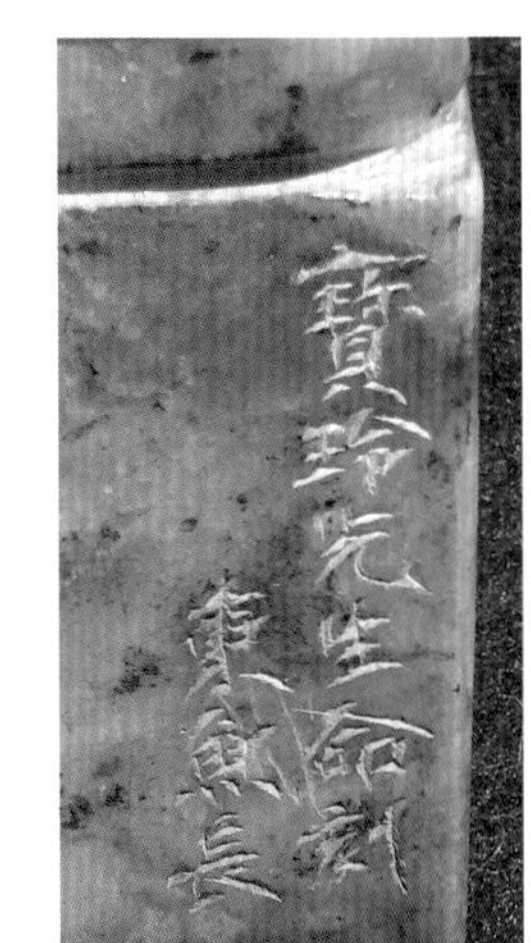

【図版02】…蔵書印

ハワイ大学の「サカマキ・ホーレーコレクション」

個人文庫にはそれぞれに物語があるように、ハワイ大学の宝玲文庫にも偶然と必然の物語がある。遡って昭和十二年、中国系と日系の勢力が拮抗していた東洋研究所に原田助（一八六三〜一九四〇）の後任人事が生じた。コロンビア大学大学院に在籍する坂巻駿三を呼び戻そうとしたが学位論文の作成中で間に合わなかった。丁度その頃、ホーレーは蔵書の譲渡をきっかけに次期総長のシンクレア（Gregg M Sinclair）と知り合い、ハワイ大学への就職を望んだが、条件が折り合わずに終わった。昭和十四年に坂巻の学位論文「Japan and the United States, 1790–1853」が『日本アジア協会報』に掲載された時、編纂委員を務めていたのがホーレーで、その経過をシンクレアに伝えている。[7] 戦後、東アジアにおける沖縄の位置に関心のあった坂巻は、琉球関係の史料収集を始めた。二人に面識はなかったが、シンクレアばかりでなく比嘉良篤（沖縄協会）をはじめとする沖縄の研究者からも、ホーレーの琉球関係蔵書のことを聞いていた。一九六一年一月十三日、来日中の坂巻は都内のホテルでホーレーの訃報を知った。坂巻は直ちに、家族である島袋久宛の伝言を、同志社の友人に託した。沖縄に関する蔵書の購入を希望している、近日中に訪問したい、と申し入れたのである。結果、「琉球関係」約二千冊（二万五千ドル）の譲渡契約が成立して、三月半ばには船積みされた。

この金額については様々な評価があった。坂巻に問われた仲原善忠は、五〜六年という時間と一万五千ドルの資金が自分にあれば、「立派な沖縄コレクション」を作れると答えた。沖縄の資料を外国に移したくない、という思いがあった。ミシガン大学のレイモンド・ナン（Raymond G. Nunn）は、この金額は坂巻の個人的な高評価で「五千ドルを超えない」と、坂巻の上司に報告した。ホーレー自身は「十万ドルの価値がある」と語っていた。特派員時代のホーレーは、宮良當壯と共著の「琉球関係図書解題」の作成に取り組んでいた。坂巻には蔵書の価値が分かったのである。坂巻は『琉球書誌稿』を一九六三年に完成させた。[8] 書物を苦労して集めたひと、研究者の思い、専門の異なるひとの評価と、様々であったが、坂巻の決断と熱意によって宝玲文庫はハワイ大学にもたらされたのである。

帰国後、坂巻は購入金額の不足を補うためにホノルルの沖縄県人会に呼びかけ、三年間にわたる「沖縄同胞発展の記念事業」を展開した。沖縄県人にとっては、「最初の海外移民先ハワイの地に世界的な沖縄歴史資料がある」という、誇りと喜びが得られたのである。冷戦下の当時、沖縄の地理的重要性が再び注目されていた。米国において日本と琉球の民族的・文化的位置づけが論じられ、「東西センター（East-West Center）」が政治戦略的意図をもって設立（一九六〇年）されたばかりで、G・H・カー（George Henry Kerr, 一九一一～一九九二）を中心とした九州・沖縄地方の琉球文献調査も開始された。[9] 日本国内では、一九四七年に六学会（その後、九学会の連合）が編成され、日本文化の総合研究が進められる中で沖縄復帰に向けて、琉球・沖縄文化の日本的位置づけの論証が求められた。米国では中国と日本の間に位置する琉球・沖縄の地理的文化的問題を取り上げた研究もあった。[10] 坂巻学部長のハワイ大学夏期大学は、歴史・言語・考古・人類学などの専門家を各地から招き、国際的な研究施設へと発展した。

ハワイ大学宝玲文庫は質において今なお、世界でも最大の琉球コレクションのひとつである。「完全に」「ホーレーの名のもとに」「分散されることなく」という島袋久の願いも叶った。夏期大学の学長室に置かれていた宝玲文庫は、坂巻の没後、坂巻の蔵書とともに大学図書館の一室に移された。「公開される貴重書」として、松井正人（日本文庫長）が管理し、ロバート・境（Robert K. Sakai）らによって史料の公開が始められた。[11] その後、バゼル山本登紀子を中心に「琉球人登城行列絵巻」についての国際シンポジウムが開かれ、琉球大学図書館を経由したデジタル画像公開へと続いている。[12]

ハワイ大学宝玲文庫の魅力

フランク・ホーレーの論文・著書は少ない。著書『Miscellanea Japonica』のⅠとⅡは私家版で、発行部数は全部合わせても二五〇冊。[13] しかも、配布先は限定されていた。それ故に、一般には「ブックコレクター」としてその名を知られるのみであった。滞日二十五年間に集めた蔵書は、多岐にわたる。戦前に関して言えば、古医術、紙漉、日本言語、本草学、動植物学、日本における初期キリスト教、日本文化史、琉球諸島に関する特殊文献。日本宗教、中国に関する特殊文献（主として言語）、日本建築、日本美術、辞書類及び一般言語学文献、書誌学的文献、能楽、蒙古及び満州に関する特殊文献が含まれている。[14] 戦後には、これらに和紙、捕鯨などが加わった。蔵書目録を見ると、小さな大学図書館に迷い込んだような印象である。しかも、学問の分野にとらわれることのない自由な集め方である。

ハワイ大学の宝玲文庫には、絵巻物から刊本まで、古地図からグラビア誌まで、居留地内で発行された英字新聞から紅型の紙型までが収められている。ホーレーにとっての「琉球世界」である。琉球人行列図でいえば、お抱え絵師の手になる美麗な絵巻物から、庶民がこぞって買い求めた安価な一枚刷りまで、重複を厭わず集められている。幕府や大名、文人識者から庶民に至るまで、江戸期の日本人が琉球をどの様に見ていたかを知ることができる。[15] 今後も、新しい研究が生れるに違いない。ここに他の琉球コレクションとは異なる宝玲文庫の価値がある。

一冊の革装本

昨年七月、ホーレーの息子、ジョン（John Hawley）が亡くなった。バークレーの古いシティーホールの中庭で「偲ぶ会」が開かれた。その時、ジョンのパートナーのデボラ・ルドルフ（Deborah Rudolph）から、金箔で装幀された「美しい本」を手渡された［図版03］。その本には憶えがあった。かつて、ホーレーの家族であった島袋久が、「ジョンの手元にあって欲しい」と見せてくれた三冊のうちの一冊である。ホーレーが生涯大切にし、常に身近に置

［図版03］…ホーレー旧蔵書『*Pierre Louys et L'Histoire Litteraire*』。蔵書印と工房印

いていたと語ってくれた。

　皺の入った緑色のモロッコ革、グロリエ様式の金箔の金線と唐草文様。表紙の中央部には「F.H.」（Frank Hawley のイニシャル）、天金が施されている。表紙のサイズは二三〇×一四〇粍。表紙の見返しの貼紙はマーブル紙、縁に金箔の金線、裏表紙の見返しの下部に「19AP31」の工房印。背には五つのバンドがあり、背文字には金箔で「PIERRE LOUYS ET L'HISTOIRE LITTERAIRE」「1925—1928」が刻印されている。表紙の見返しに蔵書印「宝玲文庫」（大型、草書四文字、朱印）がある。工房印は一九三一年の製本で、装幀者が「A.P.」であることを意味している。

　一冊に合わせて製本された書物は、『*Pierre Louys et L'Histoire Litteraire*』（『フレデリック・ラシェーヴル（Frederic Lachevre）へのピエール・ルイス（Pierre Félix Louis）書簡』）の書簡集二冊であった［図版03］。

その内の一冊は、一四九頁。二人の肖像写真、一九〇七年から二十一年の間にルイスからラシェーヴルに送られた書簡一一一通と、本文の詳しい各種の索引があり、一九二五年に印刷された。もう一冊は一九頁。その後の書簡（五通）で、一九二八年に印刷されていた。この二冊それぞれに、付録（supplement）としてルイスの書簡二通が添えられている。但し封入されていたはずの書簡は無い。これら二冊はいずれも七十五部の限定出版で、ホーレーのものは第五十五番。フランク・ホーレーに宛てられたラシェーヴルの署名がある。

本に挟まれた書簡

この本には、フレデリック・ラシェーヴルがホーレーに宛てた書簡［図版04］と絵葉書の計二通が挟み込まれていた。

一九二九年九月十九日

拝啓、私はあなたの手紙を受け取り、急ぎご返事しております。手元には『Frédéric Lachèvre へのPierre Louÿs書簡』は三部のみで、その数を二つに減らすのは難しいことです。しかしながら、あなたが私の作品に興味を持っていることを考慮して、そのうちの一部を犠牲にすることにしました。残念ながら、これらはパリにあります。私は十月前半にパリに行く予定です。それまでお待ちいただくようお願いいたします。本を受け取られたら、受領の確認をお知らせください。

敬具

フレデリック・ラシェーヴル

四〇ボージョン通り　パリ、八区

追伸：あなたの手紙は「Norton on Tees」［返信先住所］でしたが、郵便スタンプは「Stockton on Tess」(i.e. Tees) とありました。あなたから特段の指示がない限り、Norton on Tessに送付します。

私の本はもはやChampionではなく、Margraff、37 rue Saint-André-des-Artsに預けられています。

ちなみに、本はほとんど絶版となっています。

年末までにGiraud-Badin (128 Boulevard Saint Germain) 書店から次の三冊を刊行します。

すなわち、

Glanes bibliographiques et littéraires, précédées d'une préface de André Thérive, 2 Volumes、

Scarron et sa Gazette burlesque, Réimprimée pour la première fois (Scarron and his Gazette Burlesque) [?]-1 volume、

Bibliographie sommaire des keepsakes et autres recueils collectifs de la période romantique (Summary bibliography of keepsakes and other collections of the Romantic era)

の三点です。

CHATEAU DE COURMÉNIL
PAR EXMES
GARE ET TÉLÉG. GACÉ (ORNE)

［図版04］…ラシェーヴルがホーレーに宛てた書簡

一九二九年のおそらく九月に、ホーレーがラシェーヴルに著書の入手を希望し、これに応えて限られた所蔵本を割愛してホーレーに

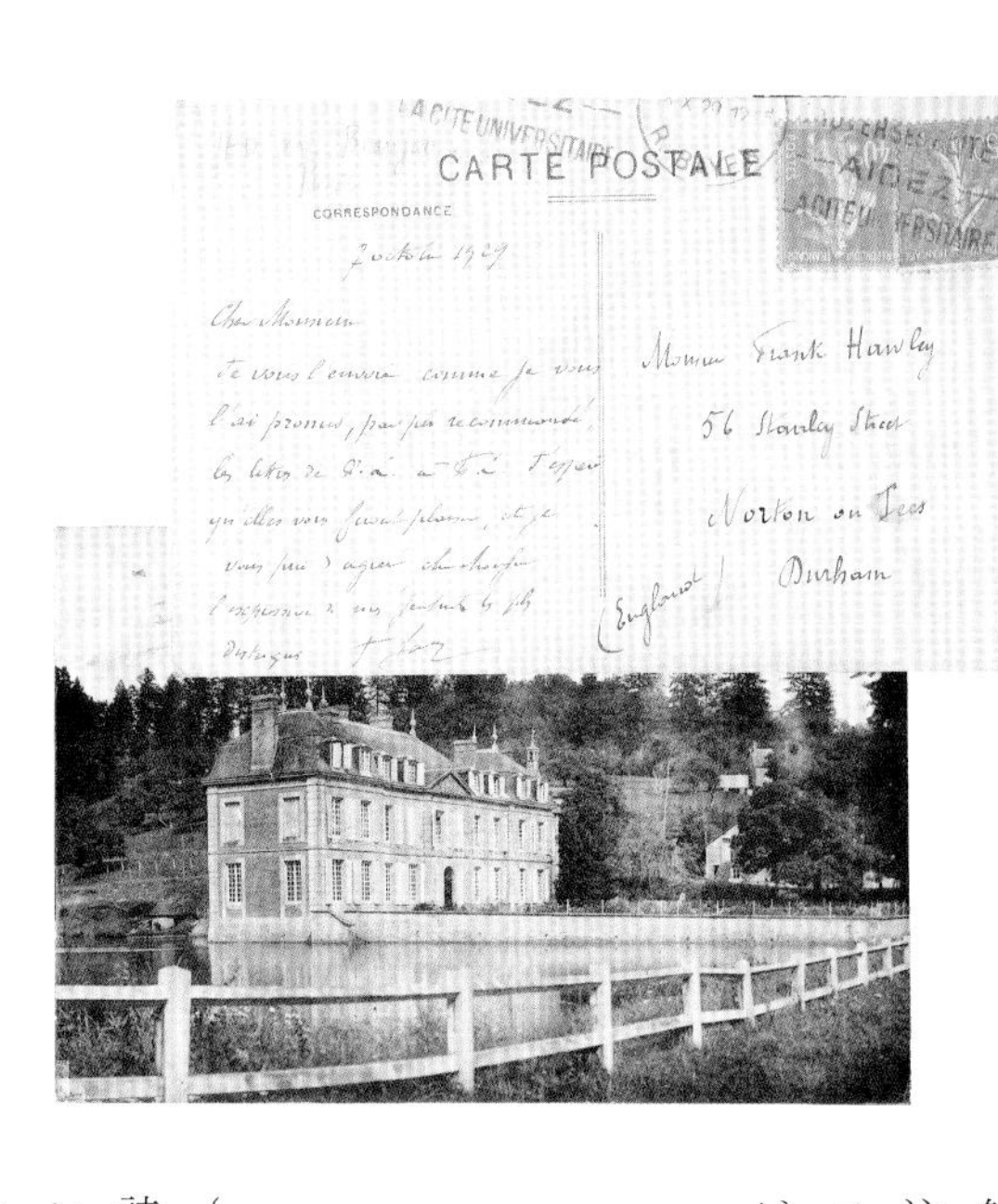

【図版05】…本に挟まれていた絵葉書

送ったのである。出版を予定している三冊の著書名も記されている。そして。十月七日付の絵葉書［図版05］は、書物を受け取ったことを確認したいという内容である。

この一冊の書物が、筆者の長年の疑問に答えを与えてくれた。戦前、ホーレーは「外国人のための日本語辞書」の編纂を試み、原稿の一部を仕上げていた。[16]一つの言葉の説明に、豊富な用例をあげて理解を助けようとする独特の方法であった。戦後に出版した『*Miscellanea Japonica I*』は、ロンドンで見つけた馬関戦争の英国外科軍医の日記である。『*Miscellanea Japonica II*』は『日本の鯨と捕鯨』である。いずれも、正確なテキストと克明な注釈が付されてる。このような研究の姿勢は、いつどこで、どのようにして学んだのか、というのが筆者の長年の疑問であった。

ピエール・ルイス／フレデリック・ラシェーヴル、とフランク・ホーレー

著者のフレデリック・ラシェーヴル（一八五五～一九四三）は、フランス十六世紀～十七世紀の詩人の文献を研究する書誌学・文献学者である。シラノ・ド・ベルジュラック（Cyrano de Bergerac）テオフィル・ド・ヴィオー（Théophile de Viau）をはじめとする、多くの人びとに関する膨大な蔵書と書誌文献を所有していた。

ピエール・ルイス（Pierre Félix Louis, 1870～1925）は、詩人にして作家。晩年（一九〇六）にラシェーヴルとの出会いから文献学に魅かれた。沓掛良彦は「ギリシャ学者にして異常なまでの愛書家にして大蔵書家、卓抜な書誌学者にして文献学者、フランス古典文学の研究家、あらゆることに興味を持ち、文字通り万巻の書を読破した八宗兼学の大教養人」と評している。[17]二人は多くの書簡を交わし、ふたりとも「記録魔」であった。ラシェーヴルはルイスからの書簡を残したいと、出版したのである。

ホーレーは語学に秀で、向学心に富む青年であった。一九〇六年、イングランドの北部ダーラム州ノートンに生まれ、一九二四年にリバプール大学人文科学部（Faculty of Arts）に入学し、二六年に優等試験（Honors in French Part I）と及第試験（Certificate in German）に合格、二七年に優等試験（Honors in French Part II）に合格して、卒業論文「フランス十八世紀における言語理論の研究補考」（仏文）を提出した。大学院に進学して「比較文献学」を専攻、フランス語とドイツ語を修め、指導教授は著名な言語学者ウィリアム・コリンソン（William Edward Collinson, 1889～1969）であった。ここでホーレーは言語学を学んだ。

一九二六年にパリ大学に留学し、ライプニッツの中国学を学び、ペリオから満州語の重要性を学んだ。一九二八年にはケンブリッジのピーターハウス・カレッジに在籍し、満州語を研究する奨学金を得、教師の資格を得た。同年十一月には、一九二九年度に比較文献学専攻の修士論文を提出したいとリバプール大学へ申し出ている。ペリオの勧めで、ベルリン大学でも学んだ。その後半年間、ロンドン大学で満州語を教えた。

卒論で百科全書の研究をしていたホーレーは、機会を得てパリで学んだ。その時にルイスやラシェーヴルを知り、文献学に魅かれて、大学院で

の専攻（比較文献学）を決めた。ルイスの書簡集は、どうしても欲しい書物だった。ラシェーヴルが手元に置いた中から分け与えてやろうと思うほど、懇願したのであろう。

「大切な本」の装幀

一九三〇年、文部省がロンドン大学に二三人の英語教師を欲しいと言ってきた時、若いホーレーに、「雇英語教師」という日本での仕事の道が開かれた。東京外国語学校の書類には、一九三六年九月十七日着任とある。ホーレーを推薦したのは、ロンドン大学の言語学者、吉武三郎であろう。開戦前に吉武は、ホーレーを自らの後任と考え、家族とともに帰国するように勧めた。しかし、そのようにはならなかった。日本から送ったホーレーの修士論文を審査したのも吉武であった。

【図版06】…グーリックの書「奇書手不釈」対聯の一部[20]

当時の外国人教師の給与と支度金は、日本人とは比較にならないほどの高額であった。奨学金を頼りに学んできたホーレーにとって、初めて手にする大金であった。その時、最初にしようとしたのが、この本の装幀である。

ファン・グーリック［図版06］の追悼論文が『モニュメンタ・ニッポニカ』に掲載されている。執筆を勧めても、この本の修理が終わらないので研究に着手出来ない、とホーレーは応える。「不完全な書物を見ることは彼（ホーレー）にはほとんど肉体的といってもよい苦痛を与えた」と記している。[18]「大切な本」への思いは、終生変わることはなかった。

ところで、この本の装幀者を示す刻印［19AP31］のことである。著名なダグラス・コッカレル（Douglas Cockerell, 一八七〇～一九四五）の弟子に、ふたりの「A.P.」、Alice Pattinson と Annie Power がいる。年齢は少し違うようだが、ほぼ同時期に活躍した。女性の装幀者が注目され始めた時期であった。手掛けたのは、どちらの「A.P.」であろうか。[19]

注

（1）横山重『書物捜索』上、雑筆五十二、昭和十六年九月。

（2）横山が予見した通り、「赤木文庫」は売られた。大阪大学は横山重旧蔵書本の古浄瑠璃・説教正本九十六点を購入し、さらに信多純一寄贈本（四点）を合わせて「赤木文庫」として構築した。現在は、附属図書館「赤木文庫」としてウェブ情報公開がなされている。早稲田大学図書館「雲英文庫」には、雲英末雄の旧蔵本とともに旧「赤木文庫」の俳書が含まれている。

（3）「毎月必ず、月末になると電話が掛かってくる。毎月だいたい四、五十万。」反町茂雄談。

（4）『ホーレー文庫蔵書展観入札目録』昭和三十六年四月一日。

（5）ヴァン・グーリック、一九三四年にオランダ公使館書記として来日、晩年は駐日オランダ大使。来日当初からのホーレーの親しい友人。外交官、東洋学者にして推理小説家（「ディー判事シリーズ」）。C.D.Barkman

『EEN MAN VAN DEIE LEIENS BIOGRAFIE VAN DIPLOMAAT / SCHRIJVER / GELEERDE ROBERT VAN GULIK』FORUM AMSTERDAM 1995.

（6）稲畑耕一郎「ヴァン・グーリックの日本語書簡——印人松丸東魚との交遊のなかで」『多元文化』二巻、二〇一三年三月十日。

（7）「Japan and the United States, 1790 – 1853」『The Transactions of The Asiatic Society of Japan』Second Series, Vol.XVIII, 1939.

（8）Shunzo Sakamaki『RYUKYU: A BIBLIOGRAPHICAL GUIDE TO OKINAWAN STUDIES』University of Hawaii, Honolulu 1963.

（9）崎原貢「琉球史料探訪記」（拙著解説・訳）『生活文化研究所年報』二十一輯、所収。

（10）Earl Rankin Bull（1876 – 1974）『Okinawa or Ryukyu: The Floating Dragon』1958.

（11）本邦書籍より「宝玲叢刊」として、『琉球教育』『神戸貿易新聞』『琉球所属問題関係資料』『江戸期琉球物資料集覧』などを復刻出版。

（12）ハワイ大学図書館「琉球人登城行列絵巻国際シンポジウム」、二〇一三年十月。
「A Journey into Frank Hawley's Okinawa」A Two-Part Workshop on Okinawan Research Methods April 24, April 26, 2018.
「TREASURES at UH Hamilton Library」HAWLEY & SAKAMAKI: The Founding of UHM Ryukuan Studies April 25, 2018.

（13）「An English Surgeon in Japan in 1864 – 1865」『Miscellanea Japonica I』、河北印刷、一九五四、限定百部。
「Whales and Whaling in Japan」『Miscellanea Japonica II』、河北印刷、一九六一、限定百二十五部。

（14）一九四二年十一月二日付スイス公使館宛宝玲俊子書簡。

（15）拙著『琉球国使節渡来の研究』吉川弘文館、一九八七。

（16）「皇紀二千六百年に三大記念編纂　愈々蒐集に着手」『東京朝日新聞』記事、昭和十一年十月十三日。記事中に「外国人のための日本語辞書を国際文化振興会が企画している」ことと、フランク・ホーレーが編纂者として予定されていること、そして準備も進み完成に近いことが記されている。

（17）沓掛良彦『評伝ピエール・ルイス　エロスの祭司』水声社、二〇〇三。

（18）R. H. van Gulik「In Memoriam: Frank Hawley（1906–1961）」『Monumenta Nipponica』16:3/4（1961）, pp. 434-47.

（19）Tidcombe Marianne「Women Bookbinders, 1880-1920」, Oak Knoll Press, US, 1996.
古書目録（AbeBooks Seller）には見事に製本された同書（第五十七番）が紹介されており、二通の実物と複製が封入されている。これは、ピエール・ルイスの研究書『Pierre Louÿs et L'Histoire litteraire』百二十五部限定で、一九二八年に別途出版されている。

（20）よりはっきりと友への諫言を打ち出した対聯。とかく学識をふりかざし、人に敬遠されるきらいのあったホーレーに対し古人のゆかしい心を見習えと、もの柔らかにだがぴしりと釘をさしている（和爾桃子氏のご教示による）。

これと対をなす聯辞には「一九四九元旦荷蘭高羅佩　寶玲吾兄　恵存」とある。グーリックは一九四八年十一月十八日に再来日。すぐに神田界隈を散策し、目黒区猿楽町に住む親友のフランク・ホーレー夫妻と再会している。年が明けて、整えられたオランダ大使館で、再会の祝宴が持たれた際に、この対聯がホーレーに贈られたと考えられる。和爾桃子はグーリックの「ディー判事シリーズ」（早川書房）を翻訳。

〈翻刻〉
奇書手不釈
旧多心相知
一九四九荷蘭高羅佩

〈読み下し〉
奇書を手にして釈さず
旧(もと)の多心を相知る

〈和訳〉
貴重な本をあれこれ講釈するの（ばかりが能）ではない
その本にこめた古人のいろんな思いに心を通わせるのです

参考文献
・拙著『書物に魅せられた英国人　フランク・ホーレーと日本文化』吉川弘文館
・拙編著『宝玲文庫資料集成』全六巻、ゆまに書房
・拙著論文『生活文化研究所年報』掲載

「東西の十字路」楽園ハワイの中の古典籍とその来歴

ハワイ大学マノア校図書館アジアコレクション部日本文庫から

バゼル山本登紀子
Tokiko Y. Bazzell

書籍の来歴には
様々なストーリーが秘められている。
蒐集者の人となりや
本との出会いはもちろん、
書籍を通して生まれた人との繋がり、
人と書籍がともに「生きたぬいた」
時代背景とその運命を知る時、
新たな関係が生まれていくような気がする。
本稿では日本と深い絆を持つ
ハワイに集まってきた古典籍の
ストーリーを紹介する。

ハワイ大学マノア校図書館アジアコレクション部日本研究専門司書（一九九九～現在）。北米日本研究資料調整協議会（NCC）会長（二〇〇七～二〇〇九）。カソリック大学ワシントンDC図書館情報学修士。南イリノイ大学カーボンデール校言語学科英語教授法修士（ロータリー財団奨学生）。東京女子大学英米文学学士。静岡県出身。

太平洋のほぼ中間地にあるハワイは「東西の十字路」と呼ばれてきた。州都はホノルル市でハワイ五島の一つオアフ島にある。ワイキキビーチから山側に車で十分ほどのマノア渓谷に、州立ハワイ大学マノア校キャンパスが広がる。一九〇七年に創立し、今では二万近くの学生が学んでいる。当初よりアジアとの関係が深く、世界中から研究者や学生が集まっている。その研究と教育を支援するのがハワイ大学マノア校図書館である。アジアコレクション部には、中国・日本・韓国/朝鮮・東南アジア・南アジア・フィリピン・沖縄・極東ロシア各地域の専門司書が資料を構築・管理し、利用に供している。海外への交通手段が船だった頃は、アジアから欧米に旅する人たちがハワイに寄港していた。数日、時には数か月滞在し次の目的地に向かう。寄港前には著名な乗客の船上名簿が地元新聞紙面に発表され、ハワイの知識人、指導層との交流が築かれていった。ハワイにはアジアからの移民が多く、特に明治元年から始まった日本人移民の数は、戦前までに人口の四割近くを占めていた。一九五九年に合衆国の五十番目の州となるまでのほぼ六十年間は米国準州として、それ以前はハワイ王国として独立していた。一九四一年には真珠湾攻撃が起きた。地理、歴史、民族そして文化的に日本と深い絆があり、それが故に、当館の資料形成にも大きな影響を与えてきた。本稿ではハワイ大学マノア校図書館アジアコレクション部日本文庫設立の歴史と古典籍資料の来歴を寄贈者との関係から紹介する。(1)

ハワイ大学日本文庫の成り立ち

ハワイ大学は農工業専門の単科大学として設立し、一九一九年に総合大学に移行することとなった。この決定を受け大学に日本研究プログラムを作ることが正式に提案された。一九二〇年、同志社大学総長を辞した原田助(たすく)(一八六三～一九四〇)を招き日本プログラムが始まる。原田は翌年一月から日本文学・日本史・日本語を教え始め、同時に資料構築活動に取り組んだ。彼はハワイ大学教授就任前から有識者の信頼を得ており、日本・米国・ハワイの指導者層および政治・産業界に人脈を築いていた。一九二六年に渋澤栄一を訪ねた際に、ハワイ大学の日本関係資料構築支援を嘆願した。渋澤はその場で自ら五百円を寄付し、後日五千円を資料構築のために集め寄付した。(2) 原田はこれをもとに地元日系社会に支援を呼びかけ、渋澤が日本で集めた資金にさらに五千円の寄付金を加え、東京帝国大学図書館長だった姉崎正治に選書を託した。こうして収集された約三千点の資料には、日本・米国・ハワイの旗の図案に「Japanese Friends in Japan and Hawaii(フレンド)」と記された蔵書票[図版01]がついている。この資料群が現在の日本文庫の基礎となった。その後一九四一年まで、有識者の助言をもとに選書し図書館が購入・受贈する資料構築の流れが続いた。日本語資料の整理と目録作成には日系人学生と地元金融界

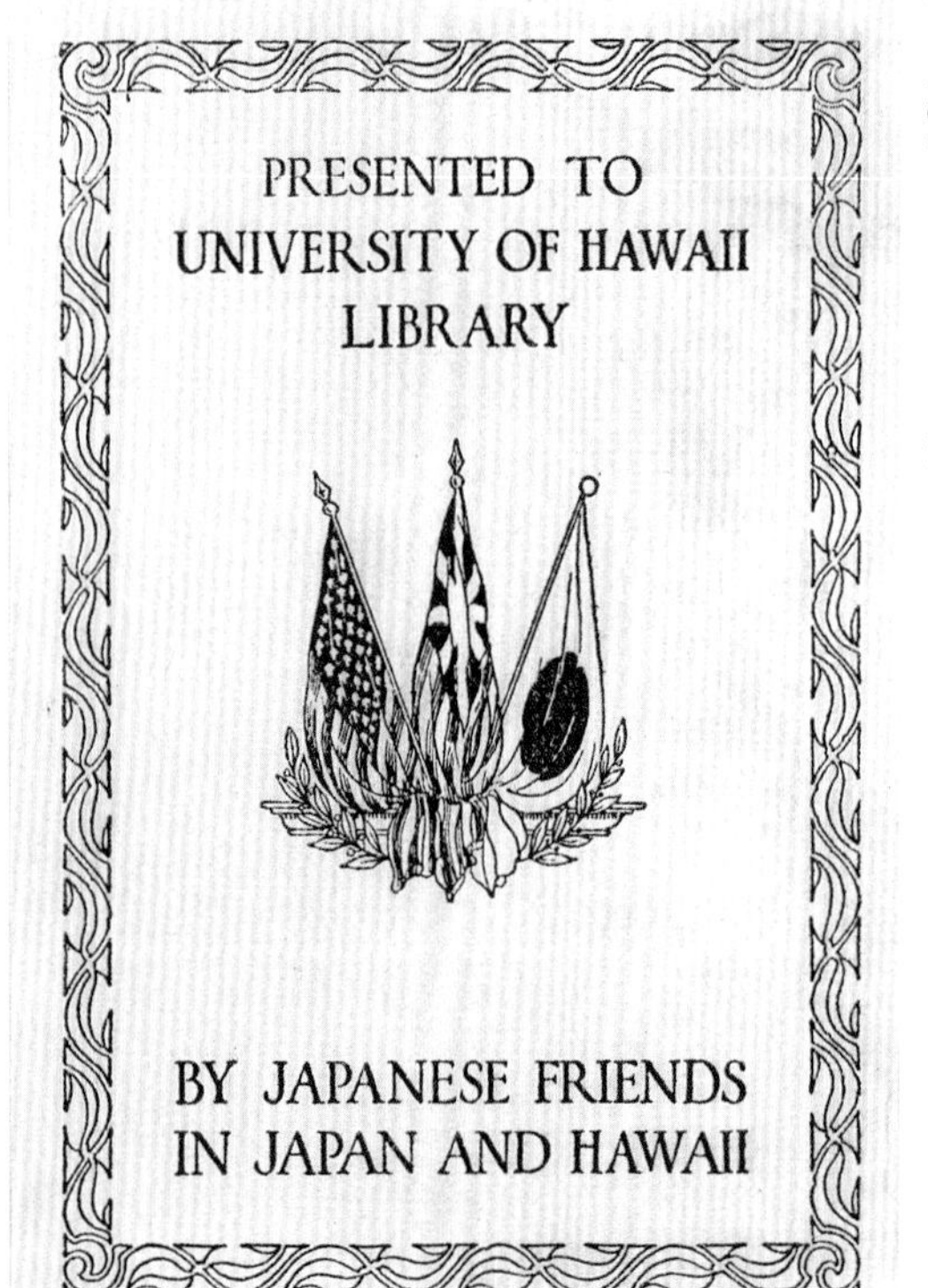
PRESENTED TO
UNIVERSITY OF HAWAII
LIBRARY
BY JAPANESE FRIENDS
IN JAPAN AND HAWAII
[図版01]…フレンドの蔵書印

で成功した中村源作など、[3]日系社会からのボランティアが活躍した。また、阪巻駿三、[4]川地建助、相賀重雄、上原征生(ゆくお)といった原田の教え子が収書や整理を助けた。一九三〇年代はグレッグ・シンクレア(一八九〇～一九七九)が東洋研究所と東洋図書館を設立し資料の充実に努力した。シンクレアは国際文化振興会に働きかけ、四千冊以上の資料を集め、[5]その整理を上原征生に託した。また、この時期には振興会の援助で著名な学者が次々に客員として大学に招聘された。[6]日本、ハワイ大学そして地元日系社会が連携しながら計画的に日本資料構築活動を続けていった。

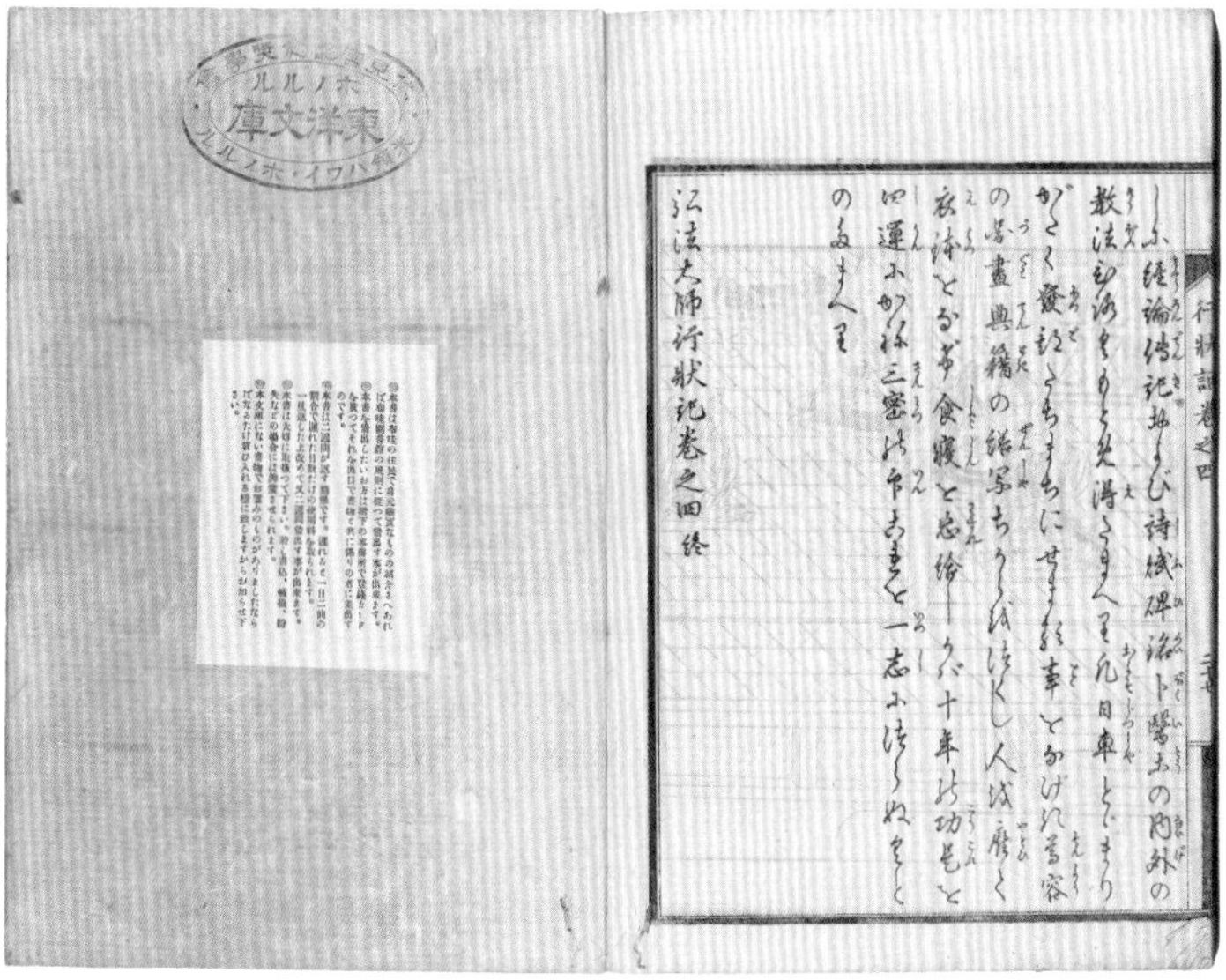

【図版02】…伏見宮記念奨学会東洋文庫蔵書印

一九四一年十二月の真珠湾攻撃、日米開戦によりハワイ大学日本文庫は予期せぬ事態に直面していく。前述の振興会から大学への資料とは別にハワイの日系指導層が奔走し[7]日本政府各関係省、日米協会、国際文化振興会等の支援でさらに三千冊余りの日本関係資料が収集されていた。この資料群は紆余曲折を経て、[8]一九三五年にハワイ州立公共図書館内に「伏見宮記念奨学会東洋文庫」として設立し一般住民に供することとなった。[9]しかし、真珠湾攻撃後、米軍が州立図書館の建物を利用することとなり文庫は解体され、約二千冊の書籍が公共図書館からハワイ大学図書館に移管された。[10]後日談であるが、この移管された書籍の重複本は、戦後海を渡って英国ケンブリッジ大学に売却され、同大学図書館蔵書の一部となった。[11]書籍の数奇な来歴を当時の記録から知ることができる[図版02]。

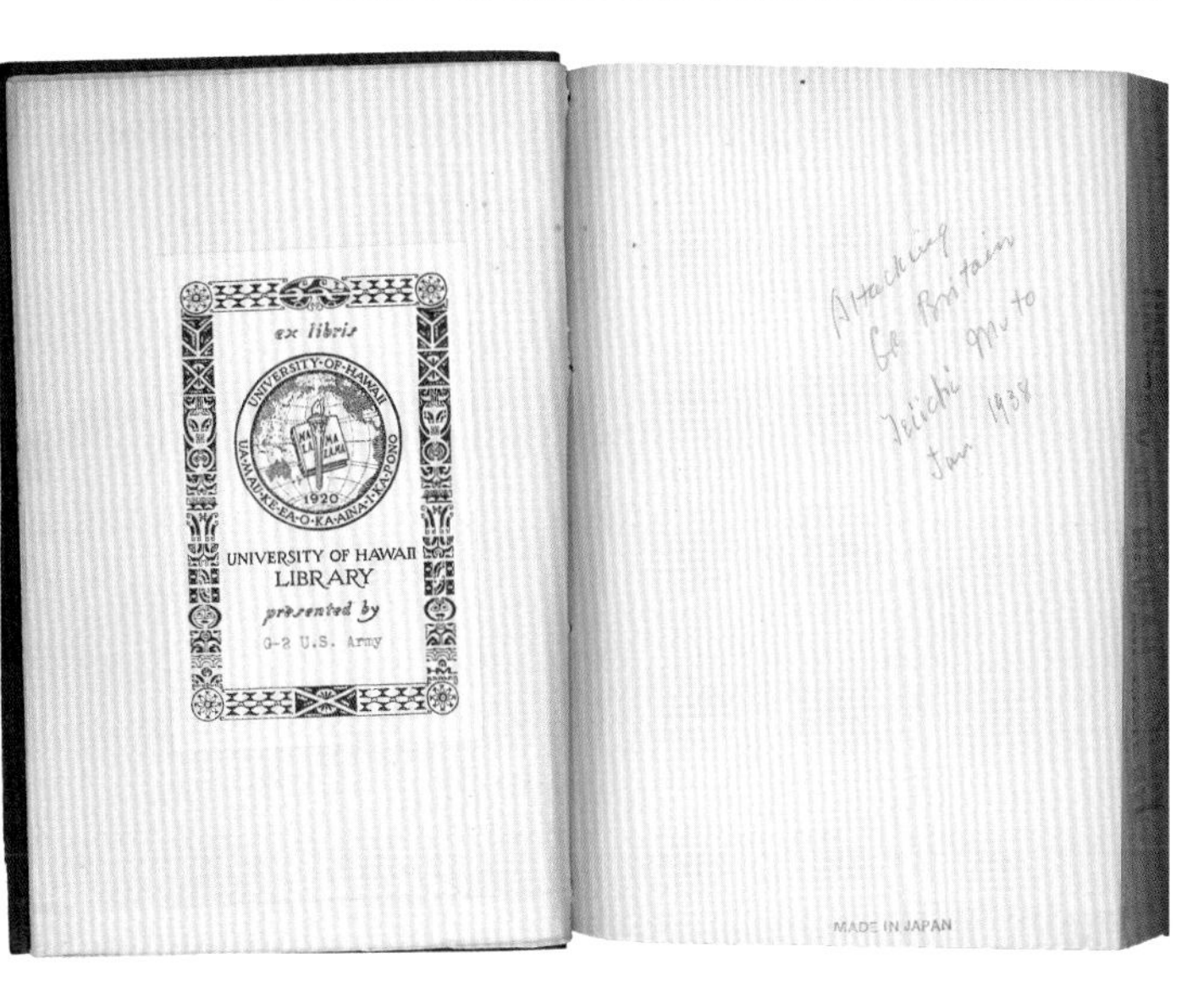

【図版03】…G-2 Army Intelligence 蔵書印

戦中期は、米軍諜報部がハワイに設置され諜報・心理戦活動・捕虜の尋問等に従事した。軍の要請を受けて大学は日本文庫資料の貸出利用に協力し、原田助の後を継いで日本講座を教えていた上原征生は、コロラド大学ボルダー校の海軍日本語学校で日本語の特訓を受けた諜報士官たちに日本語を指導した。その中の一人にドナルド・キーンがいる。[12]当時の米陸海軍諜報部が集めた日本関係資料は、戦後ハワイ大学図書館に寄贈された[図版03]。戦後冷戦期には、一九六〇年に米国議会が[13]ハワイ大学キャンパス内に設立した東西センターが、日本資料収集に貢献した。この時期にハワイ大学図書館のアジア関係資料は東西センター図書館に移管され（一九六二年）、センター図書館は後述するグレン・ショウコレクションを含め積極的に収書活動し、一九七〇年にセンターのアジア文庫が再び大学図書館に移管される時までに、蔵書数は数倍に増え全米で第六位の規模になっていた。

古典籍の紹介

当館の古典籍特殊文庫は琉球関係資料を集めた「サカマキ・宝玲文庫」が知られている。阪巻駿三が、夏期学部学部長だった一九六一年に、沖縄研究所のために英国人蒐集家フランク・ホーレーの家族から購入したもので、当館では唯一独立した古典籍中心の文庫として管理されている。阪巻の退職後に図書館に移管された（一九七一年）。その後阪巻自身の資料を加えて「サカマキ・宝玲文庫」と総称している。宝玲文庫に関しては、横山學氏に専論があり、そちらを参照願いたい。[14]また、一九二〇～四〇年代初期のフレンド、国際文化振興会、伏見宮記念奨学会東洋文庫にも数多くの古典籍が含まれているが、ここではそれ以外の受贈古典籍資料を中心に紹介する。

今村恵猛記念文庫

Bishop Imamura Memorial Library

ホノルル市を南北に走る幹線からガンダーラ様式のエキゾチックな白亜の建物が見える。これが一九一八年に建立されたハワイ本派本願寺別院で、表庭に今村恵猛（一八六七～一九三二）の胸像がある。福井県出身の今村は慶應義塾大学の福沢諭吉の下で学んだ。三十三歳の時別院初代監督だった叔父の里見法爾の招きでハワイに渡り、翌一九〇〇年に別院監督となった。精力的に布教活動をしながら日系子弟への教育に情熱を注ぎ、日本語学校を設立し日本語教科書の編纂を始め、在留邦人子弟育成に努力した指導者だった。後年今村は日系二世の中から教育者を育て、白人に日本の歴史文化を的確に伝えることができる人材育成を目指して「布哇日本文庫」の設立を決意、精力的に収書活動を始めた。[15]日本語教育への米国社会からの反発や排日感情が高まっている時期であり、日英両語に堪能な二世たちの育成と彼らへの期待が窺える。しかし今村は図書館の完成を見ることなく一九三二年に急逝する。逝去後、今村の意志を受け継ぎ「布哇日本文庫設立期成会」が組織され収集活動が続けられた。この時期はハワイ大学でもシンクレアの指導下、東洋研究所が設立し東洋図書館の所蔵数も年々増えてきていた。設立期成会は「布哇日本文庫」活動の重複を避け、収集した二千八百冊余りをハワイ大学図書館に寄贈することにした。一九三九年のことで、図書受入書には一九四〇年後半まで寄贈が続いたことが記されている。寄贈書籍には「今村恵猛記念文庫」の蔵書票を付した［図版04］。当館に残っているのはこの受入記録のみで、寄贈目録が作成されたか否かは不明である。宗教関係資料はもちろん、中国文献・哲学・文学・歴史・道徳・婦女子教育・当時の国体思想など多岐に亘った分野が収集されている。大部分は明治から昭和初期の出版物であるが、『義公黄門仁徳録』、嘉永四年刊の『雨窓閑話』『続皇朝史』等、古典籍が多数含まれている。

［図版04］…今村恵猛記念文庫蔵書印

グレン・ショウコレクション
Glenn Shaw Collection

グレン・ショウ（一八八六～一九六一）は、七十五年の生涯のうち戦時期を除く四十年近くを日本で過ごした。日本語を習得し、教師として翻訳者・随筆家・俳人として、また新聞編集部コラムニストとして活躍し、(16) 戦時中はコロラド大学の海軍日本語学校責任者として入隊者の選別にあたった。戦後は米政府の文化外交官として日本に赴任し、一九五七年の退職時に日本政府から瑞宝章を授与されている。初めて日本に行く一九一三年以前には、ハワイの高校で教鞭をとっていた。また、一九五七年に日本から退職地コロラド州への帰路ハワイに滞在し、本学客員教授として夏期講座で日本文学および日本文化史を教えた。ハワイに寄港する度に日本国総領事館や大学主催のレセプション・講演会が主催されている。シンクレアとは長年の友人で、二人は日本でもハワイでも機会あるごとに面談していた。シンクレアを通して歴代学長、阪巻駿三、上原征生など大学関係者との知己を深めている。ショウが翻訳した台本をもとに大学で日本の演劇公演会も催されていた。逝去後一九六三年に家族がショウの蔵書を東西センター図書館に寄贈したのだった。贈与の条件として、寄贈本にはグレン・ショウの蔵書票［図版05］を付すこと、コレクションの目録を作成することなどが合意された。目録は東西センターから一九六七年に発刊されている。(17) 個人コレクションとしては規模の大きいものであろう。

IN MEMORY OF
GLENN W. SHAW
1886 - 1961

［図版05］…グレン・ショウ蔵書印

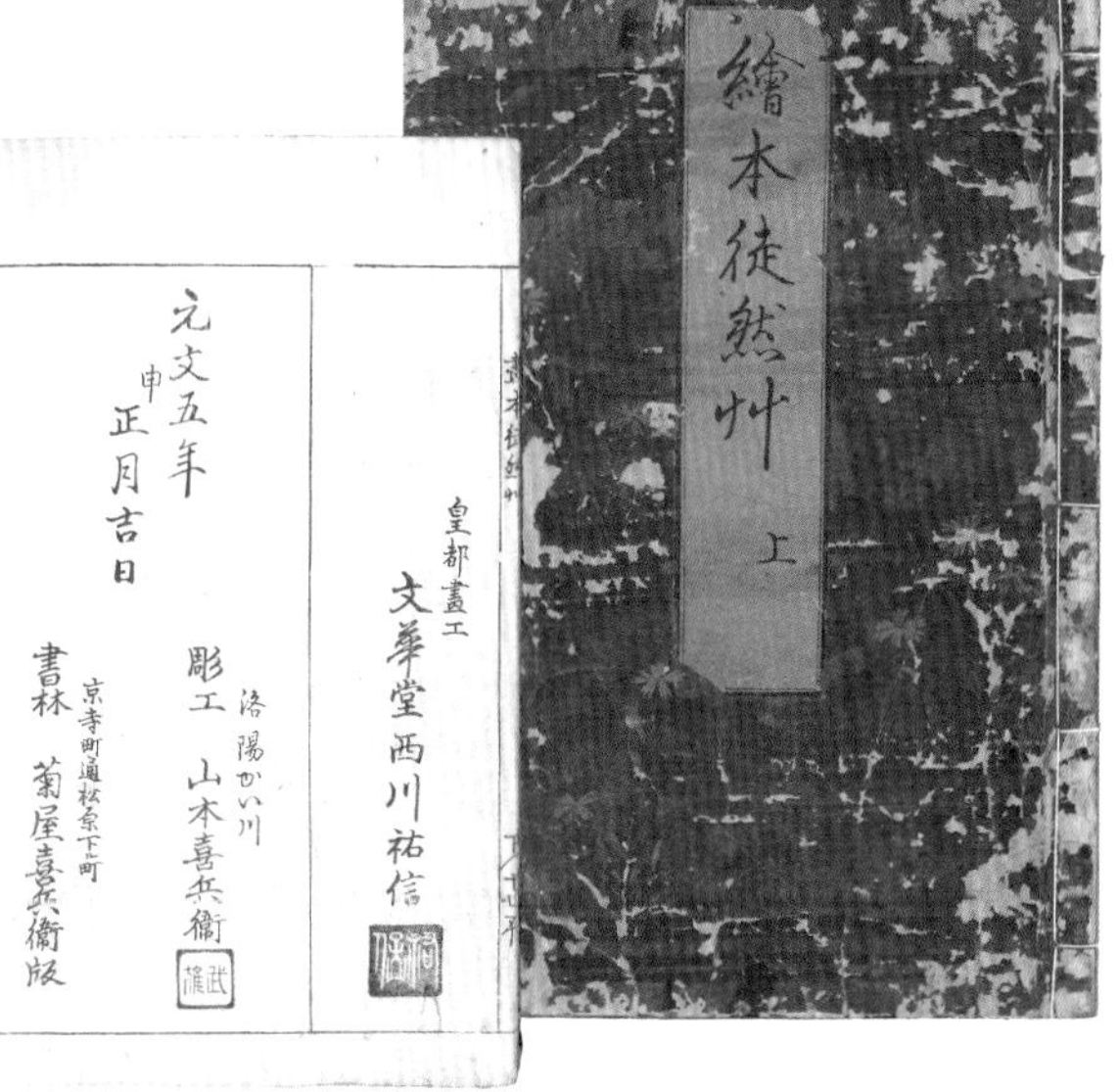

［図版06］…『繪本徒然艸』（グレン・ショウコレクション）

六千冊に及ぶグレン・ショウコレクションは彼の多彩な経歴を反映し、日本文学・言語はもとより歴史・政治・経済・社会一般と多岐に亘る分野を網羅している。明治中期から日本を去る一九五七年までの資料がほとんどであるが、凡そ二百題目余りの江戸版本が含まれる。版本の約四割が名所図会系統で、『阿波名所圖會』『播磨名所巡覽圖繪』『江戸名所圖會』『兵庫名所記』『二十四輩順拝圖會』『厳島名所圖會』『拾遺都名所圖會』等、ショウが日本各地の名所、旧跡や由緒来歴に関心を持っていたことをうかがい知ることが

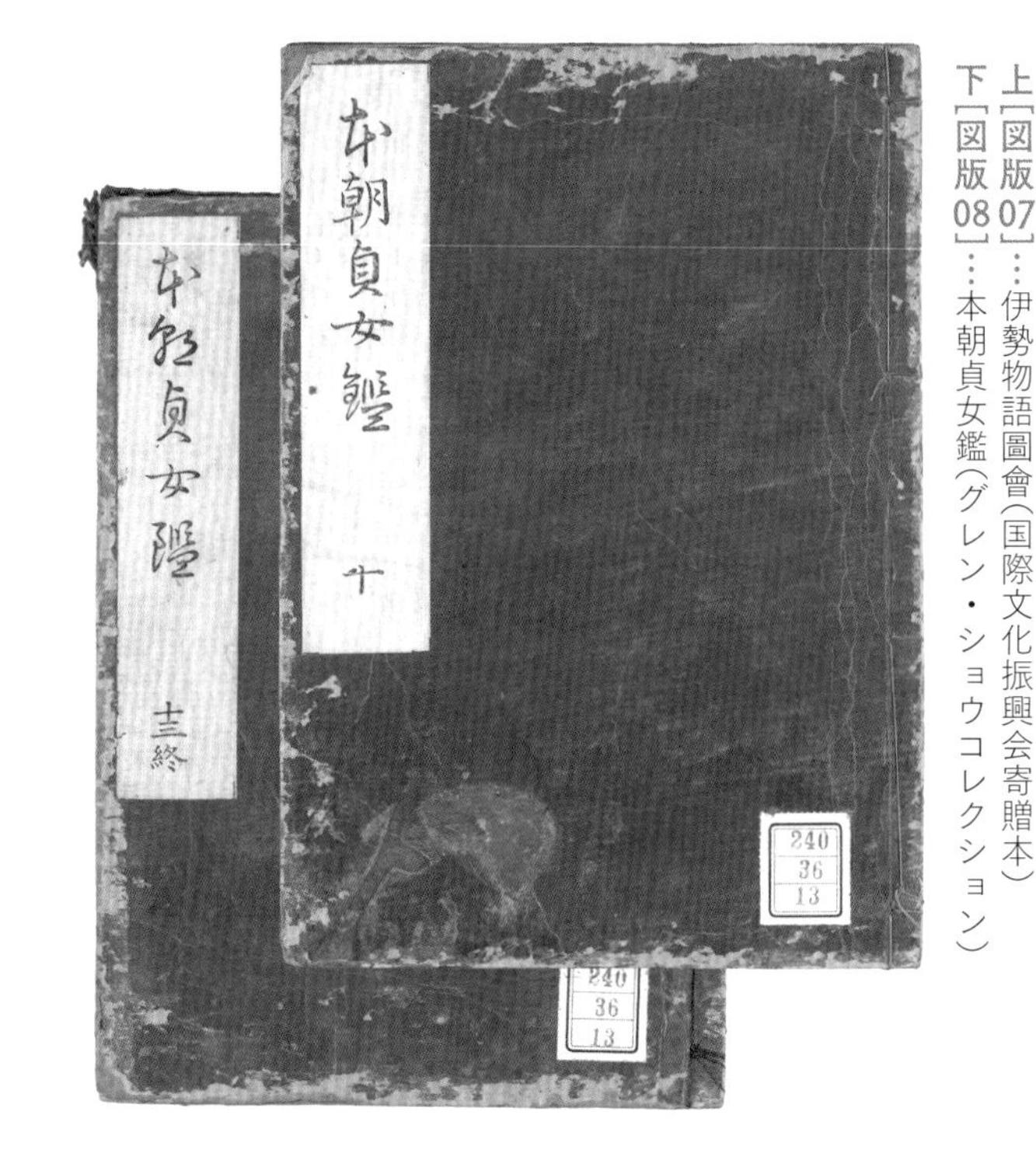

上［図版07］…伊勢物語圖會（国際文化振興会寄贈本）
下［図版08］…本朝貞女鑑（グレン・ショウコレクション）

できる。次に多いのは絵画、画譜類で『和漢名画苑』『一蝶画譜』『楠亭画譜』『和朝名勝圖』『亀画百物』『彩画職人部類』他がある。絵入本、読本では『繪本徒然艸』［図版06］『聖徳太子傳圖會』『伊勢物語圖會』、宝永二年の『西行物語』等がある。文政八年の『伊勢物語圖會』［図版07］は、国際文化振興会の寄贈本の中にも含まれており、ショウの版は彩色されていないが、振興会寄贈の版は彩色画で興味深い。十七世紀の教訓・教育本の『本朝貞女鑑』［図版08］は当館の蔵書の中で時代の古い資料の一つである。また、数冊の医学関係の版本も含まれている。宇田川玄真の『醫範提綱』、本間棗軒の『内科秘録』等がその例である。英語や日本語を教えていたショウらしく、『大日本永代節用無尽蔵』『幼童必読英学階梯』や『飛良賀奈英米通語』といった辞書類、言語関係の版本もある。ショウは自らを「自分は東西の真ん中にあるハワイみたいだ。」と表現していた。日本を愛し、学び、観察し、体験し、そして西洋に紹介した彼の人となりを垣間見ることができる資料群といえる。

その他の寄贈本の中から

ここまではまとまった形で受贈した資料の中の古典籍と来歴を紹介したが、当館には献本頂いた数冊の中に混合していた古典籍が多い。これもご縁があってのことと思う。「東西の十字路」ハワイは日本研究の専門家や在野研究者が居を構え知的交流の場となっていた。『源氏物語』の英訳で知られるエドワード・サイデンステッカー（一九二一〜二〇〇七）も日本とハワイを往来していた一人である。翻訳の際に利用したと思われる承應三年版絵入『源氏物語』が逝去後当館にもたらされた。国文学研究資料館の岡田貴憲氏の調査では、大部分は「山本春正跋文のみの無刊記の初刊本」で六冊のみ八尾勘兵衛版本の取り合わせ本とのことである。(18) 全冊に「松方／文庫」

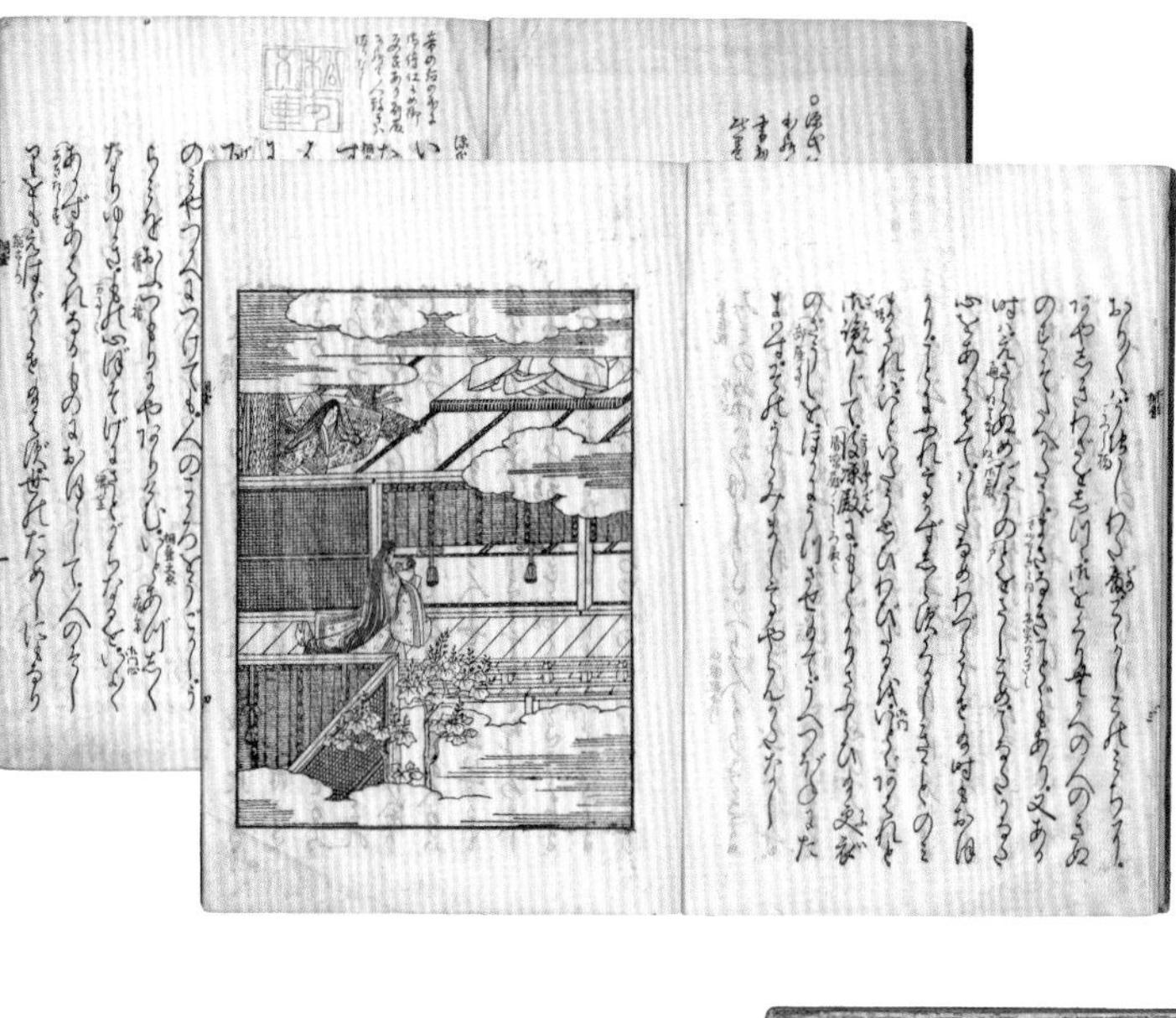

[図版09]…『源氏物語』上の松方蔵書印

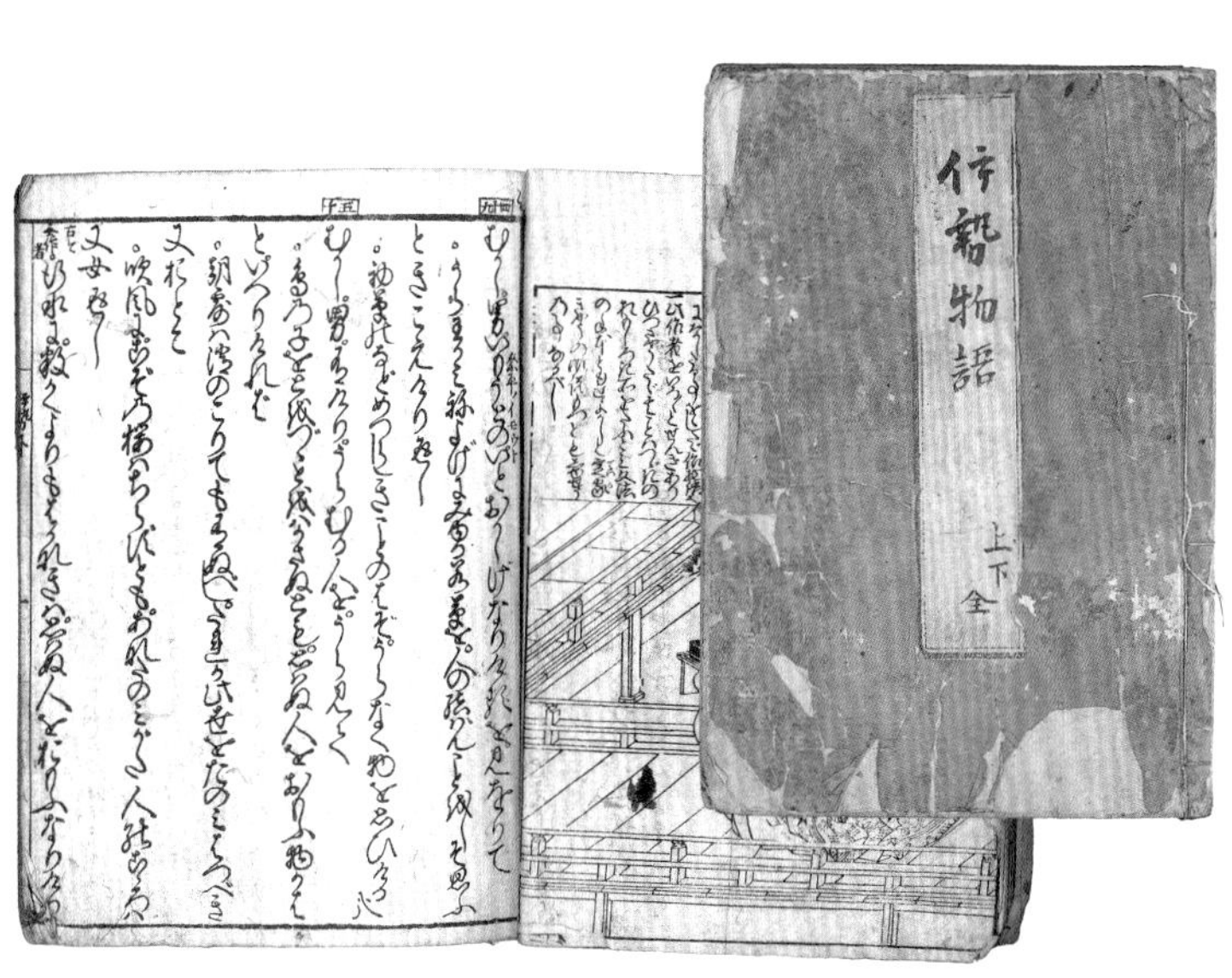

[図版10・11]…『伊勢物語』

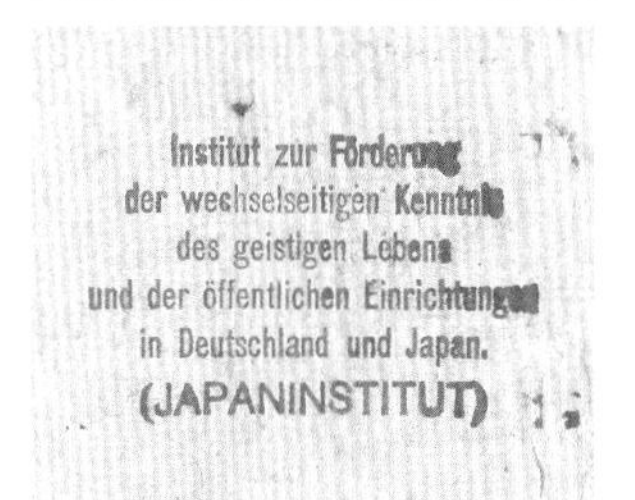

[図版12]…ルンプの印

の蔵書印がある［図版09］。また地元日系二世カズオ・ヤマネのご家族から譲り受けた日本語書籍中に、『四方乃詠』『張替行燈』など様々な古典籍が混じっていた。その一つが萬治二年の『伊勢物語』上下版本である［図版10・11］。岡田氏の調査では、前半部分は萬治二年五月以前刊再修、後半は萬治二年五月以前刊松會版の合冊で「本来は再修版の巻頭にあるはずの伊勢立像が合冊部分に移動されている」とのことである[19]。この古典籍にはさらにユニークなドイツ語の印がある［図版12］。これはフィッツ・ルンプが蒐集したJapaninstitut旧蔵書でルンプの*Das Ise Monogatari von 1608 und sein Einfluss auf die Buchillustration des XVII Jahrhundert in Japan*内リスト九番目『伊勢物語』に相当すると考えられる[20]。なぜこれがハワイのヤマネ家にあったのか。カズオ・ヤマネは日系人で構成された第一〇〇歩兵大隊諜報活動で功績があった人物である[21]。彼がどのようにしてこの版本と出会ったのか、今後の調査に期待したい。

最後に昨年新たに「サカマキ・宝玲文庫」に加わった巻物『鯨魚覧笑録』二軸を紹介する［図版13］。ホーレー子息ジョンの追悼式でデボラ・ルドルフ未亡人から譲りうけた。ホーレーは捕鯨関係文献を蒐集していたがそのほとんどは死後売却された[22]。この二軸はご子息が大切に保管していた巻物である。生島仁左衛門が寛政八年に鯨組として独立した時に（一七七六年）鯨とりの様子を描かせたものを文政二年に写したとある。おりしもこの年は米本土から捕鯨船が初めてハワイに来た年でもある。ハワイにはもともと捕鯨産業がなかったが、これをきっかけに食料・燃料・人員の供給地として一八六〇年中ごろまで捕鯨産業が栄えていっ

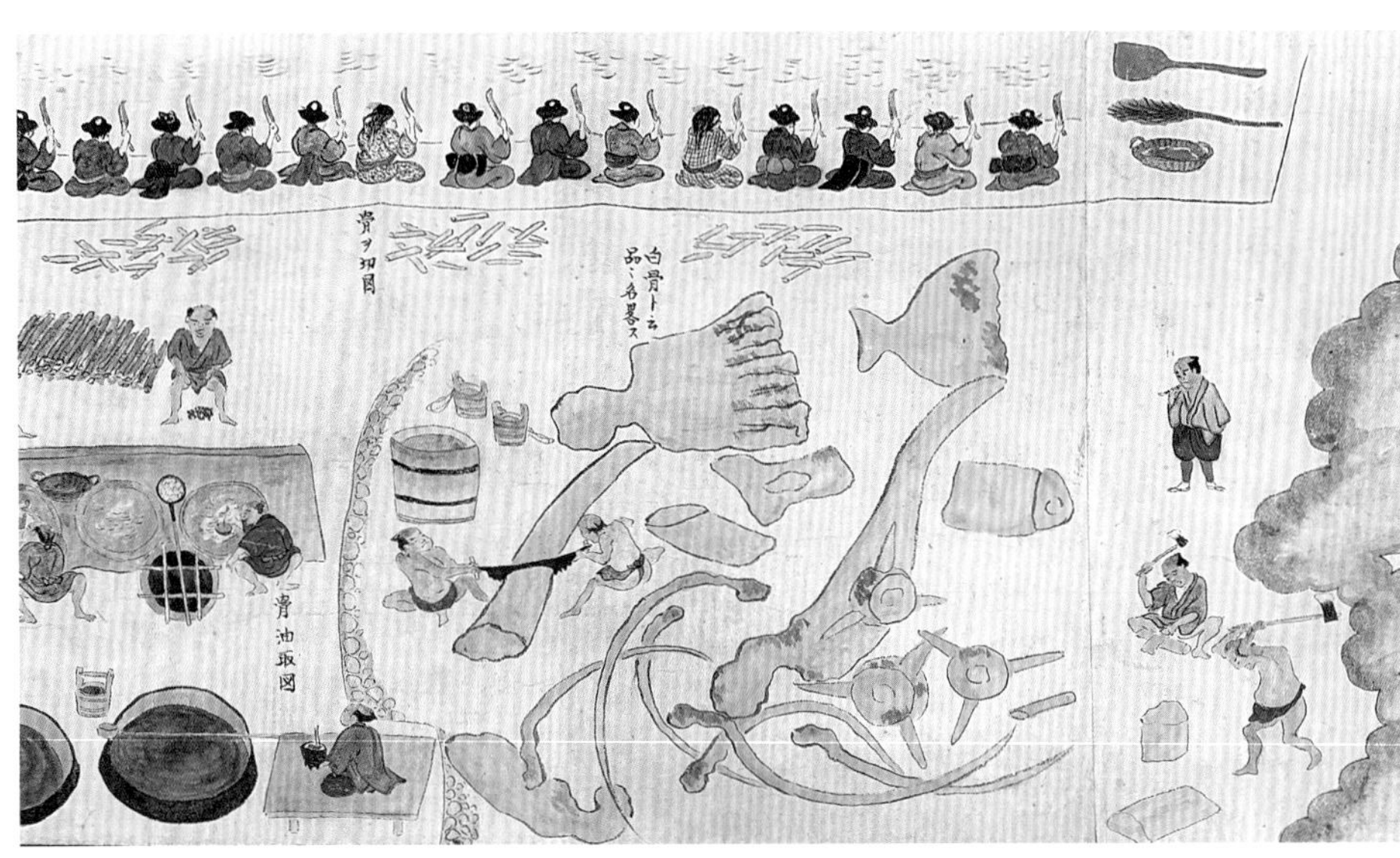
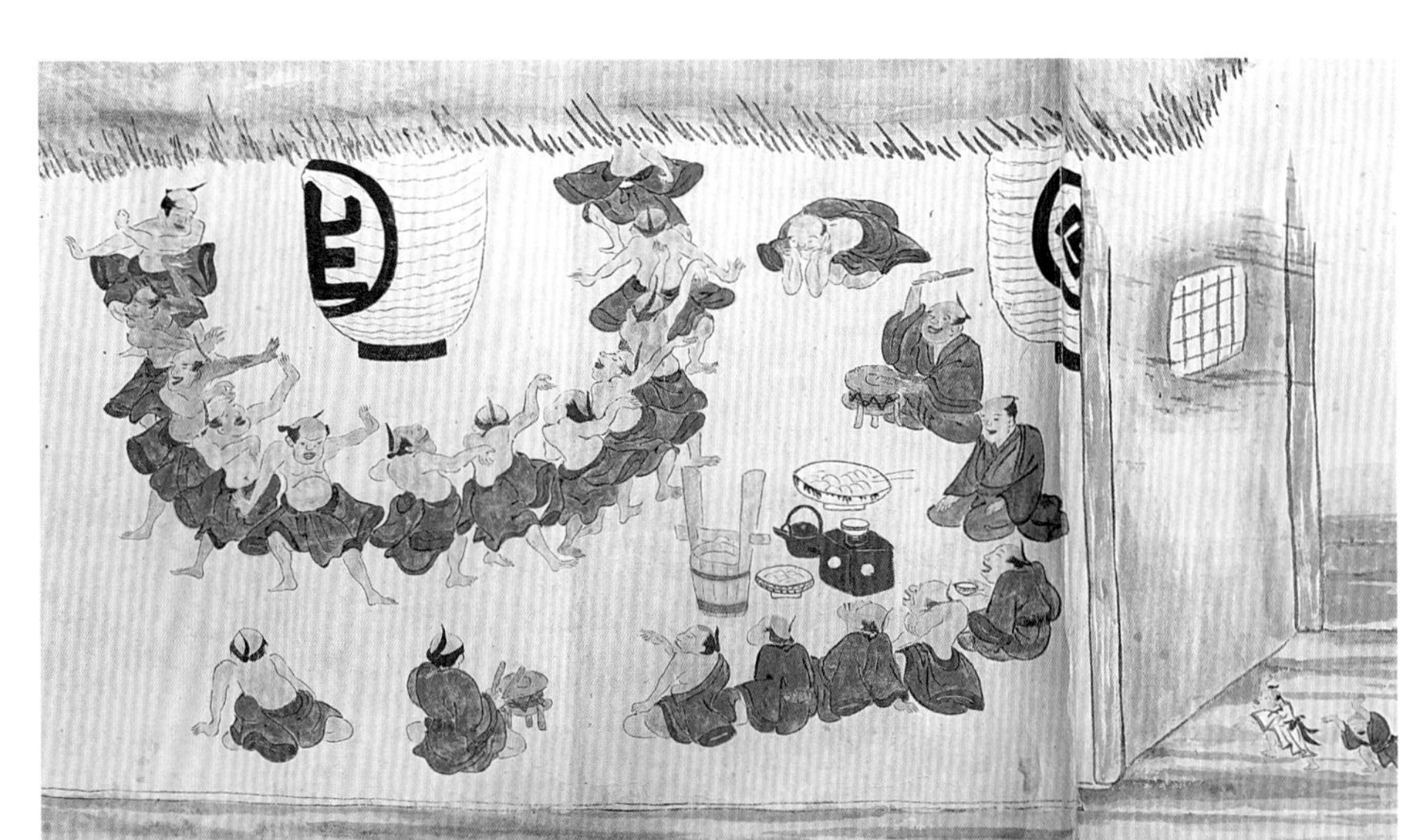

【図版13】…『鯨魚覧笑録』

た。日本周辺の漁場の図、網を使った鯨とりの情景、納屋や準備・解体作業の様子、鯨の種類・部位・捌き方そして祝いの場が詳細に描かれている。文庫購入から六十年後にこの巻物がハワイで宝玲文庫と一つになっためぐり合わせは感慨深い。当館では近々写真公開を計画している。

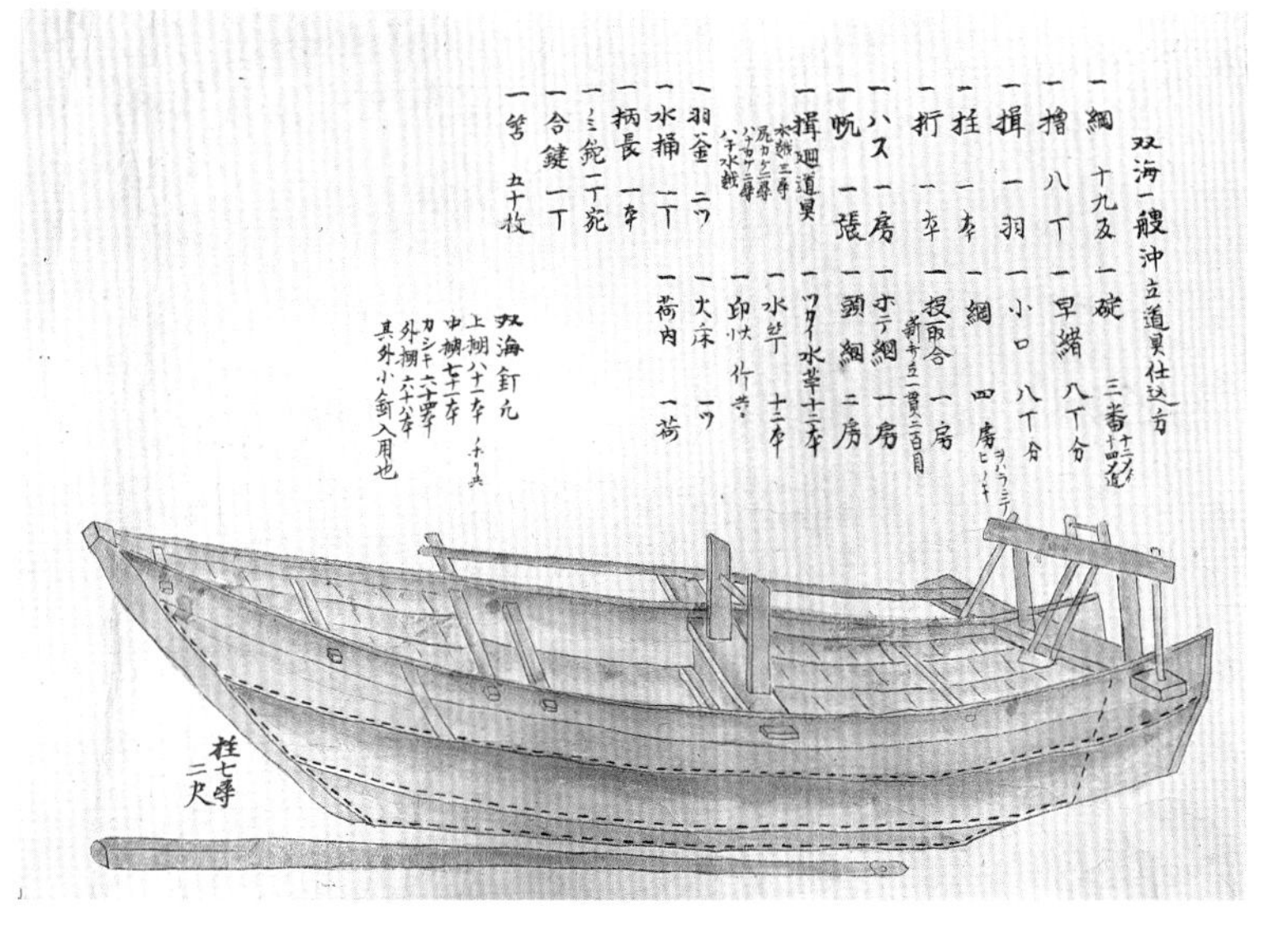
〔図版13〕…『鯨魚覧笑録』

注

(1) ハワイ大学関係記述は大学アーカイブズ所蔵Gregg Sinclair Papers及び当時関係者著書を参照。

(2)『澁澤栄一伝記資料』四十巻四三五頁～四三八頁。『澁澤栄一伝記資料』には原田を始め歴代ハワイ大学学長や日系指導者たちが頻繁に渋澤を訪問していることが記されている。この記録は茂原暢渋澤栄一記念財団情報資源センター長からご教示頂いた。『原田助遺稿集』『日布時事』も参照。

(3) 一八六八年生、熊本県出身一世。銀行・保険業で成功した。中村は一九三二年の退職を機に自ら五千冊の本の寄贈を表明し、整理や目録作成を手伝っている。自身の生い立ちと東洋図書館拡充への提言が『布哇大学附属図書館東洋図書館部充実趣意書』として残っている。中村は実際に一九三五年日本に行き日本資料の充実のために関係各所を回っている。

(4) 横山學によるとサカマキ家は日本では「坂巻」であるが、ここでは本人が使っていた印鑑「阪巻駿三」の漢字を使用。

(5) 振興会から送られた書籍リストの中から大学が選書した。

(6) 中瀬古六郎、蝋山正道、清岡暎一、高楠順次郎、鈴木大拙、花山信勝等。

(7) 毛利伊賀（医師）、相賀安太郎（日布時事）、奥村多喜衛（マキキ教会）等。

(8) シンクレアと振興会の青木節一との書簡から当初この資料をハワイ大学東洋図書館に所蔵することも考えられていた。

(9)『伏見宮記念奨学会東洋文庫報告書』昭和十一年刊。沿革および各寄贈者リスト詳細が記されている。

(10) *Library of Hawaii. Report of the Librarian July 1, 1940–June 30, 1941.*

(11) 小山騰氏からケンブリッジ大学側の記録と情報を提供頂いた。

(12) 河路由佳『ドナルド・キーンわたしの日本語修行』

(13) 東西センター（現独立法人）はハワイ大学と同じ敷地内にあるが別機関である。

(14) 横山學『書物に魅せられた英国人』他多数。

(15) 今村恵猛『超勝院遺文集』

(16) 大阪朝日新聞コラムニスト、ラジオ英語講座等。翻訳『出家とその弟子 The priest and his disciples』『藤十郎の恋 Tōjūro's love』他。

(17) Arai, Hirotake, Gibu, Morio. *Catalog of the Glenn Shaw Collection at the East-West Center Library.* 1967.

(18) 詳細は後日岡田氏から発表される予定。

(19) 山本登朗編『伊勢物語版本集成』参照。

(20) 山本登朗『ヨーロッパを流転した伊勢物語――ルンプ旧蔵書』及び同『伊勢物語流転と変転――鉄心斎文庫が語るもの』に詳しい。

(21) https://armyhistory.org/kazuo-yamane/

(22) 横山學『書物に魅せられた英国人』

特集◉蔵書はめぐる——海外図書館の日本古典籍コレクション

古典籍もART
ホノルル美術館収蔵和古書と作品整理について

カワイアエア幸代 Kawai'ae'a Sachiyo

モネの睡蓮、ゴッホの麦畑など
所蔵コレクションひとつひとつに物語が存在するように、
日本から海を渡った多くの和古書に纏わった人々と
その時代背景もまたホノルル美術館の歴史を彩るピースだ。
それらを繋ぎ合わせると見えてくるメッセージの片鱗を
観る人の心に届けることも
ARTに携わる私たちの使命である。

ハワイ在住二十八年。ハワイ大学図書館情報学修士課程終了後、東京アメリカンセンター（米国大使館広報文化交流局）にてライブラリアンとしてのキャリアをスタート。六年の勤務を経て再びハワイへ戻り、カピオラニ大学図書館に十二年間勤務。二〇一二年一月よりホノルル美術館主任司書。静岡市出身。

Ukiyoe（浮世絵）やSurimono（摺物）という日本語を含んだ展示会が海外でも開かれるようになって久しいが、アメリカ全土に展開するユニクロのショーウィンドウに飾られたアンディ・ウォーホル（一九二八～一九八七）の花柄プリントの隣りに東洲斎写楽の役者絵を目にすると、ジャポニズムの広がりは今も昔も浮世絵版画の力によるところが大きいのだと得心が行く。ホノルル美術館が所蔵する一万点余りの日本の浮世絵・木版画コレクションリストには欧米の芸術家たちにセンセーショナルな表現技法の風を吹き込んだ葛飾北斎（一七六〇～一八四九）作「富嶽三十六景」の四十六図すべてが揃っている。常夏の島ハワイにホノルル美術館が誕生したのは一九二七年（昭和二年）四月八日、五十番目の州としてアメリカ合衆国に加わる前のまだテリトリー（属州）だった時代に遡る。東洋美術に深く関心を寄せていた創設者アナ・ライス・クック（一八五三～一九三四）は、横浜の美術商野村洋三（一八七〇～一九六五）を友と呼び、彼を通じて中国や日本の美術品を数多く購入している。NYやボストンに拠点を置いていた山中商会もまたアジア文化の架け橋としてひと役買っていたようで、数多くの売り立てカタログに加え「贈呈」というのし紙のついた美術書がライブラリーの書庫にいくつか並んでいる。一般的に米国の美術館には「リサーチファシリティ（資料室）」という役割を担うスタッフのためのライブラリーが付属するが、ホノルル美術館のように誰でも利用できるアートライブラリーとして一般公開しているところも数多く存在する。

浮世絵版画コレクションで有名なホノルル美術館のライブラリーには当然浮世絵や江戸文化に関する資料が多く集められている。大戦前に海を渡ってきた文献や日本びいきの外国人たちの手で集められ巡り巡ってここまでたどり着いた書籍もある。現在は「図書目録カード」オンライン化の真っ最中で五万冊余りある所蔵書籍の約七割ほどの書誌情報がすでに登録を済ませ検索可能になった。外国語文献の書誌データは英語表記だけでなくオリジナル言語、つまり和書の場合は日本語でも表記され検索も日本語でできるよう構築している。国会図書館や日本国内の学術データベースでは該当するものが見つからないお宝に出会うことも珍しくない。岡倉天心が在職していたボストン美術館に遜色ないと言われるほど卓越した浮世絵コレクションがハワイの小さな美術館に集まったという「縁」は同時にライブラリーコレクションにも反映されており、多言語での日本美術史という観点ではかなり充実した図書館といえるのではないだろうか。今回はホノルル美術館の九十年余りの歴史の中で日本美術コレクションの成り立ちに深く関わったリチャード・レインの遺品から見えてくるその不思議な縁を辿ってみようと思う。

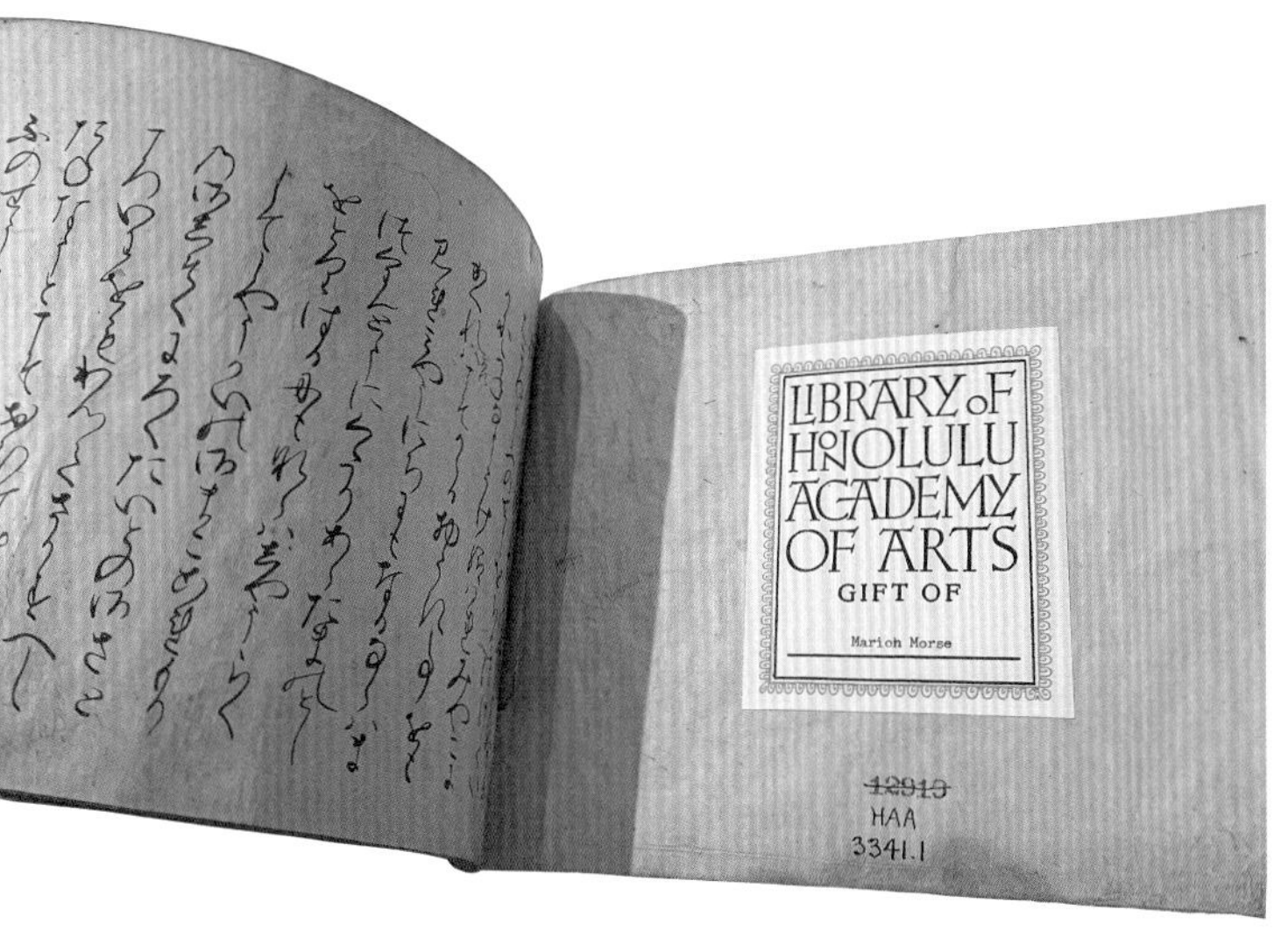

[図版01]…ライブラリー蔵書票からかつては図書館の書庫に並んでいたことがわかる古典籍の例。◉『奈良絵本：六代』寄贈主マリオン・モースは初代ライブラリアンとして一九二七年のオープン前から一九五七年にリタイヤするまで三十年以上にわたって当図書館の基盤を創り上げた人でもある。

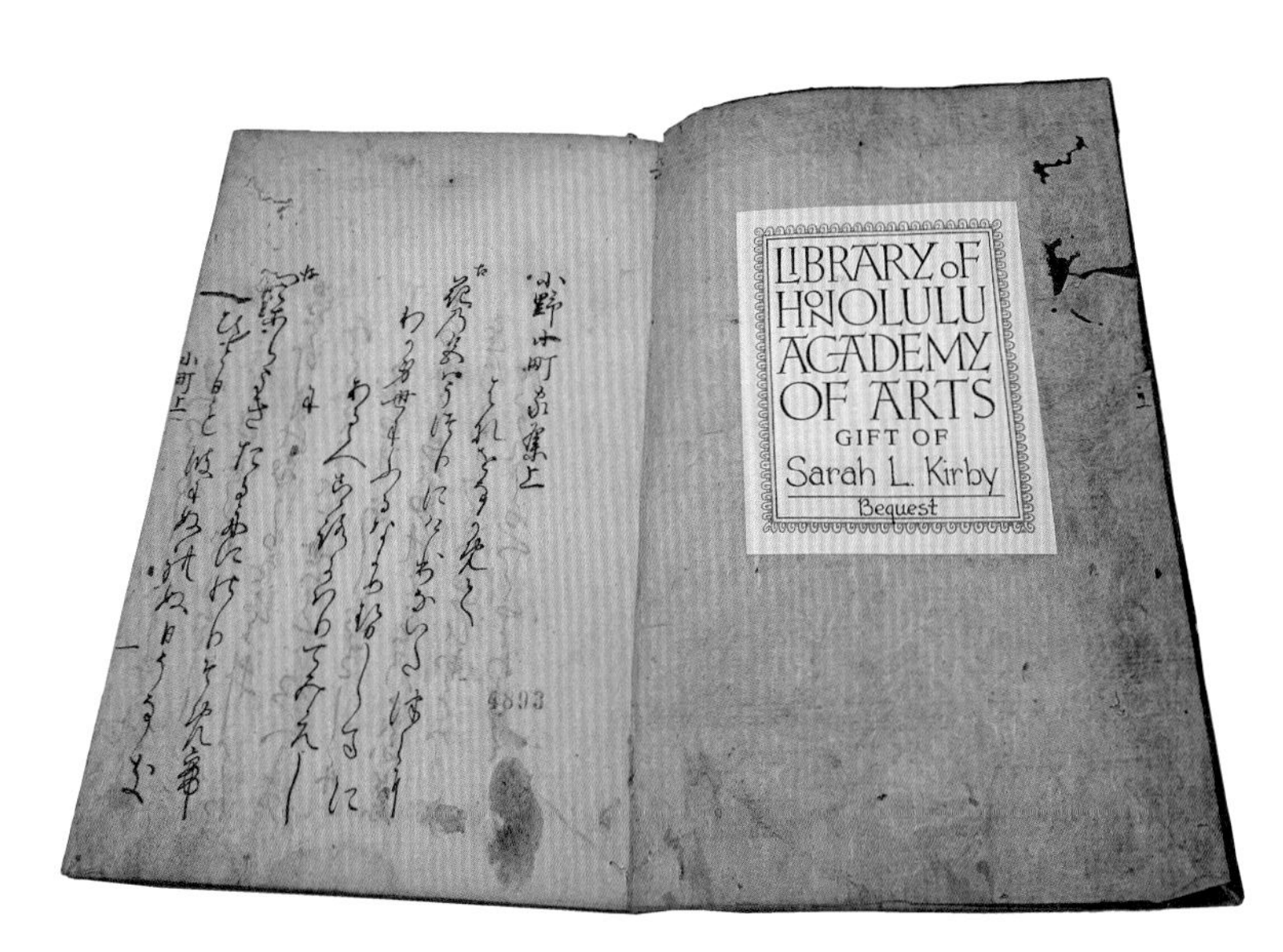

◉小野小町の「花乃色はうつりにけりないたづらにわが身世にふるながめせしまに」で始まるこの歌集は一九三六年にサラ・カービーからライブラリーに二六〇冊寄贈されたうちの一冊。現在は鈴木春信、鳥居清長、歌川広重や明治時代の尾形月耕などが描いた小野小町の一枚絵と共に東洋美術部の管理下に置かれている。

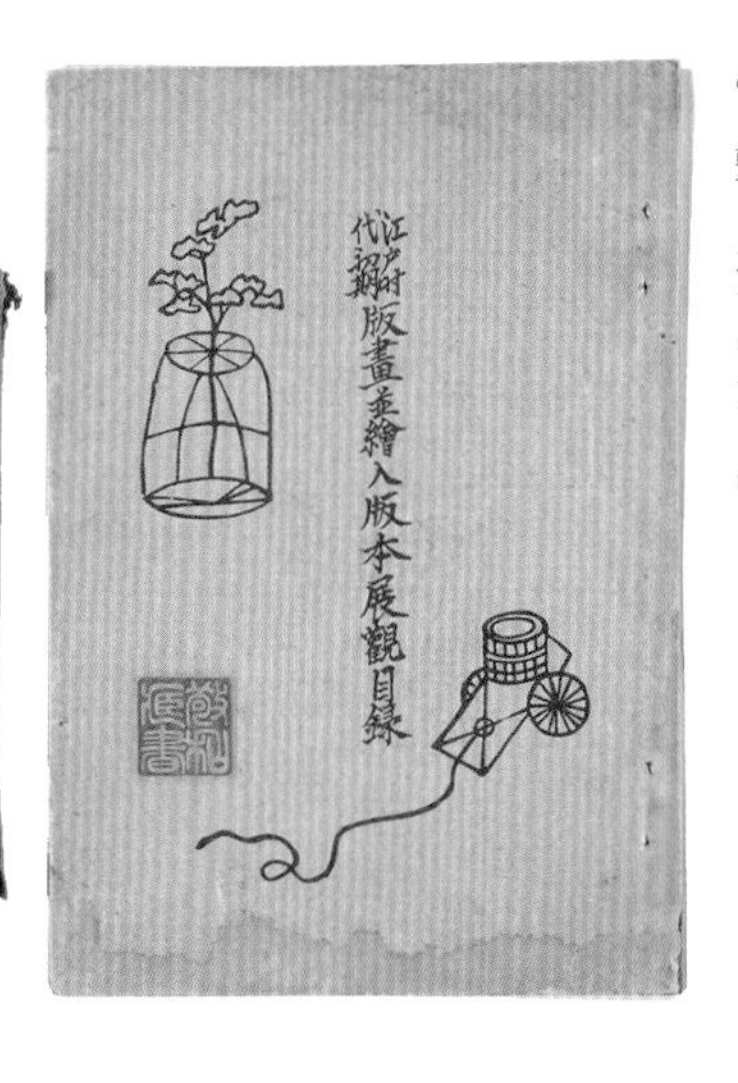

【図版02】…江戸時代初期版画並絵入版本展観目録（会期／会場・大正十五年三月二十一～二十二日、京都市岡崎公園・京都府立圖書館）と昭和三年度書画売買相場（編輯兼発行人・吉岡班嶺／帝国絵画協会）などレインが残した売り立てカタログの中には傷みが激しく処分せざるを得ないものもたくさんあった。世界中の展示会に足しげく通い毎回一番前の席に陣取って熱心に品定めしていたレインだが、晩年はほとんど出歩くことも無く京都でのオークションでのみ目撃されていたという。

ミュージアムと古典籍

現在ホノルル美術館の東洋美術部が研究・整理を進めている日本の和古書資料は一万一千冊。写本や刊本など巻物とは型の異なる「冊子体」が所蔵美術品リストに加わるようになったのは実は最近のことで、すべての調査と整理が完了するまでにあと三十年ほどかかるという。そのなかにはつい十数年前までライブラリーの書庫に並んで貸し出しなどもされていた古書が含まれている［図版01］。北斎漫画のような絵本であればテキストの占める比重が少ないこともあり一枚絵の版画と同様アートとして扱われることはあったが、小説や評判記など絵はあくまでもイラストという書籍や絵の作者が不明な古典籍は一般書と同様に図書館の管轄下だったのである。出版された年代からいえば貴重書ではあるが美術館ではあくまでも「芸術作品か否か」が物事を決める基準であって、それに沿って分類され受け入れたり手離したりするのである。一九八〇年代から絵入り本の研究をリードしてきたロジャー・キーズの著書 *The Art of Surimono*（Sotheby, 1985）の冒頭にあるように、版画に添えられた文字はそれが俳句であっても当時の欧米人の目には邪魔なものとしてしばしば絵から切り除かれていた。画工、つまり絵師（アーティスト）が描き出すその色彩と構図がすべてであり、そこから日本という異文化に触れ気に入ったものを手に入れていく。日本で育った私でも大儀なくずし字を解読し、江戸文化の趣や庶民の生活をその文章から理解しようなど外国人コレクターにできようもない。言葉の壁はいまも大きく、由ってアメリカの美術館における古典籍の扱い方はさまざまなのだが、キーズ氏のような研究者が現れそれまで長い間見落とされてきたテキスト部分の解説を知り得るようになったことで絵入り本はもとより文字が大半を占める仮名草子までもが他の美術作品と同様の品質管理のもと保管されるように変わってきたのである。江戸時代のアーティストは掛け軸も描けばチラシや手引書のイラストも描いたのだ。絵入り本の分類から外れていた和古書が浮世絵版画や肉筆の一枚絵を象る上で貴重な参考資料として、江戸文化をより深く理解する手ほどきになり得るというわけだ。ライブラリーの書庫にあった古典籍がごっそり東洋美術部に移されたのは、その焦点が絵師と彫りや摺りなどの技法から図中の詞書きや趣意にまで広がった結果であり、その古語をだれよりも多く英語に訳し、キーズ氏などと共に欧米美術界の古典籍ムーブメントに大きく貢献したのがリチャード・D・レインである。

リチャード・レインという名の福袋

大正十五年（一九二六年）生まれのリチャード・レインは第二次大戦が始まると海兵隊に召集されそこで日本語の学習を命じられる。スペイン語とフランス語に通じていた語学力が買われたのである。日本語通訳官として真珠湾基地での職務に就いたレインは短期間で伍長に昇格し、終戦後には鹿児島へ進駐する。二十歳で除隊後ハワイ大学に入学し日本文学と中国文学で学士号を取るとカリフォルニア大学バークレー校、ミシガン大学、東京大学、早稲田大学、ロンドン大学などで日本語、韓国語やサンスクリットなどアジア言語を学んだ後、一九五七年にコロンビア大学から「西鶴と十七世紀の日本文学の研究」で博士号を取得する。彼の日本語力がどれほどのものであったかはコロンビア大在籍中の一九五三〜五四年に、あのドナルド・キーンより先に日本語と日本文学の講座を持ったことでも想像できる。そんなレインがホノルル美術館にリサーチ・フェローとして招かれたのが昭和三十四年（一九五九年）夏のことで、当時のロバート・グリフィン館長に彼を推薦したのがミッチェナーであった。アメリカのピューリッツァー賞作家ジェームス・A・ミッチェナー（一九〇七〜一九九七）は自身のコレクションの中から毎年十数〜数百点の浮世絵版画をホノルル美術館へ寄贈し続け、最終的に五千四百点にもおよぶ浮世絵版画コレクションすべてをホノルル美術館に寄贈した。レインはそのミッチェナーコレクションを含む美術館所蔵作品の分析および整理という大役を引き受け、一九七一年までの十二年間にわたってホノルル美術館との絆を深めていく。

【図版03】…Inside Japanインサイド・ジャパンは手のひらサイズの小冊子でレストランやデパートなどの宣伝もすべて英語。さまざまな視点から日本を紹介するガイジン向けに発行された月刊誌のようだが詳細は不明。東京綜合写真専門学校の報道科に入学し写真家になる夢も抱いていたレインは表紙の撮影も担当していた。

時間を少し戻すが昭和三十二年（一九五七年）博士号を手にレインは日本に移り住む。東京にあるアメリカの大学で講師として精力的に日本文学を教えながらブックディーラーとして日本の古書を仕入れ、アメリカに持ち込んだのだ【図版02】。日本人女医と結婚後、京都に住まいを構えてからも分析・執筆の傍ら浮世絵版画を中心に版本などを手に入れては商いをした。またミッチェナーコレクションに加えるべきものに出会えばそれらをホノルルに住むミッチェナーに送ることもしていた。日本浮世絵協会（現国際浮世絵学会）創立時には会報誌の編集員としてかかわる一方で「季刊浮世絵」や「芸術新潮」などに寄稿する評論家でもあった。在日米軍基地内で売られていた英文月刊誌「インサイド・ジャパン」（New Japan Information社発行）【図版03】に日本古典文学のコラムの連載を抱えながら、欧米で出版された浮世絵に関する新刊の書評や美術館の展示カタログの監修など、当時の彼の文章からはエネルギッシュでアグレッ

［図版04］…三都花街文學（石川巖編、東京・従吾所好社。大正十四年再版）余白に書き込まれたレインの走り書きは英語と日本語のチャンポン。折込チラシの裏側に書きとめたメモも本の間からたくさん出てきた。

シブな、ちょっとした狂気さえ感じられるものが多く残っている。井原西鶴（一六四二～一六九三）についての博士論文を書き上げたレインが春画というジャンルにのめり込むのは自然な流れといえるが、日本の検閲が相当厳しかったという背景からであろうか、ガリ版刷りの同人誌から医学書、世界中のエロティックな出版物まで春画の研究材料になり得るありとあらゆる文献がレインのリサーチライブラリーに加えられていった［図版04］。日頃から他の研究者と群れることを嫌い一匹狼として浮世絵研究という分野において唯一無二の存在になることを目指した彼の姿が、京都の自宅に残されていた莫大な量の資料の山から窺える。彼の著作物はゲラ刷り段階のものも含め概ね書庫に並んでいるのだが、おかげでホノルル美術館ライブラリーが春画専門図書館と呼べそうなほどピンク色に染まってしまったのも事実である［図版05］。執筆する上での研究材料だった春画モノ、古美術商としての売り物だった古典籍に加え、自身の趣味として集めたもの、海を越えハワイに渡ってきたレインの遺品古書たちがextensive（広範囲）でcomprehensive（総合的）なコレクションだと言われる所以はそこにある。巨大な福袋から何が出てくるのか！　全貌が明らかになるにはまだしばらく時間を要するがどんなサプライズが潜んでいるのか大いに楽しみである。

Timing is Everything 偶然という必然

レインは二〇〇二年十二月一日に京都でこの世を去るのだが天涯孤独の身で親しい友人もほとんどいなかった。遺言書も見つからなかった。で

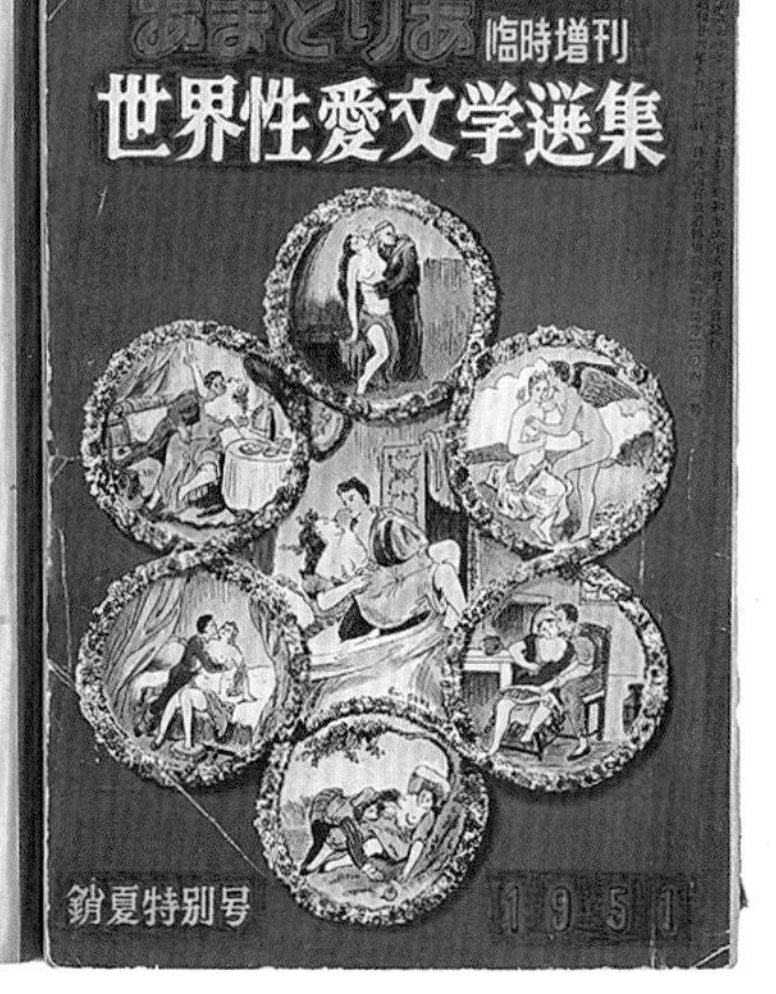

［図版05］…一九五一年から一九五五年まで「文化人の性風俗誌」をうたい文句に刊行された『あまとりあ』。昭和二十六年十二月号に掲載されたレインの特別寄稿「僕と西鶴」。

はなぜ彼の遺品が海を越えハワイのホノルル美術館に渡ったのか？　その鍵を握るのが当時着任したばかりのスティーヴン・リトル（一九五四〜）元館長だ。現在ロサンジェルス・カウンティ美術館（LACMA）の東洋美術部チーフというアジア美術においては全米美術館における花形キュレーター職に君臨するリトルは、シカゴ美術館で東洋美術キュレーターとして勤務したのち、二〇〇三年にホノルル美術館第八代館長に就任する。レインが亡くなってちょうど二ヶ月後の二月一日のことだ。赴任してまもなく大阪領事館から一本の国際電話がかかってくる。レインの身内に連絡を取りたいのだが遺品のなかに何の手掛かりもなく困っている、という捜査協力の要望だった。その電話を受けたリトル館長は、ホノルル美術館とレインの関係について説明しながら、そういえば以前レインが、いずれは彼のライブラリーを美術館に寄贈するつもりであると話していたことを思い出す。すぐさまアーカイブからその時の文面を探し出し大阪にFAXを入れたリトルは、領事館の要望に応え八月の京都に向かうのである。

　アメリカの美術館では、通常新しい作品を買い入れる（贈与の場合も同様）際は、まずコレクション委員会に掛けられる。そこで合意が得られれば理事会に挙げられ、予算等の話し合いも含め議論されたのち、最終的にYESかNOかの判断が下る。赴任したばかりのリトル館長は、シカゴ美術館時代から構想を練り始めようやく実現に向けて動き出していた大きな企画を抱えていたのだが、ハワイに腰を据える間もなく突如舞い込んだ日本からの一報にすぐさま行動を起こすのである。実際に自分の目で確かめに出掛け、理事会を説得し、同年九月には京都山科の邸宅内に残されたものすべてを買い取る商談をまとめてしまうのだ。アメリカ日本美術学会誌に掲載された故レインの追悼文によると、人里離れた住まいには足の踏み場も無いほど埋め尽くされた部屋がいくつもあり、中国の元・明・清朝時代の絵画やら膨大な数の巻物、書、衝立や明治時代の版画などが天井から床までぎっしりと山積みされていたとある。レインは生前から高値をつける流行モノよりもむしろ安価なまだその価値が見出されていない古書を大量に仕入れ自身の研究材料にしていた。初摺り本はもとより後摺りや再板、改訂版にいたるまで、時を隔てて出版されたその過程にも注目し、制作や流通など作品の流れを詳細に包括的に分析した。ガラクタ収集家などと京都の古美術商たちから皮肉られていたレインの三階建ての住居に足を踏み入れたリトル館長は、実はレインがコレクターだったことを知らなかったと話してくれた。今回私が投げかけた疑問に応えれくれたリトル氏が数ページに渡って描いた景色を想像することさえ難しいのだが、彼がそのとき確信したお宝たちはいま、ハワイで順番待ちをしながら少しずつ日の当たる場所へと移行されている。

　ホノルル美術館の歴史の中で後にも先にも類を見ないこの緊要な果断は、リトル元館長の審美眼によるところが大きいのだがそれだけでミラクルは起こり得なかった。館長の一存だけで物事は決められないからである。しかも決断するまであまり時間は残されていなかった。ではなぜそれが実現できたのか？　実は彼にはシカゴ美術館の職に就く前の一九八九年からの五年間、キュレーターとしてホノルル美術館に勤務した実績があったのだ。七年間シカゴで腕を磨いたのち今度は館長として古巣に戻ってきたというわけである。館長着任時にはホノルル美術館所蔵の東洋美術コレクションを熟知していたのはもちろん、理事たちからの信頼関係もすでに築かれていた。リチャード・レインと美術館とのつながりや、レインを知る研究者や美術商など彼が残した膨大な遺品にまつわる情報、加えてリトル自身京都における確かな人脈も持っていたのである。レインの遺品のなかに見つけたいくつもの貴重品こそがホノルル美術館における日本美術史の穴を埋めるピースになる。もし電話がレイン死後すぐの、前ジョージ・R・エリス館長時代に鳴っていたとしたら？　あるいはスティーヴン・リトルではない別の誰かが館長に選出されていたとしたらどうだったであろう？

ホノルル美術館ではレインコレクションの古典籍を含む浮世絵データベースの構築作業が東洋美術部内で進行中である。デジタル化された所蔵作品は美術コレクションとしてウェブ（art.honolulumuseum.org）上で公開しているのでぜひ活用していただきたい。例えばニューヨークメトロポリタン美術館やフリーア美術館所蔵の古典籍は、図書館の書誌情報から飛んでいけるようリンクが貼られオープンソースの一部になってきているし、フェイスブックやインスタグラムのフォロワーになればほぼ毎日アップされる写真からちょっとした気づきが生まれることもある。アメリカの美術館における日本の古典文学研究は昭和の時代を経て、現代から未来へと続いているのだ。私自身この南太平洋に浮かぶ小さなミュージアムで日本人ライブラリアンとしてその伝来も含めた和古書資料と向き合う度に母国を再発見している。

参考資料

・Keyes, Roger S. The Art of Surimono : Privately Published Japanese Woodblock Prints and Books in the Chester Beatty Library, Dublin. Covent Garden, London: Sotheby, 1985. Print.

・Michener, James A.（James Albert）. Japanese Prints; from the Early Masters to the Modern. Tokyo: C. E. Tuttle Co., 1959. Print.

・Little, Stephen. "The Richard Lane Collection." Orientations, vol. 36, no. 2, 2005, pp.93–100.

——今回の執筆に当たりインタビューに快く応じてくださったリトル氏には心より感謝申し上げます。

・Meech, Julia. "Richard Lane（1926–2002）, Scholar and Collector." Impressions, no. 26, 2004, pp. 106–113.

・Calendar News. Honolulu Academy of Arts.（ホノルル美術館会員ニュース）

附記

レインが撒いた国際協力の種が、九州大学ホノルル美術館所蔵和本調査団や国文学研究資料館との共同研究などを通じて少しずつ実を結び、論文や書籍の形で発表され、春画コレクションに関しては国際日本文化センター研究員石上阿希氏の著書（『日本の春画絵本研究』東京・平凡社、二〇一五ほか）や立命館大学近世艶本総合データベースなどでも一部まとめられている。

在外古典籍を調べる

今号の特集で取り上げた機関の紹介サイトおよび、
在外古典籍の情報を提供している主なウェブサイトを紹介する。

University of Hawaii Manoa Library
ハワイ大学マノア校図書館

 トップページ
 OPAC
 阪巻・宝玲文庫解説
 阪巻・宝玲文庫コレクション紹介

Honolulu Museum of Art
ホノルル美術館

 トップページ
 図書館の収蔵品紹介
 収蔵品紹介

Library of Congress
アメリカ議会図書館

 トップページ
 OPAC
 収蔵品紹介（和本）
 アクセス

University of California, Berkeley Libraries
UC バークレー校

 トップページ
 OPAC
 収蔵品紹介（和本）

Bodleian Libraries University of Oxford
オックスフォード大学ボードリアン図書館

 トップページ
 OPAC
 『日本研究図書館所蔵の奈良絵本・絵巻コレクション』（解題目録・PDF）

Cambridge University Library
ケンブリッジ大学附属図書館

 トップページ
 和本について
 収蔵和本について

HathiTrust Digital Library
HathiTrust Digital Library

 トップページ

アメリカを中心とする大学図書館・研究所が共同で保存・公開・管理を行うデジタルライブラリー。

Directory of Overseas Collections of Old and Rare Japanese Books, Other Print Materials and Manuscripts
在外日本古典籍所蔵機関ディレクトリ

 トップページ

国文学研究資料館が管理する在外和書のデータベース。各所蔵機関へのアクセスを助ける情報も充実している。

米国議会図書館日本古典籍コレクションの来歴と「北方資料」

伊東英一……ITO Eiichi
キャメロン・ペンウェル……Cameron Penwell

一八七五年から収集が始められた議会図書館の日本語コレクションは、二十世紀初めの揺籃期を経て、海外で最も多くの蔵書数を誇る日本語コレクションのうちの一つとなった。そのコレクションの構築に深く影響を与えた人々と歴史上の出来事に触れ、その来歴と特色を「北方資料」を一例として紹介する。

議会図書館アジア部 レファレンス・スペシャリスト。書籍を中心としたアジア部日本語コレクションの構築、古典籍を含む貴重・希少図書資料のデジタル化、日本研究分野にかかわるレファレンス・サービスなどに携わる。

議会図書館アジア部　レファレンス・ライブラリアン。日本語コレクションの構築、レファレンス・サービス、またアジア部のソーシャルメディアに関する業務を主に担当。大学院での専攻が近代日本史であったことから、特に仏教と社会の関わりに関心を持ち、個人として近代日本仏教史の研究も行う。

コレクションの来歴と収書活動・構築に貢献した人々と出来事

議会図書館の日本語図書・資料コレクションの収集・構築（あるいは集積）の歴史は、嘉永七年（一八五四）の日米和親条約が結ばれてから二十一年後、明治八年（一八七五）に日米両国間で政府刊行物交換の合意がなされたことに始まる。現在に至るまでのコレクションの来歴と、その構築に寄与した人々、あるいは歴史上の出来事との関わりを概観すると、アメリカ、その国、社会及び市民にとって日本と日本文化がどのように受け取られてきたかということを垣間見ることができる。

【図版02】…アジア閲覧室

【図版04】…安藤広重『廣重畫帳』（一八四〇〜一八五二？）

【図版03】…クロスビー・スチュアート・ノイズ(Library of Congress, Prints and Photographs Division)

揺籃期の日本語コレクションに最初に大きな貢献をしたのは、一九〇五年、当時ワシントン・イブニング・スター紙社主であったクロスビー・スチュワート・ノイズ（一八二五〜一九〇八）［図版03］からの寄贈であった。ノイズは浮世絵の影響を受けたヨーロッパとアメリカの芸術家たちの作品をとおして、日本の美術に興味を持つようになった。六百五十点余りに及ぶ寄贈品のうちには、その後、議会図書館浮世絵コレクションの充実に向けての基礎を築くことになった木版画があり、そのほか水彩画、線描画、石版画などが含まれて

【図版05】…花笠文京、柳齋重春『役者風俗三國志』（一八三一）

[図版06]…一八九〇〜一九一五年頃の青年朝河貫一(Kan'ichi Asakawa Papers (MS 40). Manuscripts and Archives, Yale University Library)

いた。その中には安藤広重の筆になる水彩画が綴じられた『廣重畫帳』[図版04]や柳斎重春の色彩豊かな挿絵を含む版本『役者風俗三國志』[図版05]なども含まれる。

ノイズ寄贈の翌年、一九〇六年から一九〇七年にかけては、イェール大学で歴史学の博士号を取得した朝河貫一（一八七三〜一九四八）[図版06]が、議会図書館の日本語コレクションのために大きな役割を果たすことになる。朝河は議会図書館とイェール大学からの依頼を受け、両図書館のための収書活動をおこなう。日本滞在中、書店、古書店を訪れ書籍を購入すると共に、研究機関・大学などでは、学術的に高い価値のあると認めた文献の謄写を依頼し、その収集に努めた。当時の議会図書館長ハーバート・パットナム（一八六一〜一九五五）に宛てた書簡には、文献の選書にあたっては学術的に貴重であるものを選び、それが稀覯文献資料である場合には資料が日本に留まるように特に配慮して、謄写の依頼をしたと書いている。朝河が収書した和本は綴じがほどかれ、数冊にまとめられたうえ、装丁が西洋式に改められた。またその冊数は合わせて九千冊余りと当時の議会図書館年報に報告されている。

この朝河収書は、将来にわたり日本国外で最も大きな日本語コレクションを築く基盤になった。朝河が議会図書館のために収書した古典籍は幅広いジャンルにわたるが、特に徳川幕府と法律、兵法、郷土史・地方史、地理、また密教に関する文献が多くみとめられる。

一九一〇年から一九二〇年代にかけては、ウォルター・テニソン・スウィングル（一八七一〜一九五二）[図版07]が和漢書収集とコレクションの構築に最も大きな貢献をする。スウィングルは司書でもなく、歴史学者であったわけでもなく、当時アメリカ合衆国農務省に勤める植物学者であり、柑橘類の栽培と薬物学に関する中国語の文献

[図版07]…一八九三年、当時二十二歳のスウィングル。ワシントンの米国農務省に於いて。(Courtesy of the Fairchild Tropical Botanic Garden Archive and hosted at the Walter Tennyson Swingle Digital Archive at University of Miami Libraries)

に興味があった。古典中国語の知識を深めるにつれ、自らの旺盛な知的好奇心に導かれ、日本についても興味と関心を持つようになる。独学の漢学者として、当時中国学及び日本学の専任司書がいなかった議会図書館の収書活動の援助をすることになる。専門である植物学の調査研究の目的で中国と日本へ渡航する機会には、議会図書館のために和漢書を購入・収書した。スウィングル収書の

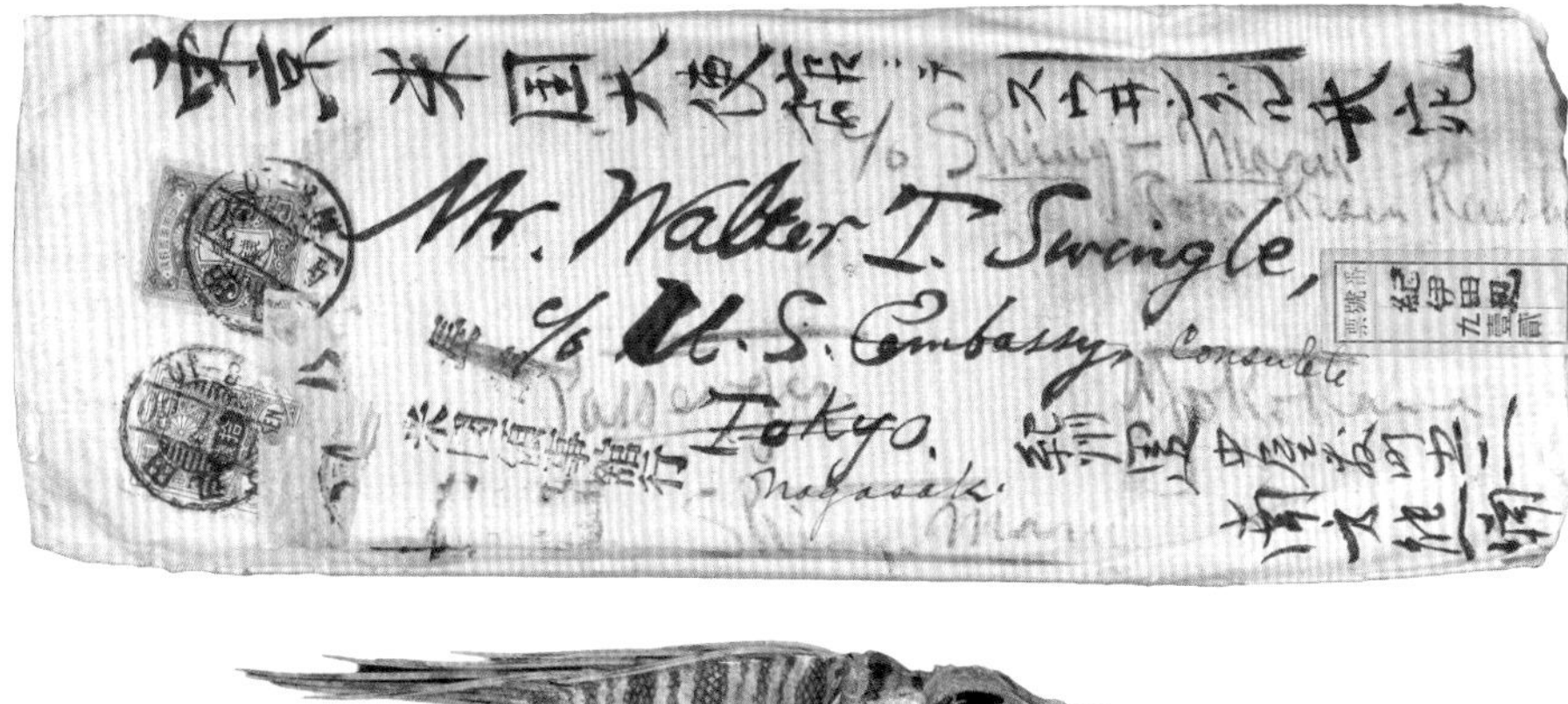

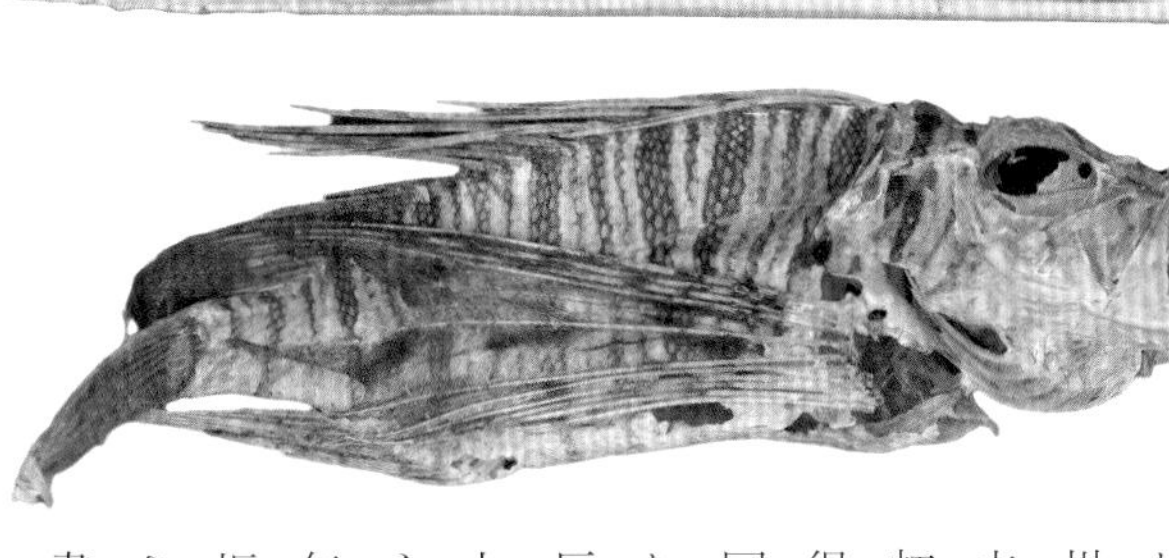

［図版08］…南方熊楠がスウィングルに贈った『やまの神物語』に添えられた物語の英訳文の封筒とオニオコゼの乾燥標本。

興味深い一例としては、絵入り巻子本『やまの神物語』がある。大正四年（一九一五）日本へ渡航した際には、当時和歌山県田辺に住んでいた南方熊楠を訪れ、そこで数日を過ごした。滞在中、南方とともに山の神の物語を描いた美しい絵屏風を目にし、感銘を受ける。その後スウィングルの希望を受けて、南方は屏風に描かれた絵の模写を近隣に住む絵師に依頼する。南方はその巻子本に自らの筆で物語文を書き加えた上、主人公として描かれているオニオコゼの乾燥標本と一緒にスウィングルに贈った［図版08］。

一九三〇年には、ミシガン大学でアイルランドの歴史研究で博士号を受けた後、ヴァージニア州のホリンズ・カレッジで教鞭をとっていた坂西志保（一八九六〜一九七六）［図版09］が議会図書館の初めての日本学（日本研究）専門司書として職を得ることになる。坂西は古典籍収書のために中世国文学者、古書鑑定家、古書商などの助言を求めた。その中には横山重（一八九六〜一九八〇）と反町茂雄（一九〇一〜一九九一）がいた。一九三七年には、議会図書館は反町の古書店、弘文荘から三百十三点の古典籍を購入している。一九四二年には日本がアメリカの敵国となったことにより坂西は拘留され、紆余曲折の末、最終的には送還されることを望み、ワシントンでの生活と議会図書館の日本学（日本研究）専門司書としての仕事に終わりを告げる。

［図版09］…坂西志保(右端)。満開の桜の木の前で撮影されたらしい写真(撮影年不明)。(University of Miami Libraries, Walter T. Swingle Collection)

寄贈とコレクション構築のための明確な意図をもってなされた収書活動のほかに、書籍資料の内容と数の両面にわたって多大な影響を与えたのは、第二次世界大戦中にアメリカ軍と政府、戦後占領期には連合国総司令部によって集められた膨大な数にのぼる「接収文献」である。敵国日本の情報収集のために軍、諜報機関、政府機関によって収集された資料群は、当初の目的のために利用されたのち、議会図書館へと送られた。受け入れられた接収資料・文献には、日本帝国政府、台湾総督府及び朝鮮総督府を含む植民地政府、並びに南満洲鉄道株式会社などの出版物や部内資料などが数多く含まれることが広く知られているが、さらに個々の資料にあたると例えば、広い分野・主題にわたる陸軍士官学校の旧蔵書も少なからず含まれていることがわかる。これらのうちには江戸時代後期に藩校で使われた儒学書から和算、また江戸戯作、さらには蝦夷地とアイヌについての北方資料・旧記などが含まれる。

北方資料

アイヌ民族に関する記録、蝦夷地関係旧記および北海道、樺太・千島等に関するいわゆる「北方資料」は、以上のような歴史を持つコレクションのなかでも、歴史的、地理的、主題・内容的な特性から、またある程度まとまった数があるという点からしても目を引くコレクションの一つである。百四十五年にわたる議会図書館日本語コレクションの歴史のなかで「北方資料」の多くがどのような経緯で蔵書とされるにいたったのか、ここに紹介することにしたい。

国連の「先住民族の権利に関する宣言」（二〇〇七）の採択など、先住民族に対する意識と認識の世界的な高まりを背景として、民族学・人類学研究者を含め、アイヌ民族の言語、歴史及び文化の調査研究とその保護・保存への関心が近年、増々高まっている。蝦夷地を探検した松浦武四郎が「北加伊道」という地名を提案し、明治政府による開拓使が設置された明治二年（一八六九）から百五十年余りが過ぎた。昨年四月（二〇一九）、法律上初めてアイヌを先住民族として認める「アイヌの人々の誇りが尊重される社会を実現するための施策の推進に関する法律」（「アイヌ民族支援法」）が成立し、公布日一年後の今年には、アイヌ文化の復興と創造の拠点として、またアイヌ文化への理解を深める場としての国立アイヌ民族博物館と国立民族共生公園から構成される民族共生象徴空間ウポポイが七月十二日にオープンする。

江戸時代初期から始まった蝦夷地の探検及びアイヌについての調査研究は「外から見た」ものに過ぎないとは言え、公式、私的を問わず詳細な記述と描写物が記録として残されている。また「記録物」には、アイヌの生活様式を伺い知ることのできる、物質文化を表彰する文化遺物・標本も含まれる。これらのアイヌと蝦夷地に関する北方資料コレクションがどのように保存され、利用されているのかという全体像を把握する試みのひとつとして、平成二年から八年（一九九〇～一九九六）にかけて日本とアメリカの研究者が協同して、北アメリカの美術館・博物館を対象とする調査研究が進められた。この成果の一つとして、小谷凱宣名古屋大学教授（当時）による「北アメリカのアイヌ・コレクション：考証プロジェクトとフレデリック・スター・コレクション」（一九九九）が発表された。(1) この調査の結果、所蔵資料の出所由来を含めた基本的学術情報の明らかな約三千二百点のアイヌ関係資料が北アメリカの博物館及び美術館に所蔵されていることが確認された。また、この中には民族学・人類学者フレデリック・スター（一八五八～一九三三）【図版10】が収集したアイヌ資料が多く含まれていることも明らかに

【図版10】…スターの肖像

された。

議会図書館日本古典籍コレクションの「北方資料」が、主題的・地理的な特性から、ひとまとまりの資料群としてみとめられたのは、平成十年から十三年（一九九八～二〇〇一）にかけておこなわれた渡辺憲司立教大学教授（当時）を代表とする研究者グループの蔵書調査による。この調査結果は『米国議会図書館所蔵古典籍目録』として出版され、その序文には、旧日本帝国陸軍本として兵法関係の稀覯本、和算関係のコレクションとあわせ「豊富な北方資料」が含まれていることが言及されている。

[図版11]…一九〇四年のセントルイス万国博覧会でのアイヌの人々（Library of Congress, Prints and Photographs Division）

フレデリック・スターは明治二十五年から大正十二年（一八九二～一九二三）にわたりシカゴ大学で、当時未だ黎明期であった人類学の教鞭をとり、その研究生活中はメキシコ、フィリピン、日本、韓国、中国、コンゴ自由国へと渡り調査研究をおこなった。来日は明治三十七年（一九〇四）から日本で客死する昭和八年（一九三三）まで、合わせて十数回に及んだが、その最初は、一九〇四年にルイジアナ割譲記念万国博覧会（セントルイス博覧会）でアイヌの人々とその伝統的な家屋や生活器具などを「展示」紹介するために、セントルイスへと送り出す手立てを整えるためであった。博覧会の開催期間中、アメリカ及び世界からの合わせて十二の先住民族グループの一つとして、子供二人を含めて九人のアイヌの人々が北海道から移設された家屋で生活することになる[図版11]。「北米アイヌ・コレクション考証プロジェクト」で調査され、スターの旧蔵資料と認められたものは、この初めての来日時と続く二回の北海道での研究調査の際に収集した資料とされている。それらの一部は一九一二年にブルックリン博物館へ売却され、フィールド・ノート、交換書簡及びそのほかの手稿などは、現在シカゴ大学のレーゲンスタイン図書館に所蔵されていることも報告されている。スターのノートには、入手したアイヌと蝦夷地についての旧記、書籍資料についても記述されているが、「考証プロジェクト」の報告にはそれらの行方については触れられていない。

『米国議会図書館所蔵古典籍目録』の中で「豊富な北方資料」として言及された書籍資料の収書

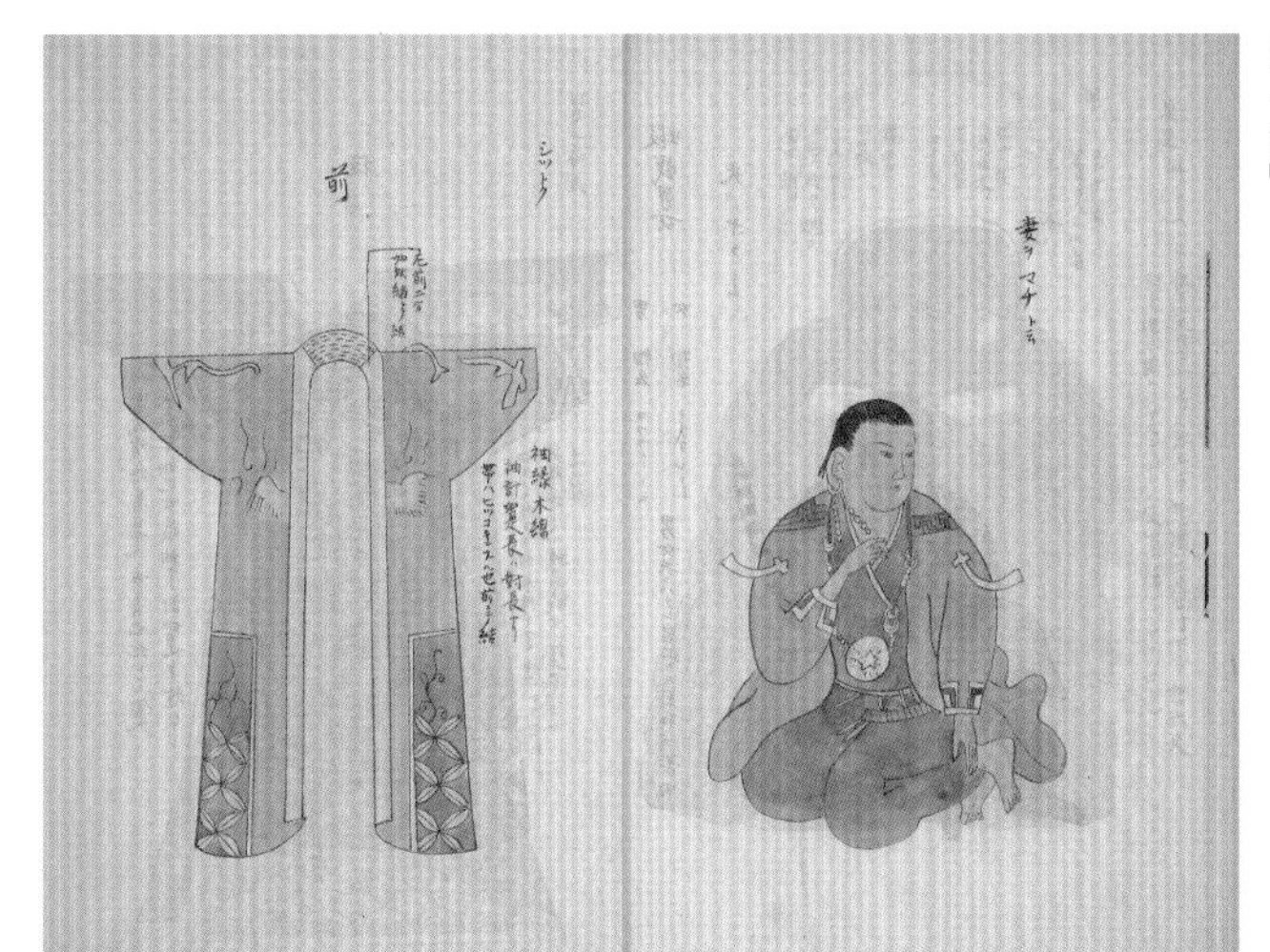

[図版12]…スター旧蔵の北方資料『蝦夷志 附國圖一舗』

［図版12］…右『蝦夷島奇観』・左『東西蝦夷山川地理取調圖』

［図版13］…『蝦夷風土記』（一八五六）の表紙裏に押印された図書受入日（あるいは寄贈受入日）一九三四年七月二十三日。

［図版14］…表紙裏に「一九三四年七月二十三日ルーシー・スター女史寄贈」と記入されたフレデリック・スター著の『セントルイス博覧会におけるアイヌ・グループ』

に関する情報を辿っていくと、少なくとも七十六点の写本及び版本がこのスター旧蔵の書籍資料だと考えることができる［図版12］。これらの資料には「July 23 1934」と議会図書館の新着日付のスタンプが表紙裏側に押印されている［図版13］。英語書籍を含めた議会図書館一般コレクションを調査すると、同じ日付で受け入れられたスターの調査研究に関連する書籍資料が検索でき、そのなかには「Gift Miss Lucy H. Starr July 23, 1934」［図版14］と鉛筆で書き示されている資料のあることがその裏付けとなる。これはスターが日本で生涯を閉じた一九三三年八月十四日の約一年後に、当時ワシントン州在住の妹、ルーシー・スターがスター所蔵の文献資料を整理し議会図書館に寄贈したことを示している。

議会図書館の北方資料には、蝦夷地の地理、自然についての記録と併せて、文字を持たなかったアイヌ民族の口承文化を記録したものが少なからずある。それらは蝦夷地に赴きアイヌ民族と接した「和人」、いわば「異人」の残したものであり、またそれらの記録をまとめたもの、二次的に伝えたものに過ぎないとはいえる。さらにフィクションとしての蝦夷地とアイヌの人々を想像をめぐらせて創り出したものもあるであろう。「隣人」としてのアイヌ先住民族とその人々の歴史、文化、生活と権利についての関心と理解を深めたいという機運が高まる現在、また将来に向けて、関心と興味を持つ多くの方々にフレデリック・スターの集めた資料を含む議会図書館所蔵の北方資料が広く利用されることを希望する。今春には、議会図書館のデジタル・コレクションにAinu and Ezochi Rare Collection の一部が新たに加えられ、インターネットをとおしてデジタル資料というかたちでの閲覧・利用ができるようになった［図版15］。

議会図書館では引き続き将来に向けて、古典籍の正確・適切な書誌情報を提供し、保存とデジタル化をとおして研究者・利用者がそのコレクションに容易にアクセスできるようにする方向である。

現在所蔵する古典籍は二十世紀前半に収書されたものがほとんどではあるが、近年も寄贈とジャンル・主題に焦点を合わせ、購入あるいは寄贈としての収書をとおして漸次その点数を増しつつある。一例として、日本とアメリカ両国関係の始まりに関わりのある歴史資料に注目し、古典籍コレクションをさらに豊かにしていく努力を続けていることをお知らせして拙稿を閉じたいと思う［図版16］。

注

（1） Kotani, Yoshinobu. "Ainu Collections in North America: Documentation Projects and the Frederick Starr Collections." Ainu: Spirit of a Northern People, edited by William W. Fizhugh et al., Arctic Studies Center, National Museum of Natural History, Smithsonian Institution in association with University of Washington Press, 1999, pp. 136–47.

［図版15］…議会図書館アイヌ及び蝦夷地貴重書デジタル・コレクションAinu and Ezochi Rare Collection, Library of Congress Digital Collections (https://www.loc.gov/collections/ainu-and-ezochi-rare-collection/about-this-collection/)

［図版16］…『金海奇観――嘉永甲寅米利幹船来航之際仙台侍講大槻磐渓』幕末期の儒者、砲術家大槻磐渓（一八〇一～一八七八）と絵師鍬形赤子（?～一八五五）が黒船来航を記録した絵巻（写）（議会図書館が近年コレクションに加えた日本古典籍の一例）。

特集◉蔵書はめぐる——海外図書館の日本古典籍コレクション

マルラ俊江 MARRA Toshie

太平洋を渡った日本古典籍

カリフォルニア大学バークレー校C・V・スター東アジア図書館コレクション

人の流れ、書物の流れを見る時、何かしらの縁を感じずにはいられない。UCバークレーの日本古典籍コレクションは、日本から遠く離れた米国のこの地に、様々な人々の思いと尽力の賜物として、縁あってこうして集まってきた書物の集大成である。

カリフォルニア大学バークレー校C・V・スター東アジア図書館 日本コレクション司書。UCLA教育・情報学部図書館情報学科修士課程修了後、二〇〇〇年から二〇一二年までUCLA東アジア図書館で日本研究司書として勤務。二〇一二年一〇月以降、現職。

東アジア図書館の沿革

カリフォルニア大学は、一八六八年に創立され、一昨年創立百五十周年を迎えた。バークレー校は、今は十キャンパスから成るカリフォルニア大学システムで最も古いキャンパスである。一八九六年に、中国と日本の言語・文学を教える教員としてイギリス人宣教師ジョン・フライヤー(John Fryer, 一八三九～一九二八)〔図版01〕が着任し、二千冊を超える漢籍をもたらした。これが、当館の百二十年に及ぶ東アジア言語資料の収集活動の始まりとされる。

その後も、学内の教員による収書活動はあったようだが、一九四七年に大学図書館内

【図版01】…十九世紀末、上海の江南制造局で翻訳業をしていた頃のジョン・フライヤー。

［図版02］…右から、エリザベス・ハフ、リチャード・グレッグ・アーウィン、エリザベス・マッキノン。一九五〇年に三井文庫からの購入資料が到着した当時。

に分散していた東アジア言語資料七万五千冊をまとめて、東アジア図書館（East Asiatic Library）が創設され、中国文学でハーバード大学から博士号を取得したエリザベス・ハフ（Elizabeth Huff, 一九一二〜一九八八）［図版02］が初代館長に就任すると、より包括的かつ積極的な収書活動が展開された。日本語コレクションについては、一九四八年に東京生まれでお茶の水女子大学卒のエリザベス・マッキノン（Elizabeth McKinnon, 一九一八〜二〇一三）［図版02］が日本に派遣され、明治・大正期の日本文学書を多く集めた村上浜吉の文庫（約一万一千冊）を購入、さらに一九五〇年には三井文庫から一般書の他、中国・朝鮮・日本からの版本、写本、地図、拓本、刷り物等合わせて十万点に及んだという大部なコレクションの購入に至った。

［図版03］…ドナルド・シャイブリー（左奥から二人目）と図書館スタッフ。一九九二年撮影。

一九八〇年代には、ドナルド・シャイブリー（Donald H. Shively, 一九二一〜二〇〇五）［図版03］が館長に就任し、全米人文科学基金や米国教育省からの助成金及び日本の図書館・研究機関から人的援助を得て、それまで未整理となっていた様々な館蔵特殊コレクションの整理と保存、そして一部の資料のマイクロ化に尽力した。

二〇〇八年には、千二百人を超す寄贈者からの寄付金、合わせて五千二百万ドルをもとに新しくC・V・スター東アジア図書館（C. V. Starr East Asian Library）［図版04］が建造され、同時に学内の中国研究センター附属図書館（Center for Chinese Studies Library）が統合された。東アジア図書館協議会（Council on East Asian Libraries）の統計に拠れば、二〇一八年六月現在の当館の総蔵書数は、百十九万冊を超え、東アジアコレクションとしては米国議会図書館、ハーバード燕京図書館に次いで北米第三位、日本語資料は四十三万冊で、米国議会図書館に次いで第二位となっている。(1)

[図版04]…二〇〇八年、C・V・スター東アジア図書館(建物の正式名称は The C. V. Starr East Asian Library and Chang-Lin Tien Center for East Asian Studies)開館。

[図版05]…至徳元年刊、崇永版『大般若波羅蜜多経』六百巻(内三巻欠)巻第一。

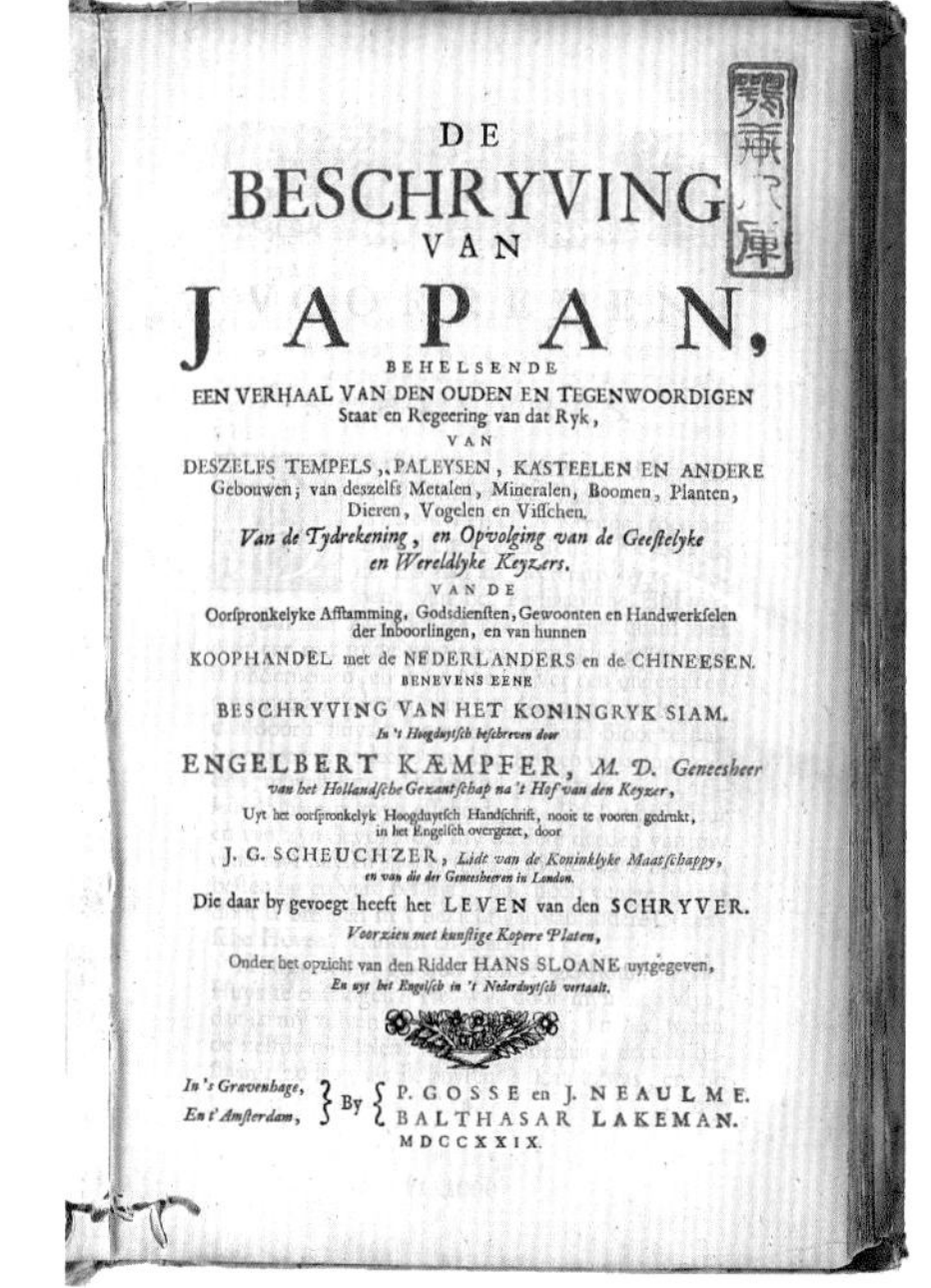

DE
BESCHRYVING
VAN
JAPAN,
BEHELSENDE
EEN VERHAAL VAN DEN OUDEN EN TEGENWOORDIGEN
Staat en Regeering van dat Ryk,
VAN
DESZELFS TEMPELS, PALEYSEN, KASTEELEN EN ANDERE
Gebouwen; van deszelfs Metalen, Mineralen, Boomen, Planten,
Dieren, Vogelen en Visschen.
Van de Tydrekening, en Opvolging van de Geestelyke en Wereldlyke Keyzers.
VAN DE
Oorspronkelyke Afstamming, Godsdiensten, Gewoonten en Handwerkselen
der Inboorlingen, en van hunnen
KOOPHANDEL met de NEDERLANDERS en de CHINEESEN.
BENEVENS EENE
BESCHRYVING VAN HET KONINGRYK SIAM.
In 't Hoogduytsch beschreven door
ENGELBERT KÆMPFER, *M. D. Geneesheer van het Hollandsche Gezantschap na 't Hof van den Keyzer,*
Uyt het oorspronkelyk Hoogduytsch Handschrift, nooit te vooren gedrukt,
in het Engelsch overgezet, door
J. G. SCHEUCHZER, *Lidt van de Koninklyke Maatschappy, en van die der Geneesheeren in London.*
Die daar by gevoegt heeft het LEVEN van den SCHRYVER.
Voorzien met konstige Kopere Platen,
Onder het opzicht van den Ridder HANS SLOANE uytgegeven,
En uyt het Engelsch in 't Nederduytsch vertaalt.
In 's Gravenhage, En t' Amsteldam, By { P. GOSSE en J. NEAULME. BALTHASAR LAKEMAN.
MDCCXXIX.

[図版06]…ケンペル『日本誌』(Kaempfer, Engelbert, 1651–1716. *De beschryving van Japan.* 's Gravenhage : P. Gosse en J. Neaulme ; Amsterdam : Balthasar Lakeman, 1729)

東アジア図書館所蔵 日本古典籍コレクションの概要

当館の日本古典籍コレクションの中核は、三井文庫からの購入資料である。このコレクションについては、すでに広く知られていると思われるので、ここでは詳述は避ける。[2] 版本については、岡雅彦他編『カリフォルニア大学バークレー校所蔵三井文庫旧蔵江戸版本書目』(ゆまに書房、一九九〇年)があり、約五千タイトル、一万六千冊が内閣文庫国書分類に拠って目録化されている(明治刷本を含む)。これらの版本は、当館のOPAC上でも検索できる。この目録は江戸時代版本に限定しているため、一部の古版本は掲載されていない。[3] 尚、三井文庫旧蔵資料には明治期以降の出版物も多く含まれており、一部はHathiTrust[4]で公開されている。また、少数だが洋書も含まれており、ケンペルのオランダ語訳『日本誌』(一七二九)は土肥慶蔵(鶚軒、一八六六〜一九三一)旧蔵書である[図版06]。参考資料として、他に東京大学文学部研究室編『本居文庫目録――カリフォルニア大学バークレー校所蔵』(雄松堂、二〇一〇年)がある。

写本については、一九八〇年代に国文学研究資料館の教員が中心になって調査・編纂した「カリフォルニア大学バークレー校旧三井文庫写本目録稿」(一九八四年)・「同写本目録稿追加」(一九八七年)・「同御会関係資料細目稿」(一九八八年)が、いずれも『調査研究報告』で公表されているが、近年の再調査で約三千四百タイトル、七千八

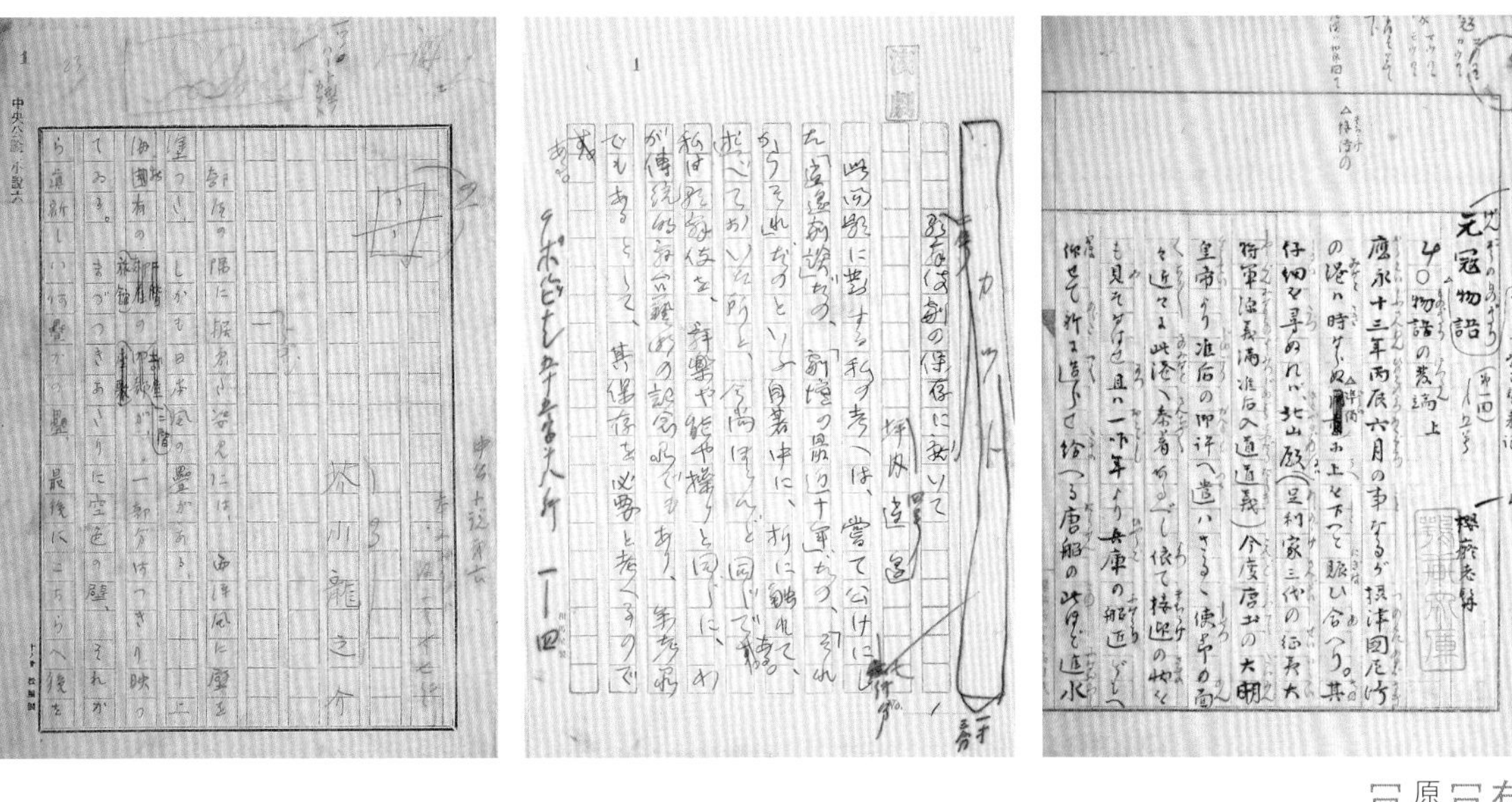

右から［図版07］…福地桜痴『元寇物語』。自筆原稿。
［図版08］…坪内逍遥『歌舞伎劇の保存について』。自筆原稿。
［図版09］…芥川龍之介『母』。自筆原稿。

百冊、三条西家由来の詠草類その他あわせて四千二百枚が確認されている。(5) この写本群には、福地桜痴『元寇物語』［図版07］、坪内逍遥『歌舞伎劇の保存について』［図版08］、芥川龍之介『母』［図版09］等の近代作家の自筆原稿を含む明治期以降の著作が含まれている。また、前掲の版本・写本の目録には、三井文庫以外の伝来本、あるいは伝来不明本も含まれている。例えば、『元寇物語』は鶚軒旧蔵だが、他の近代作家自筆原稿は旧蔵者不明である。写本の大半は、OPAC上未整理で、また国文研提供日本古典籍総合目録データベース上でも、基本的に当館所蔵資料としては登録されていない。ただし、版本の六五八タイトル、写本の一〇二タイトルについては、国文研によりマイクロフィルムからデジタル化され、二〇一七年以降前掲データベース上でデジタル画像が公開されている。(6)

古地図については、三井文庫編「宗堅所集地図類目録」があり、江戸時代から近代の地図類約二千タイトルが、形状（屏風・絵巻等）及び地域別にリスト化されているが、後に当館スタッフの手による削除・追補が書き込まれ、今では約二千三百タイトルに増えている。削除されたのは、目録上重複資料らしいものが多く、その内八十点近くは現在ミシガン大学図書館に所蔵されている。古地図の中には、石川流宣『日本海山潮陸図』（元禄三刊）［図版10・11］のように、他に伝存が知られていない稀なものもある。(7) 古地図コレクションから約八百タイトルは、サンフランシスコ在住の地図の収集家として知られるデイヴィッド・ラムジー氏（David Rumsey）の支援を得て、二〇〇三年以来画像がウェブ公開されている。さらに、二〇一六年には、CLIR（Council on Library and Information Resources）から資金援助を得て、一九二三年までに日本で出版ないしは書写された地図類約千三百五十タイトルのデジタル化を実施し、近くその画像が公開される予定である。(8)

三井文庫旧蔵資料には、この他江戸時代から近代にかけての双六約百五十点、銅版画資料四百七十点（画帖四十二冊を含む）、名所絵図・番付等一枚摺六百八十点、絵本番付・役割・筋書等演劇プログラム千六十点、暦五百点、絵葉書六百六十点があるが、このうち双六と銅版画資料は立命館大学アート・リサーチセンター（ARC）によりデジタル化・公開されている。ARCによるデジタル化は、二〇〇六年に始まり、一時中断されていたが、二〇一四年以降継続的に行われている。近年は、江戸版本や写本のデジタル化を進めており、二〇一八年にはデジタルアーカイブのポータルが構築され、テキストの翻刻やデジタル展示などの機能を提供してくれている。(9)

【図版10】…石川流宣『日本海山潮陸図』（相模屋太兵衛、元禄三刊）。

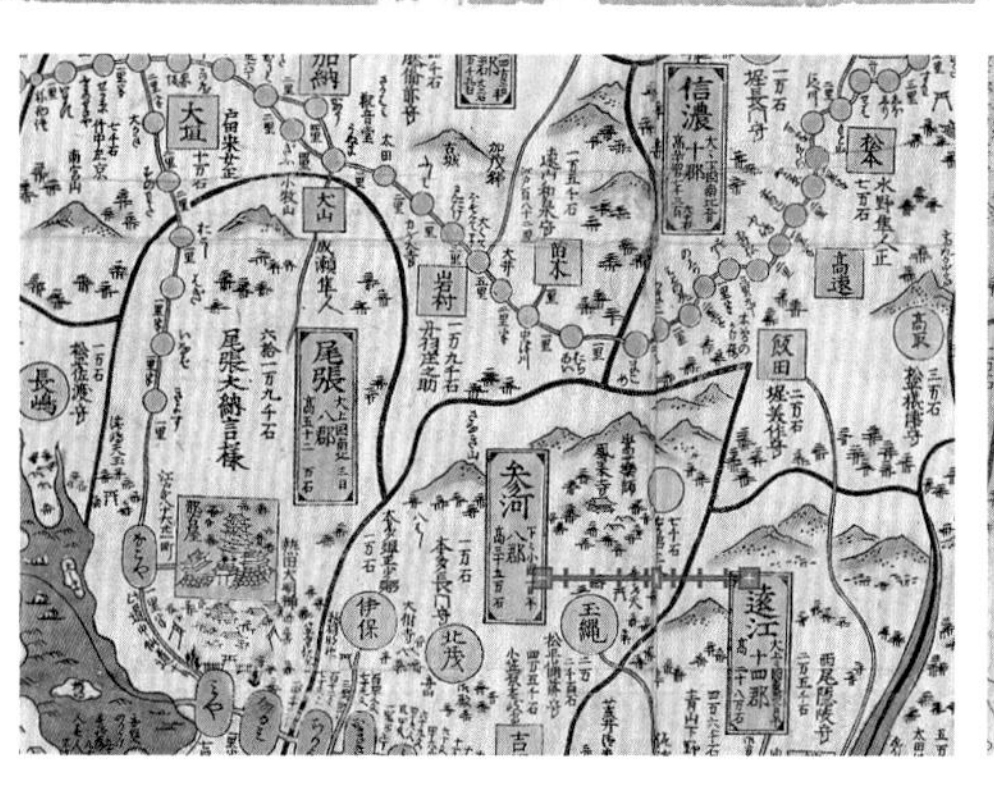

【図版11】…右は石川流宣『日本海山潮陸図』（相模屋太兵衛、元禄三刊）、左は同、元禄四刊から。朱書入れから一部修正されているのが確認できる。

さて、ここからは三井文庫以外の伝来資料について述べる。チャールズ・アトウッド・コフォイド（Charles Atwood Kofoid, 一八六五～一九四七）[図版12]は、イリノイ州グランヴィルに生まれ、ハーバード大学から博士号を取得後、ミシガン大学・イリノイ大学を経て、一九〇三年にカリフォルニア大学に着任、一九一〇年から一九三六年まで、バークレー校動物学科主任教授として勤務した。専門分野は、浮遊生物と原生動物。没後、蔵書六万一千冊、及びパンフレット類七万点が図書館に一括寄贈されたが、最終的には重複資料を除いた三万一千冊、及びパンフレット類四万六千点が図書館に収蔵されるに至った。この内八百点は、江戸時代後期から明治時代初期にかけての自然科学・文学・芸術に関する日本語資料で、東アジア図書館に移管されたと言われている。しかしながら、江戸版本コレクション中コフォイド旧蔵資料として確認できているのは現在三十タイトル、二百冊程度である。コフォイドは、一九三〇年にロックフェラー財団派遣教授として東北帝国大学に招聘され、浅虫臨海実験所に勤務したらしく、その滞在中にこれらの日本語資料を、挿絵だけで中身を判断して購入したとされている。(10) コフォイド自身は、『勇魚取絵詞』（文政十二刊）[図版13]を特に好んでいたようだが、『解体新書』（安永三刊）も彼が当館にもたらしている。

シンガポール大学で中国文学の教授だった賀

光中及び蔣振玉夫妻から一九七〇年代に購入した賀蔣（Ho-Chiang）コレクションは、中国史・文学・哲学・音楽等の漢籍と和書の他、西域・中国・朝鮮・日本からの古写経・古版経から成る。日本の資料は、夫妻が一九五〇年代から六〇年代にかけて日本を訪問した際購入したものとされ、奈良時代から江戸時代にかけての古写経・古版経合わせて六十五点［図版14］、及び雅楽等に関する写本と版本四十五点を含む。[11] このコレクションには、百万塔陀羅尼の内「自心印陀羅尼」を巻子本に仕立て直したものが一点含まれているが、当館には伝来不明の「自心印陀羅尼」が小塔に納まっているものもある。

近年の新収資料は、専ら寄贈によっている。二〇一四年には、佛教大学で法然上人思想等を研究しておられた岸一英（一九四九〜二〇一〇）教授の

［図版12］…チャールズ・アトウッド・コフォイド（写真はカリフォルニア大学サンディエゴ校図書館提供）

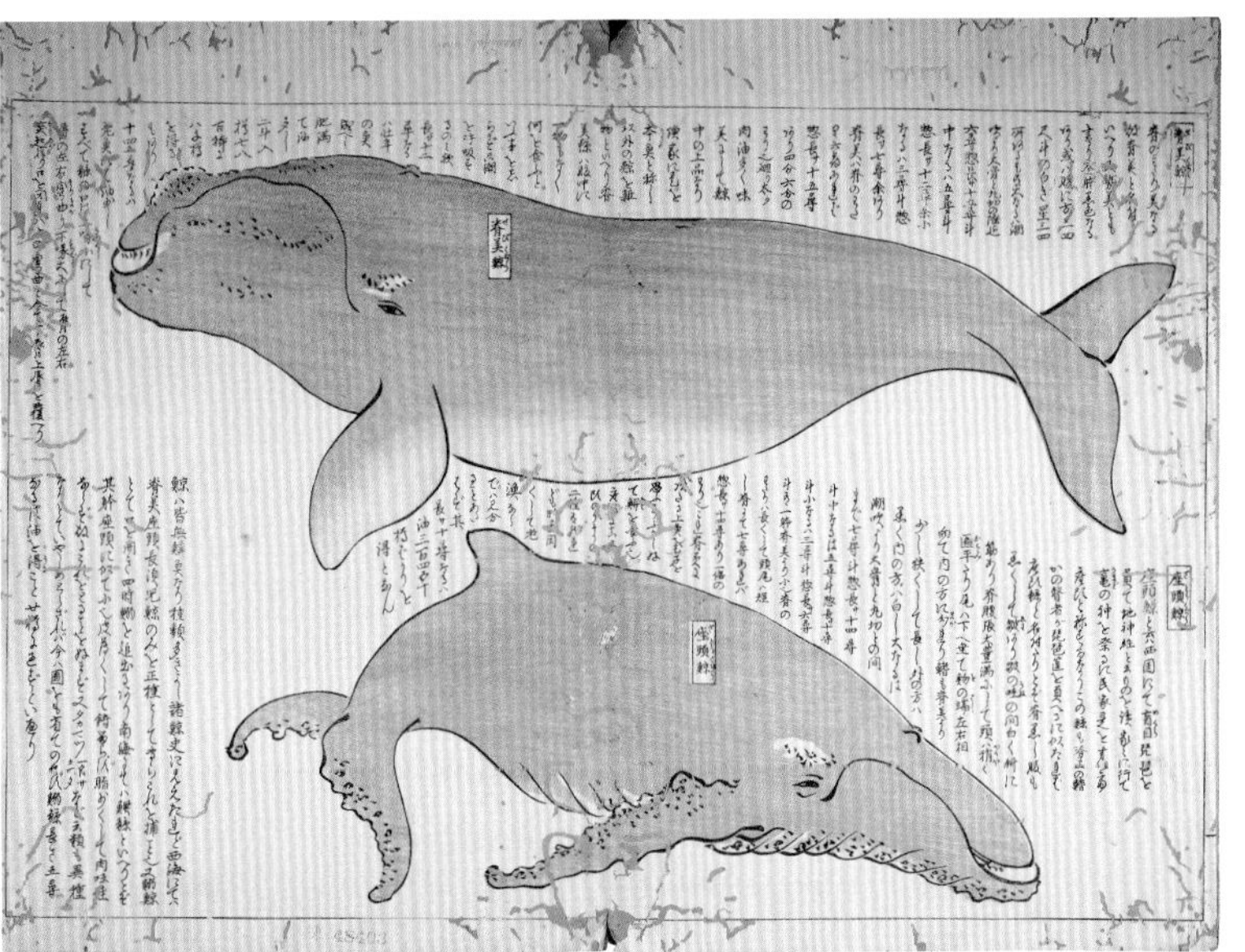

［図版13］…小山田与清『勇魚取絵詞』（文政十二刊）。

［図版14］…『阿羅波沙嚢陀枳羅尼闍那最極利益法式経』。院政期頃写。賀光中・蔣振玉旧蔵資料の一点。

［図版15］…岸一英教授（写真は御親族により提供）

［図版16］…ヘンリ・タカハシとトモエ・タカハシ夫妻。（写真は御親族により転載許可）

旧蔵書をいただいた［図版15］。仏典を主とする版本百五十冊の他、近代以降の書籍九百冊から成る。二〇一七年には、サンフランシスコ生まれでUCバークレー卒のトモエ・タカハシ（一九一五～二〇一六）［図版16］旧蔵書九百冊をいただいた。トモエとその夫ヘンリは、第二次世界大戦中アメリカの強制収容を体験したが、戦後サンフランシスコに戻ると日本との輸出入事業を展開、生涯日米間の親善と日系コミュニティへの慈善活動に献身した。日本文化の普及及び対日理解促進に寄与したとのことで、二〇一〇年に旭日双光章を授与されている。寄贈書には、江戸期版本と写本あわせて百二十タイトル、三百五十冊が含まれており、『解体新書』『蘭学階梯』等の蘭学書や西洋事情に関するもの、及び英語や和蘭語の学習実用書が多い。

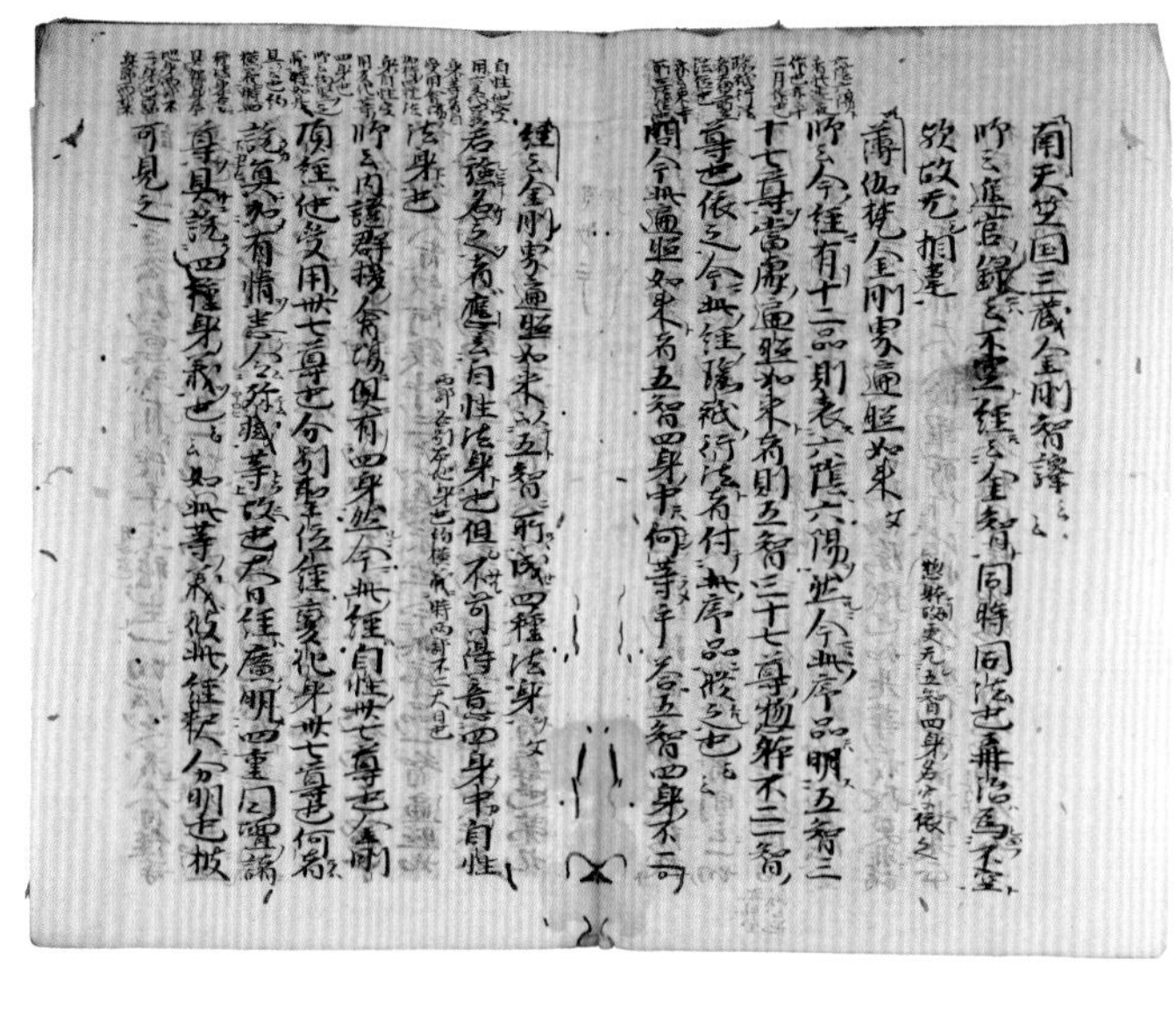

［図版17］…『秘経決』。十四世紀頃写。フィリップ・カール・アイドマン旧蔵書の一点。

二〇一七年から二〇一八年にかけては、フィリップ・カール・アイドマン（Philipp Karl Eidmann, 一九二四～一九九七）旧蔵書の一括寄贈を受けた。アイドマン氏は、一九五〇年代に龍谷大学及び西本願寺で十年ほど修行した後、バークレーにある仏教大学院（Institute of Buddhist Studies）で講師を勤めたようである。寄贈書は、近代以降の書籍千三百冊の他、仏書（悉曇関連書・諸尊法類多数）［図版17］を主とする版本と写本約千冊から成る。

さらに、二〇一九年には、龍谷大学名誉教授の日下幸男氏から浄土真宗関連の江戸期版本を主として、八十八タイトル、二百六十冊の寄贈を受けた。もちろん、他にも小規模の寄贈は多数あり、ここでは逐一述べることができない。

以上のような日本古典籍コレクションが、縁あって太平洋を渡り、ここバークレーに集まってきた。この事実を真摯にうけとめ、これらの資料の長期保存と世界規模での有効活用に努めてまいりたい。

注

（1）当館の沿革については以下が詳しい。Zhou, Peter X. "At the Crossroads between East and West: The C. V. Starr East Asian Library at the University of California, Berkeley." Chap. in *Collecting Asia: East Asian Libraries in North America, 1868–2008*. Ann Arbor, Mich.: AAS, Inc., 2010.

（2）三井文庫からの購入については以下が詳しい。Sherman, Roger. "The Acquisition of the Mitsui Collection by the East Asiatic Library, University of California, Berkeley." Master thesis, UCLA, 1980.

（3）一例として、至徳元年刊『大般若波羅蜜多経』六百巻（内三巻欠）［図版05］があり、藤田励夫「カリフォルニア大学バークレー校C・V・スター東アジア図書館所蔵「崇永版」大般若経について」『滋賀県立琵琶湖文化館研究紀要』三十一（二〇一五年）にその調査報告がある。

（4）HathiTrust Digital Libraryは、デジタル化資料の長期的保存とアクセスの提供を目的とした共同リポジトリで、グーグル、インターネット・アーカイブ、マイクロソフト等がデジタル化したものから参加館が自館で作成したものまで、さまざまなデジタル化資料約千七百万点が蓄積されている。著作権のないデジタル化資料については、以下のサイトで一般公開されている：https://www.hathitrust.org/

（5）二〇一五年から国文学研究資料館の教員等が善本解題目録の作成に向けた調査を始め、二〇一六年からは三菱財団及び科研費等からの助成により勝又基教授率いる研究者グループが写本コレクションの悉皆調査を再開してくれている。

（6）国文研によりデジタル公開されている当館所蔵古典籍一覧：http://base1.nijl.ac.jp/~tkoten/owners/syusyuu_list/list_berkeleymitsui.html

（7）海田俊一は、『流宣図と赤水図』（アルス・メディカ、二〇一七年）で、安永後期までに刊行された石川流宣『日本海山潮陸図』系統の四十二点について版と改訂の過程を表示し、当館所蔵の元禄三年版について「ほかに伝存不明であることから試し刷りに近いものかもしれない」と結論づけている（八～二二頁）。

（8）当館所蔵日本古地図コレクションのデジタル画像は、以下のサイトで一括公開される。https://digital.lib.berkeley.edu/

（9）「カリフォルニア大学バークレー校C・V・スター東アジア図書館所蔵日本関連特殊コレクション」ポータルは以下を参照。https://www.arc.ritsumei.ac.jp/lib/vm/UCB/

（10）"The Kofoid Collection." *CU News*, vol. 5, no. 18 (May 3, 1950): 1-4.

（11）古写経・古版経の目録に以下がある。奥田勲「カリフォルニア大学東アジア図書館蔵古経コレクション目録稿」『聖心女子大学論叢』九十四（二〇〇〇年）一一一～一七一頁。

※掲載写真は、各写真に付された注記に特に言及がなければ、カリフォルニア大学バークレー校C・V・スター東アジア図書館提供。

特集◉蔵書はめぐる——海外図書館の日本古典籍コレクション

蔵書を通して見る日本との出会い

オックスフォード大学ボドリアン図書館の和古書コレクション

イズミ・タイラー……Izumi Tyler

オックスフォード大学ボドリアン図書館附属日本研究図書館元館長。

一九九一年、英国に於て全国規模の日本の文化と歴史を紹介するフェスティバルが開催された。オックスフォード大学ボドリアン図書館でもその一環として同館所蔵の写本稀覯書を使って十七世紀から十九世紀半ばまでの日欧交流史を辿る展示を行った。
本稿ではその展示書のうち和書に焦点をあて、また対象書籍を明治期渡来の「ジャパノロジスト」達の寄贈コレクションまで拡げ、三百年にわたる日欧交流史を通して当館所蔵和古書籍コレクションを紹介する。

[図版01]…創立者ボードレイの肖像画(オリジナルはボードレイがエリザベス一世期にヴェニスで大使として在任中に描かれたものと言われる)(©The Bodleian Library, University of Oxford)

オックスフォード大学のJewel in the crown（宝冠上の珠玉）と称え賞されるボドリアン図書館は大学の中央研究図書館機能を担っており、その歴史は一三二〇年頃聖母教会内に創設された大学図書室まで遡ることができる。その後宗教改革による荒廃・蔵書散逸の中断期（一五五〇～一五九九）を経て、トマス・ボードレイ（Sir Thomas Bodley 一五四五～一六一三）［図版01］により再建され、その名を冠した図書館として一六〇二年に公開され今日に至っている［図版02］。

［図版02］…ボドリアン図書館オールド・ライブラリー（©The Bodleian Library, University of Oxford）

同館の創立期においてその性格を決定した注目すべき点はイアン・フィリップの次の言葉に集約されているだろう。

「創立者の学問的関心は止まること知らず彼の図書館は当時のオックスフォード大学や英国における学問の必要を満たすのみならず急速に拡がりつつある世界の知識全てを保存するものとなり、たとえその書物がすぐには役に立たない、もしくは理解されないものであっても収集対象となった。[1]」

一六〇五年フランシス・ベーコンが自著「学問の進歩」を寄贈した際に、ボードレイの功績を称えて、「彼は学問を大洪水から救うための箱舟を建てた。」と書籍に添えた手紙の中で記しているが、これはボードレイの創立趣旨をいみじくも言い表していると言えよう。

ボードレイ及び歴代図書館長たちの不断の努力、又その意向に賛同する大学内外からの支援に恵まれ、ボドリアン図書館は世界でも有数の貴重書・稀覯書コレクションを収めるに至っている。このコレクションの内訳を見ると、オリエント部門は他の部門と比べて少しも遜色がなく、中でも英国と歴史・文化的繋がりの深い地域、例えば中近東、インド、中国等からのものが圧倒的に多い。比べて日本のものは小規模であることは否めないものの、創立者の優れた見識と先見性を反映して、様々な重要史料・稀覯書が当館内に安住の地を求めて伝来・集積している。

これら蔵書を通して日英・日欧交流史を俯瞰し

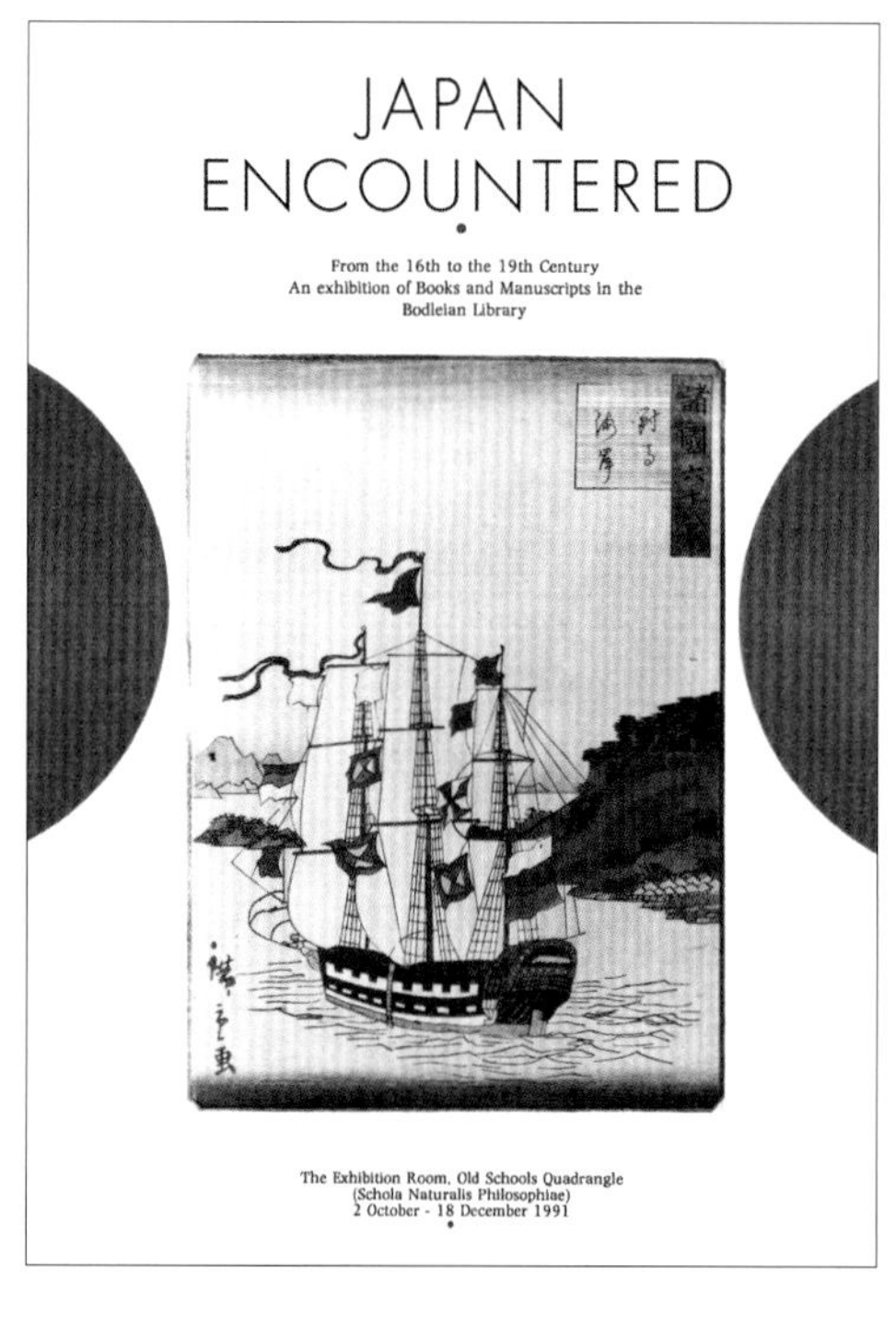

［図版03］…Japan Encountered Exhibition 展示目録
（©The Bodleian Library, University of Oxford）

［図版04］…「サントスの御作業のうち抜書」標題紙　（Arch.B.f.69）
（©The Bodleian Library, University of Oxford）

てみたのが一九九一年開催の「Japan Encountered」Exhibition〔図版03〕であり、これは同年英国で開催された全国規模の日本歴史文化紹介のフェスティバル（Japan Festival 一九九一）の一環として企画されたものであった。(2) 本稿はその展示書のうち和書に焦点をあて、また対象範囲を明治期来日の「ジャパノロジスト」の旧蔵書コレクションまで拡げ、三百年にわたる日欧交流史を辿りながら館蔵の和古書コレクションを紹介するものである。おおよその伝来時期に従って、一、キリシタンの世紀、二、日欧交易史、三、絵巻・絵本収集、四、東洋学者・「ジャパノロジスト」の貢献の四章に分け述べてゆく。

日欧交流史の幕開け

日欧間直接の交流開始は十六世紀半ばであるがそれ以前にも日本のイメージは西洋人の意識の中に存在しており、その起源は中世ヴェニスの冒険家マルコポーロの時代にまで遡ることができよう。黄金の国ジパング伝説は長年西洋人の想像力・冒険心を鼓舞してきた。一九九一年展示では当館所蔵のマルコポーロ手稿本が日欧交流史の幕開けを飾った。

キリシタンの世紀

布教と交易を目的に欧州諸国が日本に渡来した十六世紀半ばから鎖国までのほぼ一世紀に及ぶ「キリシタンの世紀」にはイエズス会始めとするカトリック各宗派により日本での布教事情を詳述する報告書・書簡集が多く出版されている。この時代の収集書として特筆すべきは「キリシタン版」であろう。これはイエズス会司祭ヴァリニャーノ提唱の日本における教育布教事業の一環として、西洋輸入の印刷機を用いて刊行された出版物で、書物・印刷史上重要な位置を占める稀覯書である。当館には「さんとすの御作業のうち抜書」（加津佐、一五九一）〔図版04〕、「拉葡日対訳辞典」（天草、一五九五）、「コンテムツス・ムンヂ」（天草、一五九六）、「日葡辞典」（長崎、一六〇三）、「日本文典」（長崎、一六〇四）、「サクラメンタ提要」（長崎、一六〇五）の六点が収蔵されている。これらは皆ローマ字印刷本であり、「さんとす」は一六五九年のジョン・セルデン（John Selden 一五八四〜一六五四　法学者・政治家）の遺贈、「コ

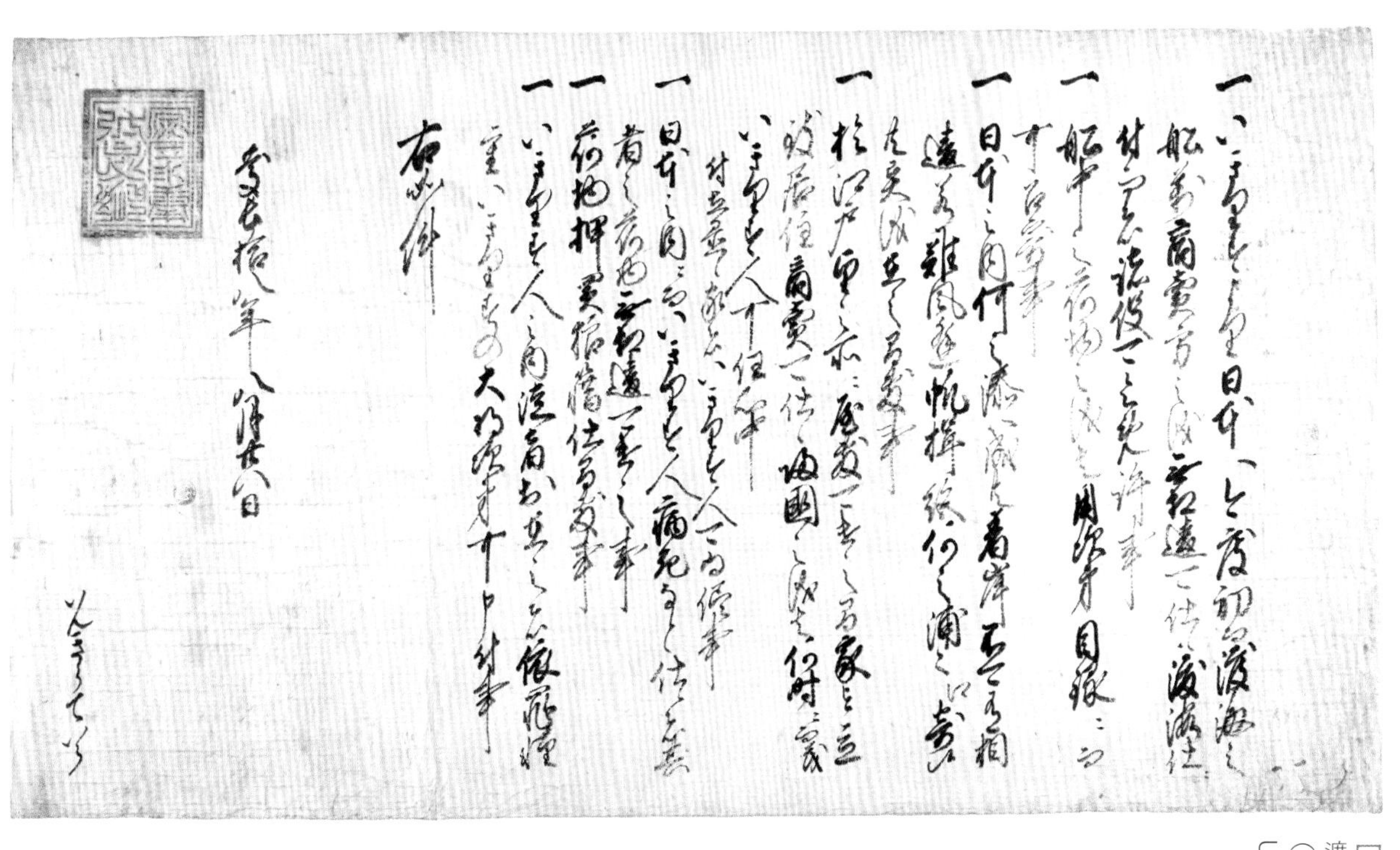

【図版05】…〔徳川家康朱印状〕英国宛て渡航通商許可朱印状 94.2 x 46.3cm (MS.Jap.b.2) (©The Bodleian Library, University of Oxford)

ンテムツス・ムンチ」は一六九五年のジョン・エヴァンズ（John Evans 一六五二〜一七二四 英東インド会社付牧師）の寄贈によるもの、あとの四点は一八二〇〜三〇年代に購入されたものである。

日欧交易史

大航海時代の航海記で日本関連記述を含んだものとしてはウィレス、ハクルート、メンデス・ピントなどの著作があげられるが、日英交流史の端緒を開く最も重要な史料は徳川家康が慶長十八年（一六一三）に英東インド会社に与えた渡航交易許可の朱印状であろう。これは英国国王ジェームス一世の国書を携え同年平戸に到着した東インド会社船長ジョン・セーリス（John Saris 一五八〇〜一六四三）に与えられた公文書で、平戸から英国に渡り当館に至るまでの伝来詳細は不詳であるが[3]、早くも一六八〇年代には収蔵されている。大高檀紙一枚半を繋ぎ合わせた料紙に墨痕鮮やかに記された朱印状は、慶長十八年八月二十八日附、「いんきらていら」（Inglaterra ポルトガル語称イングランド）宛、「源家康忠恕」の朱印が捺されている［図版05］。なお当館には朱印状交付の際に家康と英東インド会社間の通訳を務めた三浦按針（William Adams 一五六四〜一六二〇）の航海日誌も収められているが、この自筆手稿本は、ボードレイの良き支援者の一人、ヘンリー・サヴィル（Sir Henry Savile 一五四九〜一六二二 数学者）から一六二〇年に寄贈されたものである。

なお、本朱印状収蔵に先立つこと半世紀前、即ち図書館創立後間もない一六二九年には当館蔵書の和書の嚆矢として嵯峨本三冊がロバート・ヴィニー（Robert Viney）により寄贈されている。これは当館のみならず英国の大学図書館に入った最初の和書と考えられるもので、英国和書伝来史上並びに、古活字版として日本印刷文化史上の画期的価値を兼ね備えた書物として特筆に値するであろう。蔵書となった「自然居士」「やしま」［図版06・07］「やたてかも」の三冊は観世流謡本であり、素紙の表紙に雲母模様が施されている。ヴィニーは一六二五年にオックスフォード大学卒業後にピーターバラのバーナックで教区牧師として長

上［図版06］…嵯峨本「やしま」表紙（寄贈についてのラテン語記載）（Nipponica 131）（©The Bodleian Library, University of Oxford）
下［図版07］…同書（Nipponica 131）（©The Bodleian Library, University of Oxford）

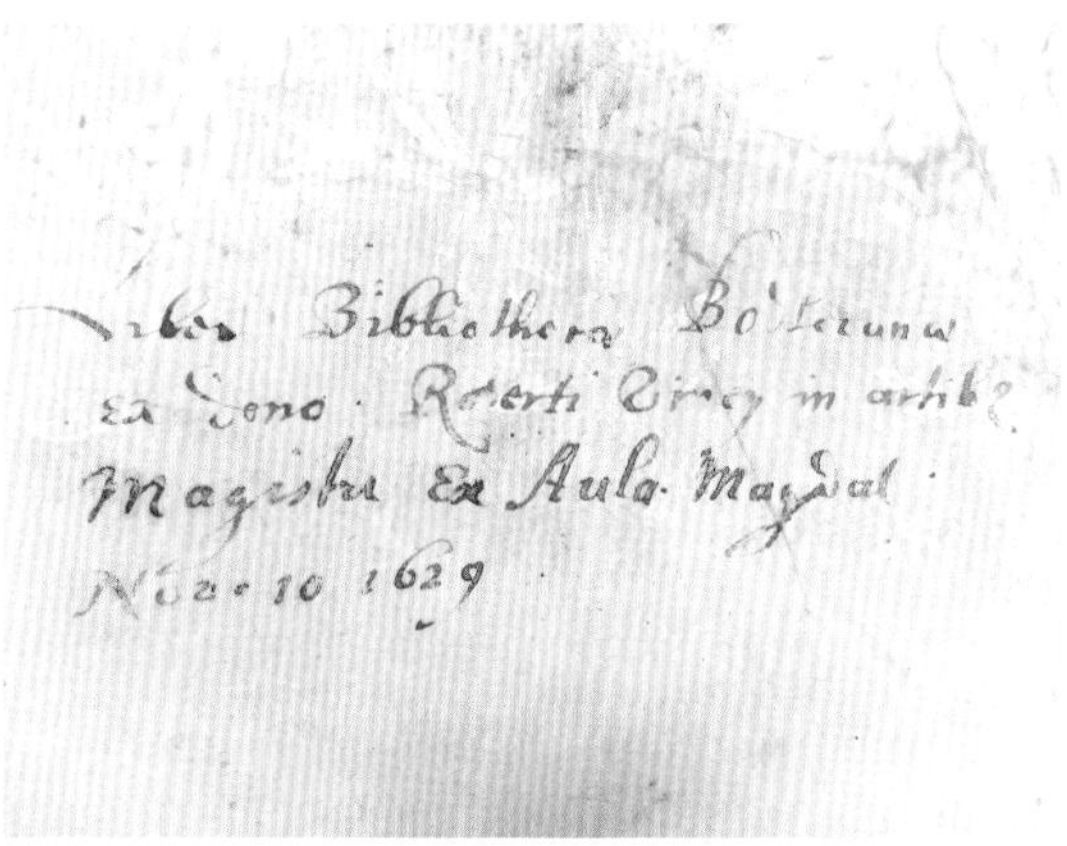

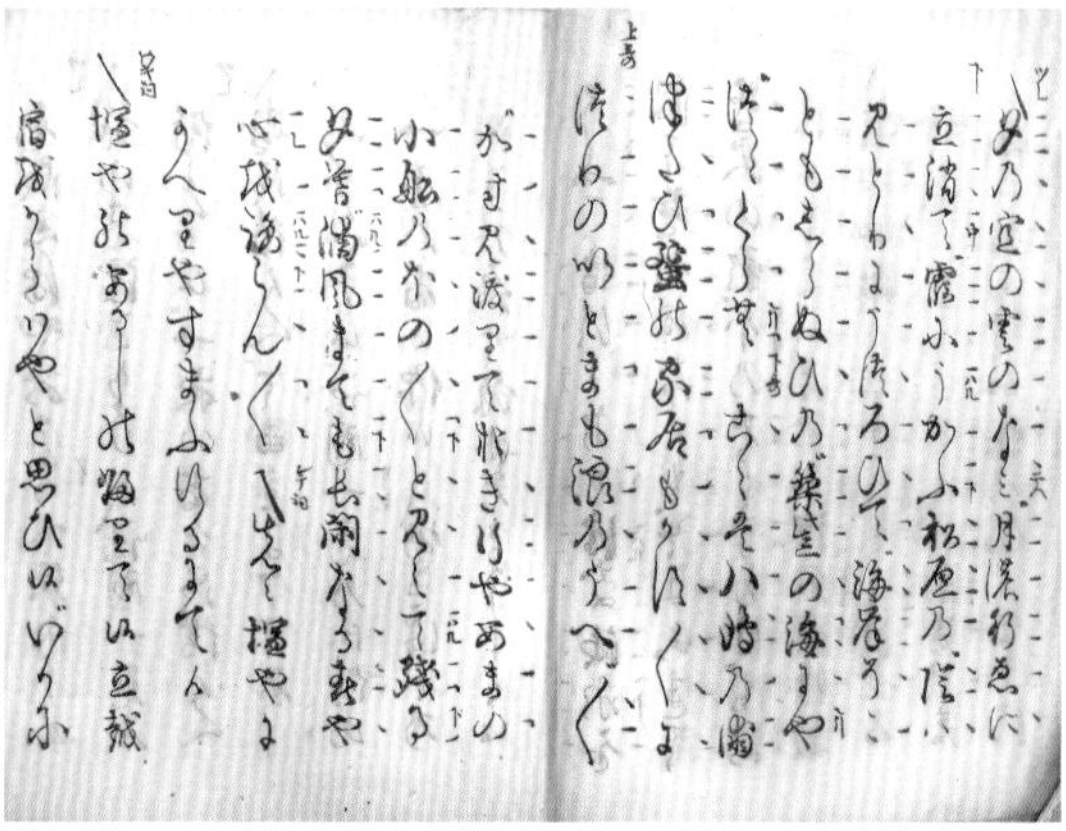

く勧めた。同書は東インド会社経由で伝来したものを入手したと推察される。(4)

英東インド会社が日本から撤退したあともオランダ東インド会社は長崎において交易を続けた。オランダ東インド会社付医師ケンペル、シーボルトたちが在日中に収集した蔵書が、大英博物館図書館などに収蔵されているのはつとに知られているが、当館にはこれらの旧蔵書は含まれていない。シーボルトの収集和古書リスト（墨書）が一九一四年に入っているのみである。

［図版08］…勝川春章「錦百人一首あずま織」（Douce. Jap.d.1）（©The Bodleian Library, University of Oxford）

絵巻・絵本収集

十七世紀半ばより日英交流史は二世紀ほど空白となり、当館の和書の収集は影を潜めるが、幕末・明治期になると絵巻・絵本（絵入本も含む）の収集が見られるようになる。これら視覚に訴える日本の書物が愛書家個人の趣味・趣向に合致して蒐集対象となり、その後寄贈・購収を通して当館の和書コレクションの充実に一役買うに至っている。こうした書物の流れの裏には同時期の文明開化の世相の中で、従来の日本の事物が時代遅れとして顧みられなくなるという日本側の時代的背景があったことも否めないであろう。

十八世紀英国の一大書物蒐集家として名高いフランシス・ダウス（Francis Douce 一七五七～一八三四）の膨大なコレクション（刊本一万八千点、写本四百二十点）は一八三四年にボドリアンに遺贈されているが、この中には江戸期の版本「錦百人一首あずま織」（勝川春章）［図版08］が含まれている。これは一七九九年頃にみられる彼の中国文化事象への関心のシフトによる積極的な中国書収集の一環として入手されたものであろう。

ウィリアム・ナッソー・リース（William Nassau Lees 一八二五～一八八九、アイルランド出身陸軍少将、インド在任、アラビア・ペルシャ学研究者）の没後一八八九年に、クリスティにおいて旧蔵書コレクションの売立てがあり、ボドリアンは江戸期の絵本「職人尽団絵帖」、「大仏の御縁起」他画帖二点を購入している。さらに古書店からの購入として「しゃかの本地」「未来記」「十二月花鳥和

【図版09】…「うらしま」(MS.Jap.c.4 (R))
(©The Bodleian Library, University of Oxford)

歌」「和歌短冊貼込帖」などの入手が続く。当館の奈良絵本コレクションの白眉「うらしま」[図版09]は秀麗な仕立ての絵巻で、一九〇一年に入手されているが来歴は未詳である。

一八五八年に日英修好通交条約が締結され、英国人にも日本渡航の機会が巡ってくると、外交官、武官に交ざって、広範な関心をもつ学者、好事家が来日し、直接に和書を収集することも可能となった。

パジェット・トインビー(Paget J. Toynbee 一八五五~一九三二 ダンテ研究者、歴史家アーノルド・トインビーの叔父)は一八八七年に来日し、江戸期の秀逸な絵巻・絵本「古歌仙」(守昌筆)、「住吉物語」、「狩野派画巻」等を収集しており、これらは一九一二年に旧蔵書(主にイタリア古典文学関係著作三六〇点)の一部として寄贈された。

博物学者で後にオックスフォードで比較解剖学教授として教鞭をとったヘンリー・ノティッジ・モーズリー(Henry Notridge Moseley 一八四四~九一)は英国艦チャレンジャー号の世界一周探検航海(一八七二~七六)に参加、一八七五年の日本での二ヶ月の滞在中、ディキンズ(F.V. Dickins 一八三八~一九一五、英海軍軍医、日本文学研究者)の協力を得て大阪で絵巻・絵本等を購入している。

チャールズ・ダーウィンの著書『人間及び動物の表情』(一八七二)を既に読んでいたモーズリーは、帰国直後ダーウィンに書簡を送り、日本から持ち帰った「北齋漫画 八編」「人相早見學」等掲載の顔描写絵[図版10]・人相図の図版に言

【図版10】…北齋漫画 八編 葛飾北齋画
(Nipponica 326/8)(一四ウ一五オ)
(©The Bodleian Library, University of Oxford)

及、更に所有の「北齋漫画」複本のうち一冊を贈呈しており、これを皮切りとして両者の交流が始まっている。[5]「北齋漫画」の取り持つ仲として興味深いエピソードである。

前掲の「北齋漫画」「人相早見學」は一九一四年に未亡人によりモーズリー旧蔵書コレクション（写本三十七冊、版本百七十一冊）とともに当館に寄贈されており、その他江戸期の奈良絵本・絵巻、「ひな鶴」（他に伝本のない弧本）［図版11］、「長恨歌」、「六代御前物語」、「御伽草子集」（二十一冊九種）、「二十四孝」、「やしま」、又玉手梅洲の能狂言絵画帖「まつの拍子」「みつのなかれ」などが見られる。モーズリーがこうした質の高い美麗な絵本コレクションを掌中にすることができたのもディキンズの力添えに負うところが多かったものと思われる。

東洋学者・ジャパノロジスト達の貢献

さて時期的に前項とほぼ並行して、日本仏教に関心を持った宗教学者、東洋学者や、「ジャパノロジスト」たちの旧蔵書も伝来するようになり、当館の和古書コレクションの重要な礎石となっていく。

［図版11］…「ひな鶴」(MS.Jap.b.3(R))
(©The Bodleian Library, University of Oxford)

一八八一年にボドリアンはアレクサンダー・ワイリー（Alexander Wylie 一八一五〜八七 在中国伝道家・中国研究者）から、日本訪問（一八七五〜六）の際入手した仏書四十点を購入した。さらに小規模ながらマックス・ミュラー（Friedrich Max Müller 一八二三〜一九〇〇 サンスクリット文献学・比較宗教学者）、エイモス（S Amos）の旧蔵仏書の購入・寄贈が続く。当時オックスフォードでミュラーの下で研鑽を積んでいた南條文雄によってこうした仏書コレクションの目録が編纂され、[6]南條自身の寄贈書籍四十一点もこれに加わえられた。

更にまとまった収書として、一八八五年のソロモン・シーザー・マラン（Solomon Caesar Malan 一八一二〜九四 東洋学者・聖書学者・英国国教会牧師）旧蔵書の寄贈がある。そのうち一一三点が和書、主に江戸期の版本で、内容は辞書、漢籍漢学、宣長学派の著述、文学、往来物・教訓書や和算書等多岐な分野にわたっている。マランは終生日本を訪れる機会に恵まれなかったものの、独学で日本語を勉強し、当時の英国における聖書改訂・翻訳論争の高まりの中で聖書の和訳を試みていた。寄贈コレクションにはマラン自筆の草稿本「聖差耶懊伯之公書（ヤコブの手紙、一八五三年、和訳初出）」が含まれており注目に値する。[7]彼のこうした和書収集には当時日本に滞在していたサトウ、チェンバレン等の協力があったようである。

次に「ジャパノロジスト」、すなわち明治初期に来日、外交官など公職に就くかたわら、高度な日本語学力を獲得したのち、研鑽を積んで近代的な日本学を確立した英国人日本学研究者たちの貢献について述べたい。

筆頭にあげられるのはアーネスト・メイソン・サトウ（Ernest Mason Satow 一八四三〜一九二九）で、

当館は一九〇八年にサトウ旧蔵書の一部の寄贈をうけた。これは仏教関係版本七十余タイトル（三百二十八冊）で、この中には真言宗仏書「寶篋印陀羅尼經和解祕略釋」、「光明眞言金壺集」、「真言宗八祖大師略傳」、又浄土宗の「曼荼羅捜玄綱要」、「西要鈔諺註」、「父子相迎諺註」等が含まれている。この当館宛寄贈書が日本から辿ってきた伝来経路は明らかになっているが、[8] サトウ・コレクション全体の中でどのように位置づけられるものか更なる考察が要るだろう。

年代は前後するが、一八八〇年代、同じく「ジャパノロジスト」とされるバジル・ホール・チェンバレン（Basil Hall Chamberlain 一八五〇～一九三五）を介してボドリアンは九十四点の書籍を購入し、またウィリアム・ジョージ・アストン（William George Aston 一八四一～九一一）より東大寺正倉院藏写本のファクシミリ・コレクションの寄贈を受けている。前述のディキンズの例も含めて、この時期の和書伝来過程において「ジャパノロジスト」たちが果たした重要な貢献が各処に見てとられ、当館は測り知れぬその恩恵を被ってきている。

以上ボドリアン図書館の和古書コレクション形成の歩みを駆け足で辿ってみた。創立期より連綿と続く歴史の中で、多くの先人の営みにより収集・拡充が続けられ、現在写本・手稿本百四十五点、版本七六〇点を数えるに至っている。これらユニークなコレクションを受け継ぎ、誤りなく保存してゆくと同時に、閲覧・研究に供することも肝要な務めである。既に紹介の行われている蔵書もあるものの、コレクション全体像を広く世に知らしめるため、又更なる研究の進捗を期して蔵書目録作成が続けられている。

注

（1）Philip, Ian. *The Bodleian Library in the seventeenth and eighteenth centuries*, Oxford: Clarendon Press, 1983, p.19.

（2）Tytler, Izumi. *Japan encountered: from the 16th to the 19th century: an exhibition of books and manuscripts in the Bodleian Library*, Oxford: Bodleian Library, 1991.

（3）Massarella, Derek; Tytler, Izumi. The Japonian Charters: the English and Dutch Shuinjō, Monumenta Nipponica, 1990, Vol.45(2), pp.189–205.

（4）Kornicki, Peter,「The first Japanese books to reach Europe?」paper presented at the 29th EAJRS Conference in Kaunas, 12–15 September 2018 (unpublished)

（5）Darwin, Charles; Burkhardt, Frederick; Smith, Sydney. The correspondence of Charles Darwin, Cambridge: Cambridge University Press, 2016, vol.24, p.327.

（6）Nanjō, Bunyū. *A catalogue of Japanese and Chinese books and manuscripts lately added to the Bodleian library*, prepared by B. Nanjio. Oxford: Bodleian Library, 1881.

（7）マラン自筆の手稿ノート「聖差耶懊伯之公書」であり、ベッテルハイムの漢和対訳四福音書の稿本から和文の抜書きとギュツラフ訳のロマ書の一部の書写したものも含まれている。［参照］氣多恵子「オックスフォード大学ボドリアン図書館蔵マラン文庫和書目録〈往来・教訓・諸芸・漢籍漢学・その他〉お茶の水女子大学　大学院人間文化研究科『人間文化研究年報』二三号、二〇〇〇年三月二・一～二・九頁。及び吉田新「最古の和訳『ヤコブの手紙』の発見」キリスト教学、五十四号、二〇一二年十二月　三一～六四頁

（8）小山騰『ケンブリッジ大学図書館と近代日本研究の歩み――国学から日本学へ』（勉誠出版、二〇一七）八二頁

参考ウェブサイト

・朱印状
https://treasures.bodleian.ox.ac.uk/treasures/first-trade-agreement/

・うらしま
https://digital.bodleian.ox.ac.uk/inquire/Discover/Search/#/?p=c+0,t+,rsrs+0,rsps+10,fa+,so+ox%3Asort%5Easc,scids+,pid+3fde513f-f6b9-43e6-bfbc-3ccdf70bff83,vi+f0a40e95-3de9-451d-9c7d-8ae6cbd9ceca

特集◉蔵書はめぐる――海外図書館の日本古典籍コレクション

小山騰 KOYAMA Noboru

アーネスト・サトウと武家故実資料

ケンブリッジ大図書館古典籍コレクションの来歴の一端をさぐる

アーネスト・サトウの蔵書として英国に流出し、ケンブリッジ大学図書館に収蔵された武家故実資料の由来をさぐる。傑出した和書収集家であったサトウは、故実家の土井家（旗本）や藤川家（直心影流の剣術家）に伝承された書物を、明治維新後自分の図書係（白石真道）の機縁などを通じて、美術資料として入手したのであろう。

前ケンブリッジ大学図書館日本部長。同館に一九八五年から勤務し、二〇一五年に定年退職。著書に『戦争と図書館――英国近代日本語コレクションの歴史』（勉誠出版、二〇一八年）、『ケンブリッジ大学図書館と近代日本研究の歩み――国学から日本学へ』（勉誠出版、二〇一七年）などがある。

◉ケンブリッジ大学図書館

武家故実

本居宣長は学問とは何かを説いた『うひの山ぶみ』の中で、有識故実を神道学、歴史学、歌学と並べて学問の四つの柱の一つに上げている。近代以前では、有識故実は重要な学問であった。有識故実は大きく公家故実と武家故実に分けられ、江戸時代には伊勢貞丈などによって武家故実の研究が一段と進んだ。海外の図書館を含めて、日本古典籍のコレクションの中に占める有識故実書の割合はけっして少なくない。その中には武家故実の資料も多く含まれている。日本古典籍コレクションを中心として発展した日本研究の中では、国学関係の蔵書と共に有識故実、特に武家故実についての資料は、それなりに重要な位置を占めている。

海外の場合、特に重要なのは美術館・博物館の収蔵品との関係である。明治維新後、甲冑や刀剣などが外国の美術館・博物館に収蔵された。海外の個人のコレクターも武具を収集した。それらを調べる参考書として、武家故実資料も欧米に流出した。英国のヴィクトリア&アルバート博物館では、早い時期に日本人（稲田賀太郎）などを雇用して、新井白石の『本朝軍器考』と稲葉通龍の『鮫皮精義』を英訳させていた。

アーネスト・サトウのコレクション

ケンブリッジ大学図書館の日本関係古典籍コレクションは、アストン・サトウ・シーボルト・コレクションと呼ばれる。ウィリアム・ジョージ・アストン、アーネスト・サトウ、ハインリッヒ・フォン・シーボルトが収集・旧蔵していた資料である。明治時代に日本で収集され、海外に送付された蔵書である。アストンとサトウは英国の公使館員・領事官として日本に駐在した。ハインリッヒ・フォン・シーボルトは有名なフィリップ・フランツ・フォン・シーボルトの次男で、外国公館の通訳官、骨董商などとして日本に滞在した。

三人の旧蔵者別の割合では、ケンブリッジ大学図書館の古典籍コレクションの七割強はアーネスト・サトウが集めたものである。収集者という観点から見ると、サトウの収集品が大きな比率を占める。本稿では、サトウがどのようにしてケンブリッジ大学図書館の古典籍コレクションに含まれる武家故実資料などを収蔵することになったかという点に焦点を当ててみたい。ケンブリッジの場合も、やはり武家故実書に含まれる美術資料という要素が大きな役割を果たしていた。

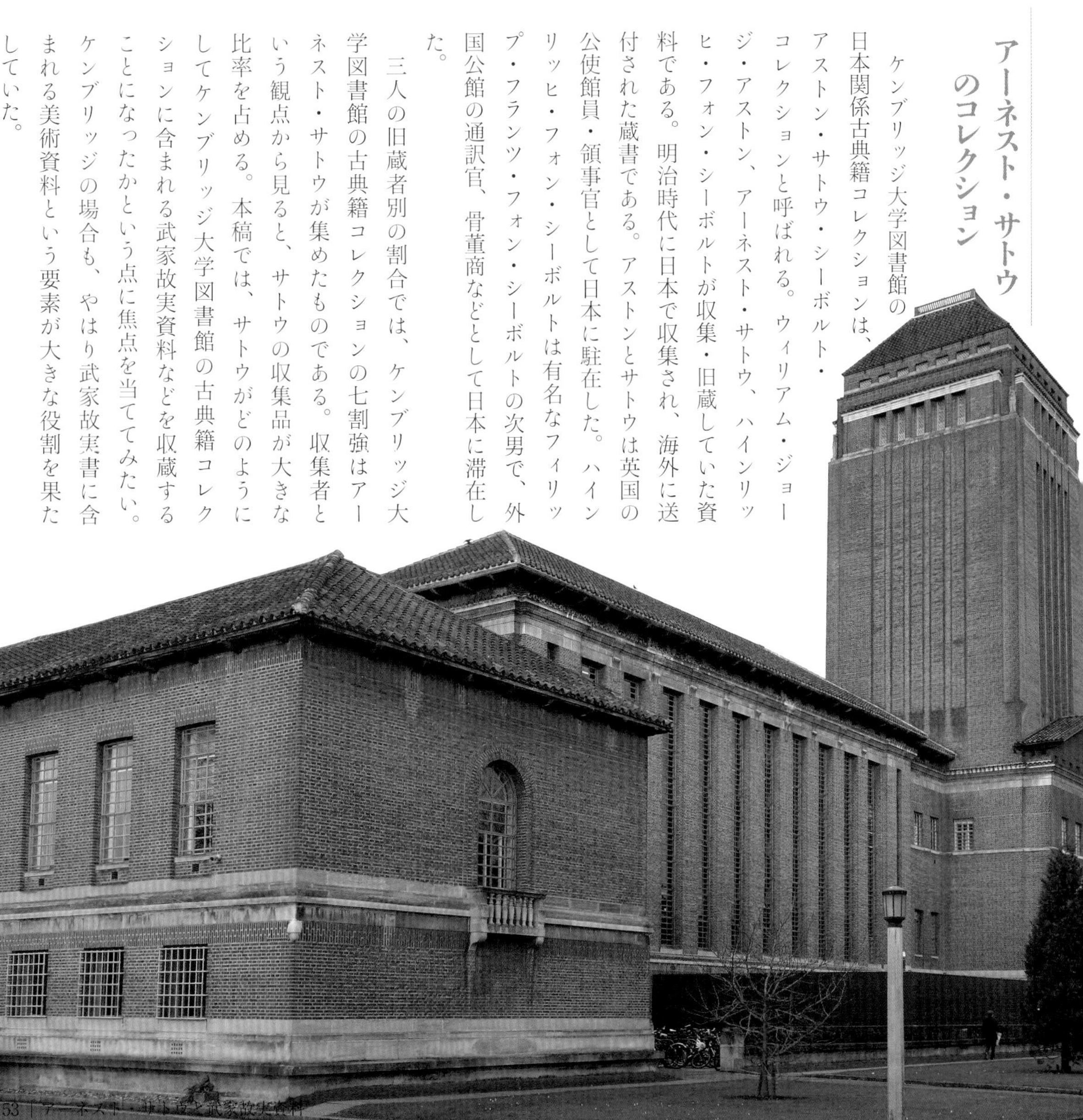

◉アーネスト・サトウ(一八六九年、パリにて)(Wikimedia Commons)

巻子本と武具資料

アストン・サトウ・シーボルト・コレクションの中に、『はんじもの』、『麓の塵』、『琉球人行列』という巻子本が含まれている。非常に興味深い巻物である。三本とも、土井利恒が土井家の家蔵資料を文政年間に巻子本に編纂したものである。いろいろな刷物や文書などが貼り付けられている。また、『古代武器之図』(折本、七帖)、『鎧威毛袖形』、『源義家朝臣鎧着用次第』、『陣羽織図』などの武家故実資料も同コレクションの中に含まれている。もちろん、これら以外にも、ケンブリッジ大学図書館は武家故実に関する資料を何点も所蔵している。上記した四つの武具についての資料(七帖と三冊)には、印記として「藤川蔵書」、「整斎所蔵」、「貞藤印」などがあり、また土井利往、土井主税、土井七太郎、藤川弥次郎右衛門、藤川貞などの名前が記されている。

以上のサトウ収集の七点(巻子本と武具についての蔵書)は、いずれも重要な資料であり、ほとんどは"Cambridge Digital Library"(Japanese Works)に含まれている。それらはインターネット上のケンブリッジ大学図書館のサイトから閲覧することができる(https://cudl.lib.cam.ac.uk/)。

七点の来歴については、それらに記載された名前や蔵書印を手がかりにして探索することができる。その際、武家故実の学統を考慮に入れると所蔵者の変遷などが明らかになる。江戸時代の武家故実の第一人者は伊勢貞丈で、その学統は嫡孫貞春に引き継がれた。貞丈、貞春の門人(筆頭)が土井利往(主税)で、また、蔵書家として著名な屋代弘賢は貞春の門弟の一人であった。伊勢貞丈、土井利往などは旗本、屋代弘賢は御家人であった。

武家故実家の学統

土井利往は伊勢貞春の允可を得て、伊勢家に伝えられた武家故実などに関する学則、文書などを整備した。土井利恒(七太郎)は父利往の後を継ぎ、さらに、文政年間にその学統を門弟であった藤川貞(弥次郎右衛門、整斎)に伝えた。藤川整斎は直心影流の剣術家(藤川派)であり、その弟子は五千人に上ったという。また『天保雑記』、『文政雑記』などの著作がある著述家でもあった。

直心影流は男谷信友、島田虎之助、榊原鍵吉などを輩出した流派であり、明治に入り撃剣家として活躍した榊原には、サトウの後輩トーマス・マクラッチー(英国公使館員)やハインリッヒ・フォン・シーボルトなどの外国人も弟子入りした。前述したサトウが収集した七点の資料のうち、『はんじもの』、『麓の塵』、『琉球人行列』、『鎧威毛袖形』は土井利往・利恒父子の所蔵から藤川貞に引き継がれた。『源義家朝臣鎧着用次第』と『陣羽織図』も、同様に土井家から藤川家に譲渡されたか、または藤川家がそれらを別のところから入手し、家蔵していた。サトウが収集した資料の中には、これらの七点以外にも、武家故実家であった土井家や藤川家に関係したものがあったかもしれないが、七点の資料については、記載された名前や蔵書印などからその流れ(由来)がきちんと判明する。

土井利恒(七太郎)の子息八太郎は、幕府の武芸機関である講武所の水泳世話役などを勤めたが、武家故実家としての家業を引き継いだのかどうかははっきりしない。講武所は前述の男谷信友の建議によって幕末に成立されたという。一方、藤川貞（整斎）の子息藤川憲は剣術家、砲術家などとして活躍した。それと同時に、父親の武家故実家としての側面も引き継いでいたと思われる。また、父親同様『長防追討録』、『練兵実記』などの著作もある。藤川貞・憲父子は筆が立ったのである。二人は剣術家であると共に著述家でもあった。

一説によると、藤川憲は数え年四十八歳の時に明治維新を迎え、一八八四年（明治十七年）に六十四歳で亡くなったという。死亡する前年には一応剣術の道場を再開していたが、一八七九年（明治九年）に出された廃刀令以降、剣術家としての家業は振るわなかったと想像される。

藤川憲は晩年の一八七二年（明治五年）に開拓使東京事務所に雇用されたが、その時の書類には、六十三歳（数え年）という年齢が記載されている。その場合、前説よりも十一歳ほど年長になる。この説をとると、明治維新時には五十九歳であった。

藤川憲は開拓使勤務よりも前には、短期間ではあるが外務省にも勤務した。藤川憲が外務省を辞めた後、その後釜をうめるようなかたちで、弟の藤川寛がやはり外務省に勤務した。藤川憲および寛兄弟は、外務省では後述する白石真道の同僚であった。また、撃剣の直心影流藤川派も、父親藤川貞（整斎）から、藤川憲（太郎）、さらに藤川寛へと引き継がれ、明治中期頃まで続いたという。

藤川貞、藤川憲、藤川寛の三者が関係した著作物および蔵書についても、その行方や由来などは大変錯綜している。藤川憲は自著などを勤務先の外務省に献本し、藤川寛は父親の整斎および兄憲の著作や蔵書を東京府に献納した。献納などに対しては礼金も下賜された。それらの藤川貞や藤川憲の書物や蔵書は、最終的には国立公文書館（内閣文庫）に落ち着いた。現在国立公文書館がそれらを所蔵している。

藤川寛は著作物などを残さなかったかもしれないが、外務省勤務の履歴からもわかるように、「武」だけではなく、「文」にも勝れていたようである。父整斎の著作の校訂をしている。直心影流藤川派を継承していた藤川寛に対して、山岡鉄舟（一刀正伝無刀流）は一八八三年（明治十六年）に書簡を送り、流派の極意伝授を依頼していた。藤川寛は後世の文献では兄憲と取り違えられた可能性があり、一八八四年（明治十七年）に六十四歳で亡くなったのは兄憲ではなく弟寛であったかもしれない。

前述した七点の資料を含めて、土井家や藤川家に伝わった武家故実などに関係する資料は、おそらく藤川憲・寛の代までは藤川家に伝えられていたと思われるが、明治前期に藤川家の手を離れ、サトウの所蔵になったのであろう。

サトウの収集方法

土井家・藤川家などに伝承されていた武家故実に関係した資料などが、ケンブリッジ大学図書館の収蔵にいたる過程で一番重要な点は、サトウがどのようにして、またはどのような事情でそれらの資料を収集することになったかという点である。明治前期に日本語書籍の蔵書を大量に収集していたサトウと、それらの武家故実資料との接点はどのようにして作られたのかという部分である。それらのことを考える場合、次の二つの点に注目したい。すなわち、サトウの収集方法とサトウの図書係である。

サトウは一八八一年（明治十四年）九月十一日付のロンドン在住の友人F・V・ディキンズ宛の手紙で、日本語書籍の蔵書を築き上げていることについて、次のように報告していた。

> あなたもご存じのように、私は日本についての近代および古代の書籍の蔵書を構築している。大変古いものの値段は常軌を逸した価格になっている。本屋は私が必ず買うということを知っているので、値段を上げていると考えざるをえません。しかしながら、折々、本屋業界の外〔"outside the ring"〕の人物から掘り出しものを入手している。[1]

以上の手紙の文面から、サトウは本屋などを通じて新旧の日本語書籍を収集していたが、時折り、本屋ではない人物から掘り出しものを入手していた。書肆ではないところから収集している点に注目したい。

もちろん、サトウが藤川家などに伝わった武家故実の資料を書肆から購入したという公算は大いにありうる。それを否定することはできない。ただ、次に述べるサトウの図書係のことを考慮に入れると、サトウが書肆ではないところから入手したという可能性が浮かび上がってくる。

サトウの図書係と蔵書家たち

サトウは一八七七年（明治十年）八月から一八八〇年（明治十三年）五月まで、白石真道を図書係（秘書）として雇っていた。真道は一八八〇年（明治十三年）五月二十一日に、結核のためサトウの家で死亡した。享年数え年で三十三歳であった。真道はサトウの図書係として働く前は、六年以上外務省で『続通信全覧』の編纂に従事した。しかし、外務省の官制改革のために解職された。真道の上司は坂田諸遠であった。大部な外交資料集である『続通信全覧』は、坂田諸遠を主幹として外務省で編纂された。

白石真道はサトウの図書係として、写本や文書などを多く書写した。彼の筆跡には特徴があり、その真道の筆跡で書かれた転写本などがサトウの蔵書の中に多く含まれている。真道はサトウのために書籍を収集し、彼の蔵書構築を援助し、彼の蔵書目録を作成した。さらに、大部な漢和シソーラス（類語辞典）を作成していた。また、サトウの教師として、『延喜式』巻八に含まれる『祝詞』を一緒に読んでいた。真道はサトウの『祝詞』の英訳に大きく貢献した。

白石千別は真道の父親で、もともとは奥右筆留役、代官、神奈川奉行、外国奉行、新潟奉行を歴任した幕府の能吏で、維新直前に戊辰戦争のため新潟奉行を辞任し、家督を真道に譲った。数え年で五十二歳頃のことであった。職業柄、奉行時代からサトウとは顔見知りで、息子の真道が図書係になってからはしばしばサトウの家を訪問し、さらに真道の死後もサトウとの交際を続けた。真道が『続通信全覧』の編纂に携わることになった点でも、元外国奉行の千別の影響は大きかったと考えられる。千別には『詩籟子日記』や『幕末外国奉行白石忠太夫日記』などの著作もある。

白石千別は足代弘訓、花垣幸国、大国隆正等に学び、国学者、歌人としても経歴を積み、今様風の歌を作ったので今様翁と呼ばれた。『後拾遺和歌集』、『詞花和歌集』、『拾遺和歌集』などを書写したものも残っている。維新後には外務省、博物館［東京国立博物館の前身］に出仕し、宮内省図書寮に奉職したこともあった。また、明治時代の初期に『安都満新聞』を創刊し、その後継紙『いろは新聞』の主幹を勤めた。『いろは新聞』は仮名垣魯文などが執筆した小新聞の一つであった。後述するように、千別はまた貴重書などを収集した蔵書家でもあった。

真道の死後もサトウとの交流は続いていたので、白石千別はサトウの蔵書収集も手助けしていたと考えられる。おそらく、息子真道がサトウのために書籍を集めていた時にも、千別は陰ながら援助をしていたかもしれない。白石千別・真道父子は愛書家で、それなりの規模の蔵書を持っていたと思われる。それらの蔵書には「白石所蔵」という印記が押されていた。「白石所蔵」という蔵書印がある書籍は、一応白石父子のものであると考えられるが、どちらかといえば千別の蔵書という面が強かったのであろう。

「白石所蔵」という印記がある書籍は、ケンブリッジ大学図書館（サトウ収集品）やその他の図書館でも所蔵されているが、まとまって所持しているのは国立国会図書館である。後述する同館の『輪池叢書』および『輪池叢書外集』の中に多数含まれている。

秋月藩士であった坂田諸遠は、『続通信全覧』編纂のために一八七一年（明治四年）初頭から外務省に出仕した。数え年で六十二歳という高齢であった。諸遠は江戸在住の久留米藩士松岡辰方・行義父子から国学や有職故実を学んだ。松岡辰方は国学を塙保己一から学び、和学講談所の会頭を勤め、また公家故実は高倉永雅、武家故実は伊勢貞春を師とし、松岡流有職故実の家学を起こした。行義は有識故実の家学を発展させ、実技の方面でも甲冑を実際に制作し、犬追物を再興した。

　坂田諸遠は松岡父子の学統を引き継ぎ、外務省で十年以上にわたり『続通信全覧』などの編纂に従事し、さらに一万五千冊に上る蔵書を集めた。蔵書家としても手腕を発揮した。諸遠の蔵書は南葵文庫に収められ、その南葵文庫の蔵書が関東大震災後に東京帝国大学に寄贈されたので、現在東京大学附属図書館が諸遠の蔵書を所蔵している。諸遠も武家故実資料とは浅からぬ関係にあったと思われる。諸遠は勤王の志士平野国臣に武家故実を伝授したことでも知られている。

　おそらく『続通信全覧』を編纂する坂田諸遠の意向を反映したものと考えられるが、外務省は献本などの方法で幕末史の史料集にあたる斎藤月岑の著作『沿海紀聞』(四十冊)と『慴怕操筆』(二十一冊)を収蔵した。斎藤月岑は江戸・神田雉町の名主であったが、著述家としても『江戸名所図会』や『武江年表』などの著作で有名であった。また、外務省は同様に藤川憲の著作『皇化復古編』(七冊)、『塵堆』(二冊)、『光被要略』(十四冊)『文久雑記』(二冊)、『元治漫録』(一冊)、『慶応漫録』(十冊)、『明治謾録』(一冊)、『述堂叢書』(十冊)なども収蔵した。これらの斎藤月岑や藤川憲の著作は後年外務省から内閣文庫に移され、現在は内閣文庫の蔵書を引き継いだ国立公文書館がこれらの書籍を所蔵している。

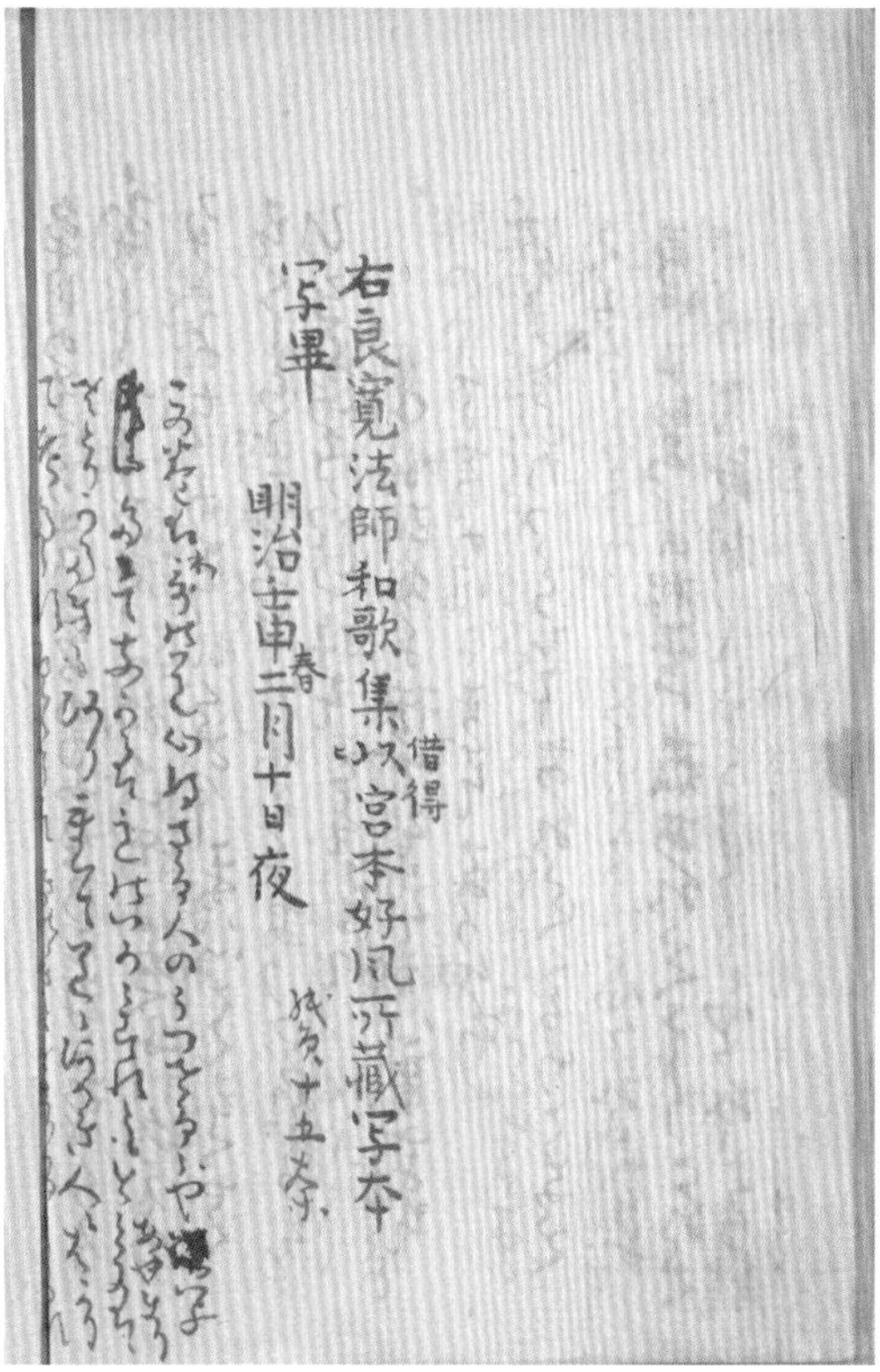

●『輪池叢書』(国立国会図書館所蔵)の第二十五集にみえる白石真道の識語。なお、宮本好風は外務省における真道の同僚。二人は坂田諸遠の下で『続通信全覧』などの編集に従事した。

『輪池叢書』など

現在、国立国会図書館は『輪池叢書』(四十三集)および『輪池叢書外集』(十九集)を所蔵している。『輪池叢書』には二百四十二点ほど、『輪池叢書外集』には百二点ほどの書籍が掲載されている。輪池は蔵書家・国学者・武家故実家として著名であった屋代弘賢の号で、両叢書は屋代弘賢の旧蔵書を集めたものであるとされている。両叢書には「不忍文庫」という印記がある書籍も含まれ、弘賢の旧蔵書が含まれていることは確かである。ただ、全部が弘賢の旧蔵書(「不忍文庫」本)であることはありえない。これらの叢書を購入した東京図書館の司書(中根粛治)も、明治二十八年(一八九六年)一月付で、『輪池叢書』の最初の部分にそのことを記していた。

　東京図書館の蔵書は帝国図書館、国立国会図書館へと引き継がれた。両叢書の全部が弘賢の旧蔵書ではありえないことは、『輪池叢書』の第二十五集に含まれる写本に、明治四年とか五年という日付が入った白石真道の識語があることからも明らかである。筆跡は真道のものである。もちろん、その写本には「白石所蔵」という印記が押されている。白石真道は弘賢が死亡した時にはまだ

◉皇太子時代の昭和天皇が、一九二一年（大正十年）五月十八日にケンブリッジ大学図書館を訪問された。その時の写真が『皇太子殿下御渡欧記念写真帖』第九巻（大阪毎日新聞社、一九二一年）に掲載されている。同館では、ケンブリッジ大学留学中の西田直二郎（京都帝国大学助教授）が、日本語書籍（古典籍）の展示を準備した。宮内省はケンブリッジ大学での歓待に対する返礼として、行方不明になっていたが、その当時新たに発見された版木を使って印刷した六百六十六冊の『群書類従』を、一九二五年（大正十四年）にケンブリッジ大学図書館に贈呈した。（大阪毎日新聞社編纂『皇太子殿下御渡歐記念寫眞帖』（第九巻）大阪毎日新聞社、一九二一年）より。

生まれていなかった。

『輪池叢書』四十三集および『輪池叢書外集』十九集に押された、東京図書館以外の蔵書印を調べると、それらが含まれる「集」の数は次のようになる。『輪池叢書』の場合、「不忍文庫」が二十六集、「白石所蔵」が三十集、「青木印」（明治時代の蔵書家青木信寅の蔵書印）が二十三集となる。『輪池叢書外集』の場合、「不忍文庫」が十一集、「白石所蔵」が十五集となる。『輪池叢書外集』には「青木印」がある書籍が含まれていない。蔵書印や中根粛治の識語などから、『輪池叢書』や『輪池叢書外集』の由来は次のようであったと考えられる。

最初、白石千別（または千別・真道父子）が屋代弘賢の旧蔵書（「不忍文庫」本）を含めて白石家の蔵書（「白石所蔵」本）を構築した。続いて、青木信寅は「白石所蔵」本や「不忍文庫」本を収集して、自分の蔵書（「青木印」本）を作成した。それらを購入した書肆などが、『輪池叢書』と『輪池叢書外集』という叢書として、それらの書籍を東京図書館に売却したのであろう。『輪池叢書』と『輪池叢書外集』の違いは「青木印」の有無で、「青木印」がないものを『輪池叢書外集』としたのであろう。もしかすると、すでに青木信寅が収集した段階で『輪池叢書』という名称が付いていたのかもしれない。ただ、中根粛治の識語からもわかるように、『輪池叢書』と『輪池叢書外集』は東京図書館（帝国図書館）が付けた名称ではない。同館ではやむをえず使用した叢書名であった。

藤川家からサトウの蔵書へ

『輪池叢書外集』の一番最後の集が第十九集である。その集に「白石所蔵」という印記が入った藤川憲著『豈好弁』が含まれている。藤川憲の自写本である。一八四九年（嘉永二年）の秋に、藤川憲が外憂が迫る幕末時における兵学を説いたものであった。この藤川憲著『豈好弁』が、白石千別（または千別・真道父子）の蔵書に含まれていたことからもわかるように、白石千別（または千別・真道父子）と藤川家または藤川憲・寛との間に、明治前期頃になんらかの接触または交渉のようなものがあったと想像することができる。前述したように、白石真道、藤川憲・寛および坂田諸遠は、外務省の同僚であった。白石千別、藤川憲・寛、坂田諸遠などは、武家故実家・蔵書家などとしてそれぞれお互いに知己であったかもしれない。

白石真道や藤川憲などは、旧幕臣出身で外務省の高官であった宮本小一や田辺太一の推薦で外務省に職を得たと思われる。藤川憲は田辺太一の剣術の先生であった。また、外務省を首になった白石真道にアーネスト・サトウの図書係の仕事を世話したのが宮本小一であった。仕事柄、サトウと宮本小一は知り合いで、サトウによると英国公使館の庭師なども宮本小一の斡旋で雇ったとのことである。

アーネスト・サトウは、ウィリアム・アンダーソンとの共著で日本美術に関する書籍（英書）を出版する計画を持っていた。その期間は一八七九年（明治十二年）頃から三年間ぐらいであった。アンダーソンは医学を教授するお雇い外国人として、明治前期に約六年間に日本に滞在し、大量の日本の美術品を収集した。そのコレクションは大英博物館に収蔵された。美術書出版のこともあり、サトウは一八七九年（明治十二年）頃から一八八三年（明治十六年）の初頭頃まで、大量の美術関係の書籍や資料を収集していた。

『はんじもの』、『麓の塵』、『琉球人行列』という巻子本、『古代武器之図』、『鎧威毛袖形』、『源義家朝臣鎧着用次第』、『陣羽織図』の武家故実資料、合計七点の資料は、藤川憲・寛の代までは藤川家で所蔵されていたが、おそらく明治前期、たとえば一八八一〜一八八二年（明治十四〜十五年）頃、白石千別などの口利きでサトウに売却されたのではないだろうか。坂田諸遠なども関係したかもしれない。それらの入手時期については、サトウの蔵書目録の編纂および内容を検討しても同様の結果を導き出すことができる。

藤川家旧蔵資料がサトウに売却された件については、書肆経由という点も考えられるが、サトウの美術関係資料の収集時期、サトウの図書係およびその父親（白石千別・真道）、武家故実資料の愛書家・蔵書家たち（白石千別、坂田諸遠、藤川憲・寛など）の知己関係を考慮に入れると、白石千別などの仲介によるシナリオを想定することも可能になる。ただ、このシナリオを裏付ける確実な資料があるという訳ではない。あくまでも間接的な状況証拠による想定である。いずれにしても、土井家および藤川家に伝承された興味深い貴重な資料が、明治前期、遅くても一八八二年（明治十五年）頃までにアーネスト・サトウの所蔵になり、最終的には明治時代の終わり（一九一一年）にケンリッジ大学図書館に収蔵されることになった。

サトウを景仰する文献学者新村出（京都帝国大学教授）は、一九二一年（大正十年）八月にケンブリッジ大学図書館を訪問して、ごく簡単にアストン・サトウ・シーボルト・コレクションを調査した。その三ヶ月ほど前に、皇太子時代の昭和天皇によるケンブリッジ大学への行啓訪問があり、ケンブリッジ大学図書館で日本語書籍が台覧に供された。もちろん、その当時ケンブリッジ大学図書館が所蔵する日本語書籍はすべて古書（古典籍）で、近代以降の日本語書籍が同館に大量に収蔵されるのは第二次世界大戦後のことであった。

注

（1）Ian Ruxton, Sir Ernest Satow's Private Letters to W. G. Aston and F. V. Dickins: The Correspondence of a Pioneer Japanologist from 1870 to 1918, Lulu Press, 2008. p.139.

【新連載】

書籍はどう動いたのか――

近代書籍流通史料の世界01

出版流通史料としての図書原簿

磯部 敦　ISOBE Atsushi

奈良女子大学研究院人文科学系准教授。専門は近代日本出版史。印刷製本の技術史、近代奈良県を中心とした出版流通史、蔵書形成史など、書籍文化に関わる事象を研究している。

出版を、ある原稿の版が作られ、印刷され、製本され、刊行され、そして流通し、手にとられるであろう場までの一連の流れとしてとらえておこう。本連載は、そうした流れにおける刊行物の「動き」を史料をとおして捉えるとともに、その史料の可能性と限界を検証してみようとするものである。今回の史料は、図書原簿である。

◎奈良女高師の蔵書

身近なところから出版流通史料の話を始めてみたい。

わたしが所属する奈良女子大学は、明治四十二年（一九〇九）五月に開校した奈良女子高等師範学校（以下「奈良女高師」と略記）に起源を持つ。開校当時の建物配置については明治四十四年（一九一一）二月刊『奈良女子高等師範学校一覧』（奈良女子高等師範学校、以下『一覧』と略記）添付「奈良女子高等師範学校平面図」が参考になるが、それによれば「図書閲覧室」と「書庫」は現在の文学部北棟西側と生協食堂のあたりにあったようだ【図版01】。大正二・三年度版『一覧』所載「主要建物」によれば、書庫（同資料では「倉庫」）は

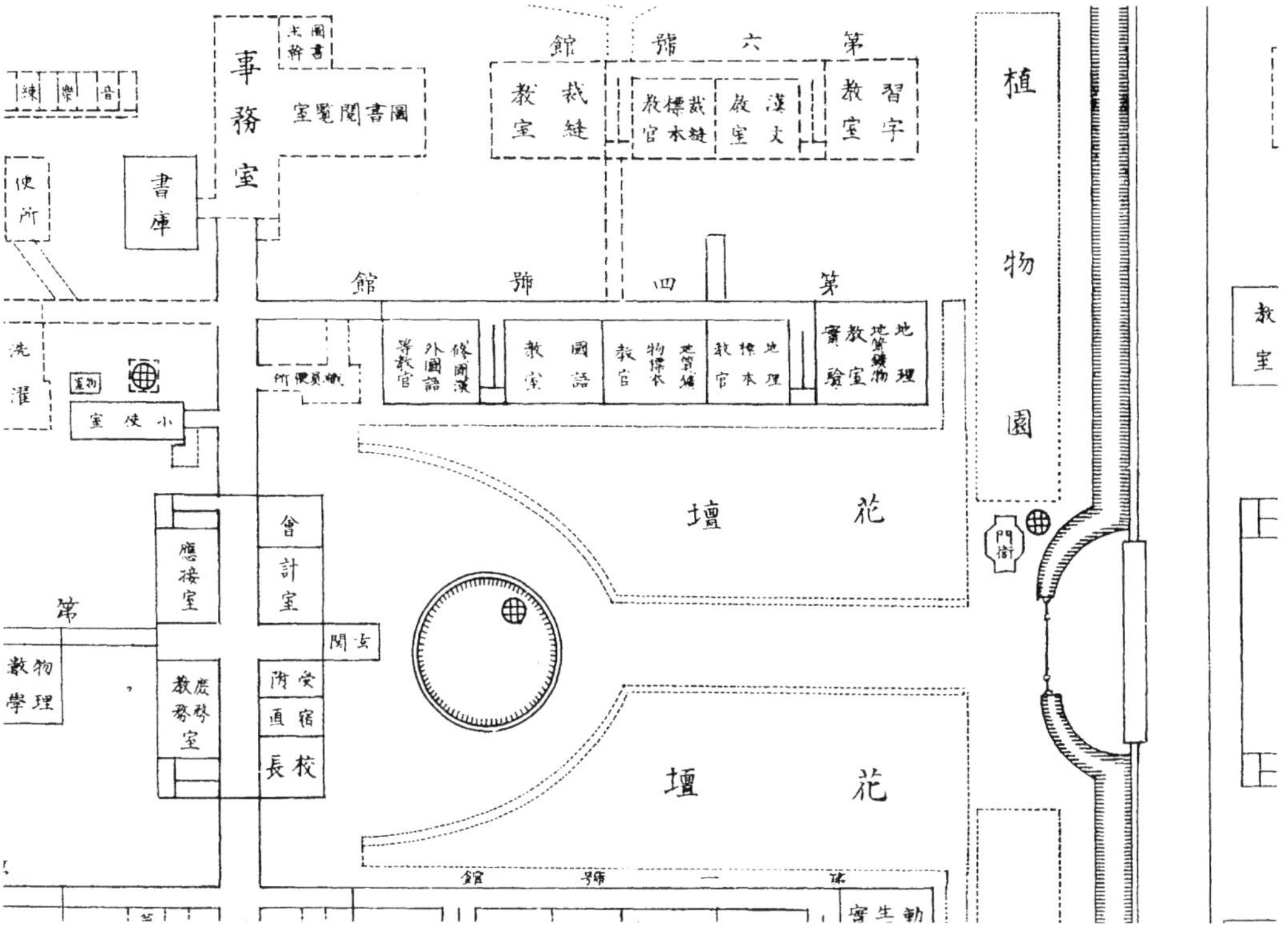

【図版01】…講堂（現在の記念館）の北側に図書閲覧室と書庫が確認できる（『奈良女子高等師範学校一覧』、明治四十四年二月）。国立国会図書館所蔵（近代デジタルコレクション公開）。

煉瓦造三階建て十六坪で、竣工は開校半年後の明治四十三年一月三十一日の竣工【図版02】。図書閲覧室は木造平屋建て五十九坪で、竣工は開校二年後の明治四十五年六月二十日であった【図版03】。

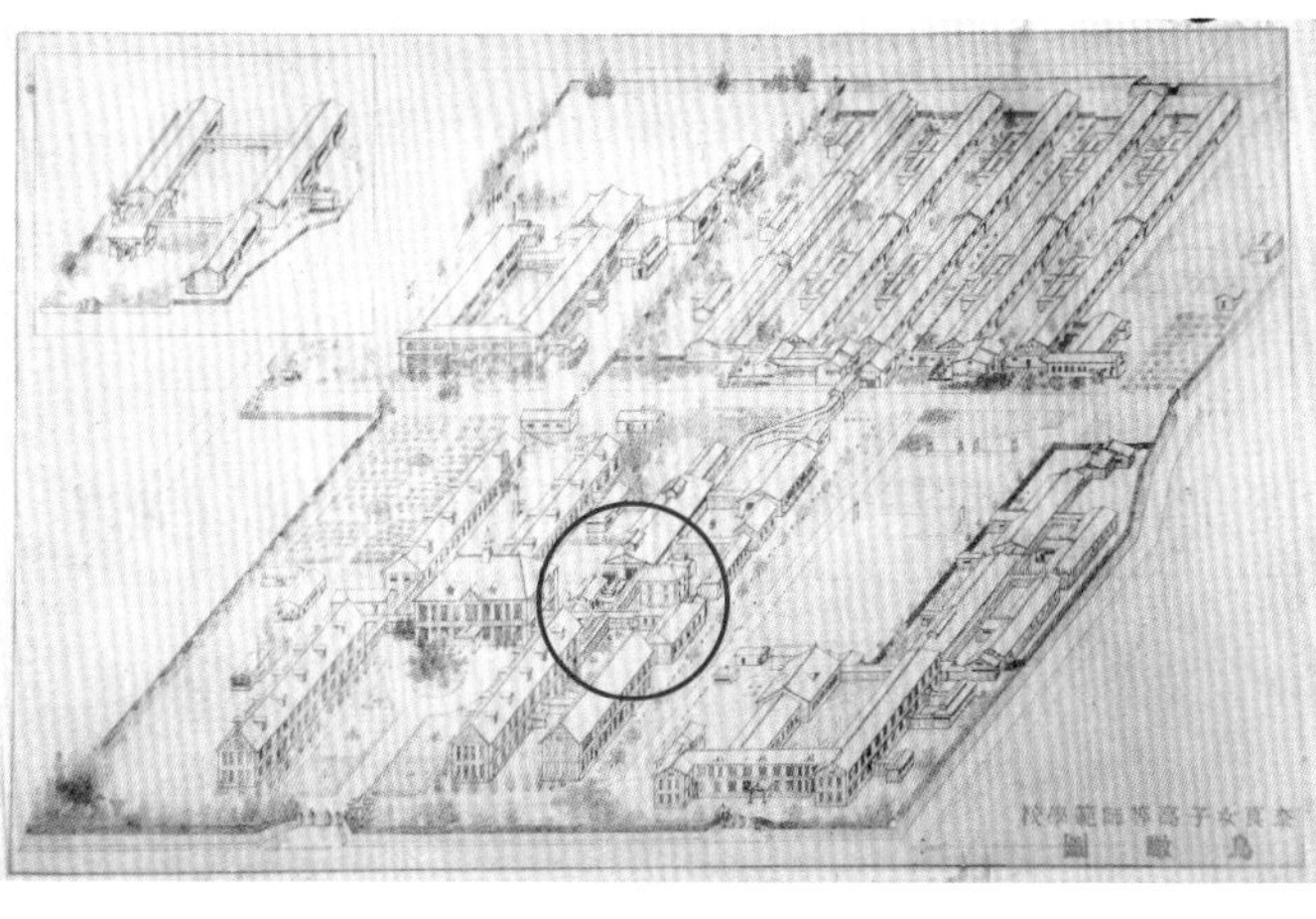

【図版02】…奈良女子高等師範学校の絵葉書より。架蔵。

【図版03】…図書閲覧室の内部。昭和七年（一九三二）『奈良女子高等師範学校文科第廿期生卒業記念』アルバムより。架蔵。

わたしが着任した二〇一一年頃には、図書館の一角に奈良女高師時代に購入した図書が当時の分類に沿ってずらりと排架されていて、貴重書以外は手に取って見、触り、調べ、読むことができる、わたしにとっては極上の至福空間があった。蔵書数が掲載されはじめる大正元年度（一九一二）『一覧』によれば、奈良女高師の和書蔵書数は一万五三八四冊。[1] それが昭和十八年度（一九四三）『一覧』では六万五五五冊となっている。[2]『一覧』では分類部門ごとに集計されているので、これを追いかけていけばひとまず蔵書数の変遷をたどることはできるのだが、開校当時の蔵書数はもちろん、各図書の購入経路や排架時期など個別具体の状況については『一覧』の手に負えるものではない。では、これらはどのような史料からたどることができるだろうか。

◎図書原簿の「購入先」欄

ここで注目してみたいのが図書原簿である。

図書原簿とは図書の登録台帳であり、すなわち財産台帳である。[3] 和田万吉『図書館管理法大綱』いわく、「図書館に収受したあらゆる書籍（購入のみならず寄贈並に交換のものを含む）を受入順に載録して、一部一部の書籍の入館の次第、事情、出処等を徴するに資し、其館に於ける該当書籍の歴史を完全に語らしめるもの」である、と。[4] 購入や寄贈によって受け入れた図書類が分類され、ここに記入されてはじめてその図書館の財産として確定され、排架を経て利用に供される。その項目や順番は定まっていないようだが、林靖一『図書の整理と利用法』では「登録台帳には予め登録月日、番号、備付所属、図書及著者名、出版地、出版年、版数、装幀、形状、購入先、分類、図書記号、冊数、購入価格、受入種別、除籍種別（備考欄や摘要欄で間に合はせてもよい）、摘要欄」[5]などが必要項目として挙げられている。その図書がどこで生まれ、どのような身なりでどこから当該期間にやってきたかが一目で分かる住民台帳のようなものであり、ゆえに「其館に於ける該当書籍の歴史を完全に語らしめるもの」なのである。

右項目のうち、わたしが注目しているのが「購入先」項である。林前掲書によれば、「台帳面上の購入先欄はその必要上の程度問題であらふが、各方面の異つた書店から購入した多くの書物に就いて、何れの書店から購入したものであるかを知りたい必要に迫られることもあり」[6]云々と説明されるのだが、実はこれこそ出版流通史の課題でもあるのだ。

図書館が書籍をどこから買い入れているのかという問題は、その図書館の地理的位置や書店の社会的認知とも関わってくるものでもある。近隣書店なのか遠方なのかという点からは地域書店のパワーバランスや書店の専門性が見えてくる可能性があるし、著者寄贈は著者との関係や図書館の社会的認知とも関わってくる問題だ。さらにいえば、受入図書は選別されているわけだし時期によっては思想的な関与も少なからず関わってくる。[7] 図書分類は図書館における知の構造を可視化してもいようし、図書の処分には内的／外的な要因が与っているだろう。つまり、図書原簿を用いて図書館の蔵書形成史を考察していくということは、その地域の出版流通史を考察することにほかならないのである。

では、奈良女高師の事例をとおしてその実際を見てみよう。

◎奈良女高師『図書原簿』から見えてくるもの

奈良女高師時代の図書原簿は学術情報センターが保管しており、現在のところ、奈良女高師の甲号（和書）五冊〔図版04・05〕、乙号（洋書）二冊、そして附属高等女学校『原簿』一冊、附属小学校『原簿』三冊、附属実科高等女学校『原簿』一冊、第三臨時教員養成所『原簿』二冊の計十四冊が確認できている。[8] 奈良女高師甲号で見ると、大きさは縦三十七・五cm、横三十五cmほどの背バンドつき半革装。のちに布装になり、厚さも二百ページ程度になるのだが、当初は六百ページもある重厚なものであった。

項目は、年月日、著者名、図書名、番号、受ノ部（越高部冊・買入部冊・保管ノ転換部冊・寄贈部冊・代価）、払ノ部（売払部冊・亡失毀損部冊・保管ノ転換部冊・贈与部冊・代価）、現在ノ部（部・冊・価格）、発行所、出版地、出版年月日、納入、

門部及番号、備考の十三項目。[9] 受入だけではなく「払ノ部」や現在の累積価格なども立項された受払出納簿である。廃棄は朱線抹消されており、帳簿一冊で図書を管理しようとするものであった。

奈良女高師が開校した明治四十二年度を例に見てみよう。当該年度において、奈良女高師では五一一点（五一四部二九一〇冊を）の書籍を購入している。途中数点の売却があったようだが、原簿には売払済の朱印が捺されているのみで具体的な抹消日までは分からない。また、二部購入したばあいでも一点として記録しており、こうしたことが点数と部数の違いにあらわれている。

注目の「納人」欄に目を向けてみると、頻出しているのは木原近蔵で、五一一点の約三分の二弱にあたる三二六点に関わっている。次点の豊住繁松が八十九点であるから、その突出ぶりがうかがえる。木原近蔵（文進堂）は明治二十八年十二月創業で、奈良市橋本町三条通に店を構えていた。本店が添上郡帯解町にあり、木原保吉（近蔵の父）によって支店が開設され、長男の近蔵が支店を、次男の邁が本店の経営をまかされることになった。支店は「独立会計の下に一般書籍雑誌及中等教科書、参考書の卸及小売を営み業務の進展を計つて奈良県第一の書店として知らるゝに至つた」という。[10] 大正十五年（一九二六）刊『通俗図書館良書目録』（奈良県立図書館編、木原文進堂発行）巻末広告では「諸官庁各学校御用達」をうたっており、県庁や裁判所、図書館や師範学校の

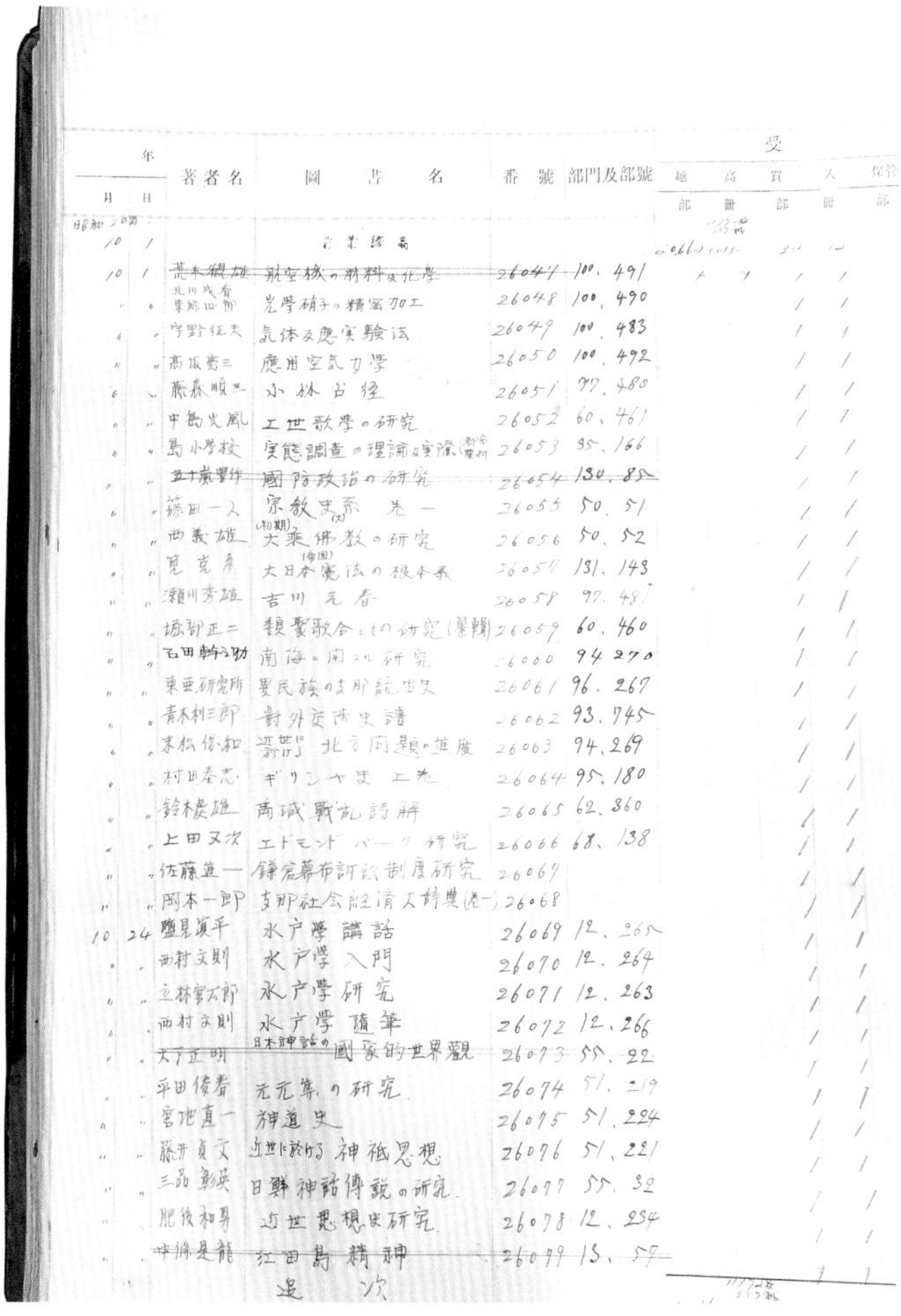

［図版04］…奈良女高師図書原簿、甲号全五冊。奈良女子大学学術情報センター所蔵。

［図版05］…奈良女高師図書原簿の記載例。昭和二十年（一九四五）十月一日購入分の左頁（甲号第四冊）。奈良女子大学学術情報センター所蔵。

【図版06】…林靖一『図書の整理と利用法』掲載図（七頁）。国立国会図書館所蔵（近代デジタルコレクション公開）。

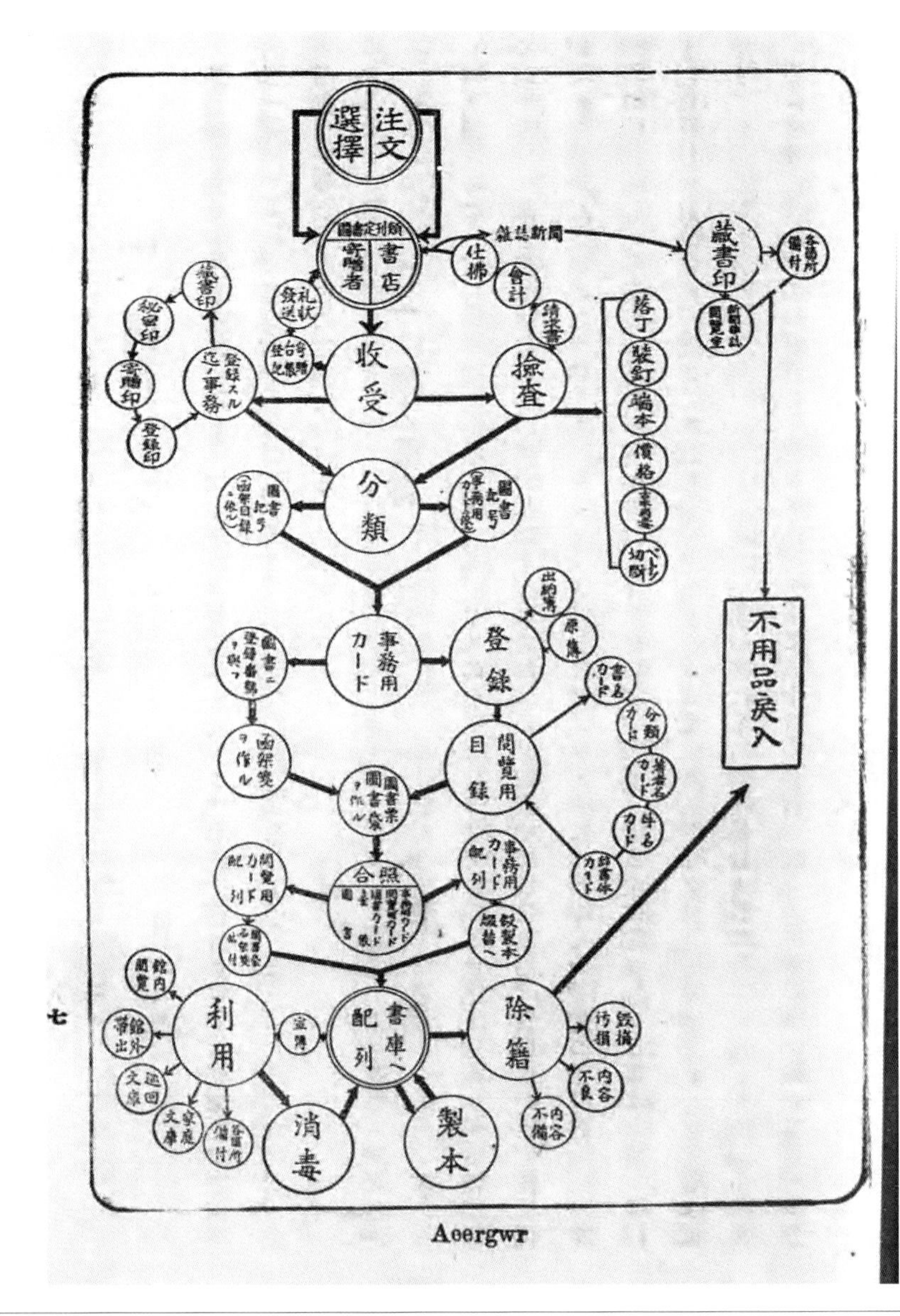

ある登大路町にほど近い立地ともあいまって、木原文進堂は奈良県書籍流通の中核をになうようになったのであった。奈良女高師だけでなく附属高等女学校や附属小学校も多くの書籍を木原から購入しており、まさに奈良女高師御用書肆であった。学校との距離の近さでいえば、木原文進堂よりも次点の豊住繁松（桂雲堂・豊住書店）のほうが近い。現在も近鉄奈良駅から奈良女子大学に向かう途中の東向北商店街で営業を続けている同店は、明治十八年に奈良で営業を開始。(11) 来寧以前は伊賀上野で書籍業を営んでおり、歴史的にも木原文進堂より古いのだが、木原が教科書を中心に販路や勢力を築いていったのに対して、豊住は「東海堂其他と大いに取引を行ひ古書、新刊書籍、雑誌を手広く店売する」ところに特徴があったといえる。実際、奈良の郷土史家高田十郎は、「奈良では、一般新本の店は、橋本町の木原文進堂たゞ一軒だが、古本屋は（中略）東向北町の豊住」云々と、両者の違いを新本書店と古書店に見ている。(12) 奈良女高師でも、豊住からは新刊本のほかに木原が扱わない近世板本や中国書籍を購入している。もっとも、その手広さゆえに専門性は低く、板本については細川清助（開益堂）や鹿田静七など県外からも購入している。豊住以外の県内古書肆ではなく県外の古書肆を利用した点については教員とのつながりもあったろうと推測しうるのだが、図書原簿をはじめ残存史料からは明らかにしえない。

寄贈では、奈良女高師が各府県知事推薦の成績優秀者のみが入れる文部省直轄校ゆえか、文部省や各府県刊行書籍の寄贈が見られる。附属高等女学校では奈良県からの、附属小学校は奈良市からの寄贈が目立ち、とりわけ附属高女では明治四十四年（一九一一）に九六四点もの書籍が奈良県より寄贈されている。図書原簿からは、こうした行政との関わりも見えてくるのである。

一方で、図書原簿から見えてこないものもある。先に引用した林靖一『図書の整理と利用法』には詳細な「図書の整理及利用順位の図解」

［図版06］が掲げられているが、それによれば図書原簿は図の中ほどにある「登録」書類の一つにすぎない。それ以前の選定、すなわち当該書籍が誰によって、なぜ選ばれたのか、あるいは「登録スル迄ノ事務」手続きの詳細や関わった図書館員についてなどは図書原簿からは分からないのである。残念ながら、奈良女子大学の大学史史料をまとめた「校史関係史料」群や未整理史料のなかにも見つけられなかった。このあたりは各機関における史料保存状況によって異なってくるだろうが、原簿を史料として利用するのであれば事務書類とともにおこなうのが望ましい。

書籍流通を調べるにあたっては仕入印や符牒、蔵書印や書き入れなどが参考となるが、そこに書籍があるということもまた流通のあらわれである。蔵書目録が書籍群を一つのかたまりとして俯瞰しうる静的な出版史料であるのに対して、図書原簿はそこに排架されるまでの個々の動きを考察しうる動的な出版史料である。むろん、機関の財産台帳であるがゆえに閲覧の可否は機関の決定次第ではあるのだが、当該地域における書籍流通状況を解明しうる大きな可能性を持った出版流通史料として挙げておきたい。

注

(1) 大正元年（一九一二）十二月三十一日現在。附属高女二五二九冊、附属小学校一〇六一冊で、各校の洋書もあわせて総計二万一五九一冊であった。

(2) 昭和十八年（一九四三）四月現在の和書蔵書数。附属高女一部の和書蔵書数が四六三五冊、附属高女二部が一二三八冊、附属国民学校が一六五五冊で、各校の洋書もあわせて総計七万九一〇四冊であった。

(3) 「原簿ハ図書館ノ財産目録ニシテ記録中尤モ重要ナルモノナリ。サレバ厳密ニ記帳ヲ為シ図書館蔵書ノ真正ノ記録トシテ何時モ証明シ得ラルル者ト為サザルベカラズ」（文部省『図書館管理法』、金港堂、明治三十三年〔一九〇〇〕、四一頁）。

(4) 和田万吉『図書館管理法大綱』（丙午出版社、大正十一年〔一九二二〕）一一一～一一二頁。

(5) 林靖一『図書の整理と利用法』（大阪屋号書店、大正十四年〔一九二五〕）六八頁。

(6) 同前、七二頁。

(7) 磯部敦ほか「大礼記念文庫の書籍文化環境――大正大礼と奈良女子高等師範学校」（『書物・出版と社会変容』十六号、「書物・出版と社会変容」研究会、二〇一四年三月）参照。

(8) 昭和二十四年（一九四九）に新制の奈良女子大学が発足したあとも、また昭和二十七年（一九五二）三月末に奈良女高師が廃止されたあとも、原簿を変えることなく継続使用している。大正十一年（一九二二）から昭和七年（一九三二）まで続いた第三臨時教員養成所と昭和十七年（一九四二）設置の奈良女子臨時教員養成所はおなじ簿冊が使用されている。

(9) 奈良女子高等師範学校『図書原簿』第一冊。第二冊目から「番号」欄の次が「部門及部号」等になっている。なお、他機関の事例を一つ挙げておくと、第三高等学校図書原簿は受領（年月日）、受簿丁数、著訳者、書目、員数（部冊）、単価、価格、記号、架号、納入或寄贈者、簿備考の十一項目であった（京都大学附属図書館所蔵、第三高等学校『図書原簿 和漢書』〔大正六年四月以降〕、未使用）。

(10) 木原近蔵については『日本出版大観』（出版タイムス社編・刊行、昭和五年〔一九三〇〕）より引用（二六一～二六二頁）。そのほか新聞之新聞社出版部編『出版人名鑑』（精華書房、昭和七年〔一九三二〕）、昭和十年版『全国書籍商総覧』（新聞之新聞社、昭和十年〔一九三五〕）等を参照。

(11) 豊住繁松については昭和十年版『全国書籍商総覧』（新聞之新聞社、昭和十年〔一九三五〕）を参照。

(12) 高田十郎「奈良百話」、中川明・森川辰蔵『奈良叢記』（駸々堂書店、昭和十七年〔一九四二〕）四八一頁。

ケンブリッジ大学図書館と近代日本研究の歩み

国学から日本学へ

小山騰［著］

本体3,200円

ケンブリッジ大学図書館が所蔵する膨大な日本語コレクション。英国三大日本学者・サトウ、アストン、チェンバレンをはじめとする明治時代の外国人たちが持ち帰った数々の貴重書には、平田篤胤や本居宣長らの国学から始まる日本研究の歩みが残されている。柳田国男も無視できなかった同時代の西洋人たちによる学問発展の過程を辿る。

戦争と図書館

英国近代日本語コレクションの歴史

小山騰［著］

本体3,800円

第二次世界大戦で戦火を交えた英国と日本。その不幸な出来事の結果として英国の近代日本語コレクションは戦後急速に成長し、英国図書館、ロンドン大学東洋アフリカ学院図書館、ケンブリッジ大学図書館そしてオックスフォード大学ボードリアン日本研究図書館が所蔵する四大日本語コレクションが築かれることとなる。敵国語としての日本語教育や敵国財産として接収された日本語書籍などの遺産によって支えられたその発展を、戦争とのかかわりから読み解く。

G・E・モリソンと近代東アジア

東洋学の形成と東洋文庫の蔵書

東洋文庫［監修］
岡本隆司［編］

本体2,800円

アジア地域の歴史文献95万冊を有する世界に誇る東洋学の拠点、東洋文庫。その蔵書形成の基盤には、G・E・モリソンの存在があった。各地に残された資料、書籍を中心とした比類なきコレクション、そして近年研究の進展を見せる貴重なパンフレット（小冊子）類を紐解くことにより、時代と共にあった彼の行動と思考を明らかにし、東洋文庫の基底に流れる思想を照射する。

イェール大学所蔵日本関連資料

研究と目録

東京大学史料編纂所［編］

本体15,000円

在外の資料群として特筆すべき質と規模を誇るイェール大学所蔵の日本関連資料。朝河貫一による収集の近代学問史的意義や所蔵資料の歴史的・文化史的位置づけを明らかにする論考を収載。また、同館に所蔵される日本文書コレクションの実地調査より作成した詳細な目録、十九世紀の京都下京の営みを伝える史料群「京都古文書」の解題と目録を備えた人文学研究における必備の一書。

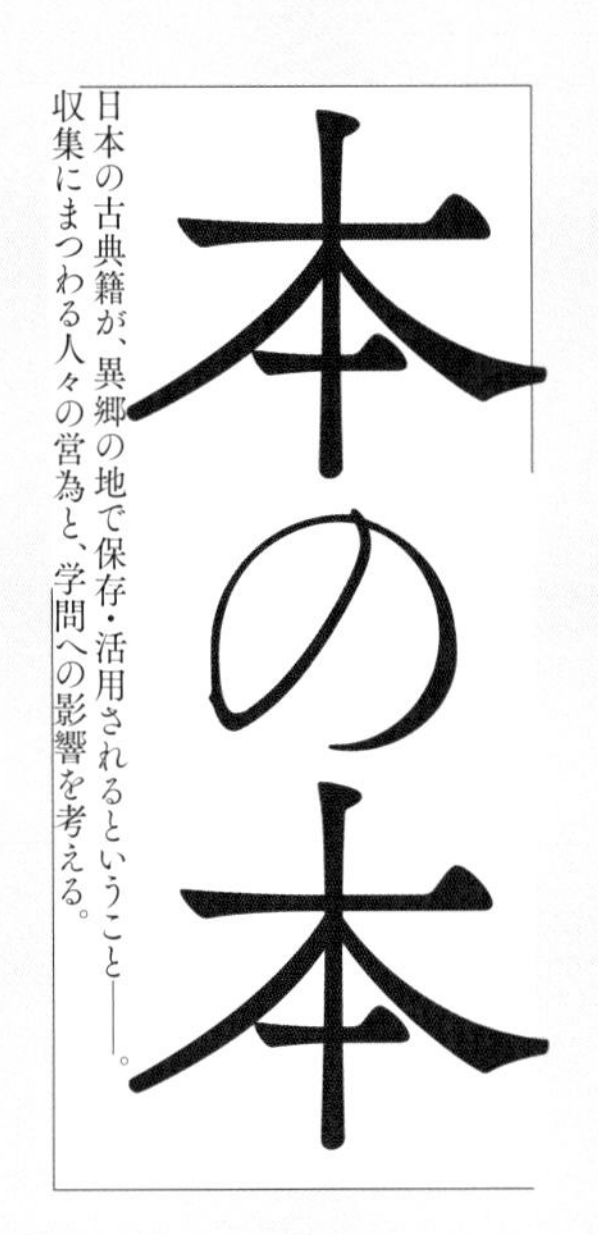

本の本
日本の古典籍が、異郷の地で保存・活用されるということ——。
収集にまつわる人々の営為と、学問への影響を考える。

シーボルト日本書籍コレクション

現存書目録と研究

国文学研究資料館［編］

本体15,000円

オランダをはじめ、オーストリア・フランス・デンマーク・イギリスの各国に残された、第一次滞日時のシーボルト蒐集日本書籍を網羅的に実見・調査。その知見より得た、ラテン語版目録未収載書を含むのべ792点にわたる典籍の現存書目録を収載。また、日本書籍蒐集の動向とそこに関わる人的交流を明らかにし、当該コレクションの文化史的・書物史的意義を示す13の論考を収めたシーボルト日本書籍コレクションの総体を把握する基礎文献。

チェスター・ビーティー・ライブラリィ絵巻絵本解題目録

国文学研究資料館・
The Chester Beatty ibrary［共編］

本体47,000円

アイルランド共和国、チェスター・ビーティー・ライブラリィが所蔵する貴重書な絵巻・絵本を、263点の図版を掲載した図録編および、各専門分野総勢52名の執筆陣による仔細なの解説編（日英併記）の二分冊で構成する解題目録。総ページ700頁超の絵巻・絵本総合事典とし活用できる。

［在庫僅少］

キリシタン版

日葡辞書

カラー影印版

オックスフォード大学ボードレイアン図書館［所蔵］・月本雅幸［解題］

本体100,000円

イエズス会宣教師たちにより1603年に刊行された、32,800語の日本語をアルファベット順に配列しポルトガル語の訳語・説明を付した辞書。日本語の口語を中心に文書語・歌語・仏教語・女房詞・方言・卑語などを収録。語義のほか、豊富な用例をあげて用法を示したり、漢語の訓釈や同義語や関連語なども示している。当時の日本語辞書として比類のないものであり、室町時代語研究に不可欠の資料。

世界の図書館から

アジア研究のための図書館・公文書館ガイド

U-PARL［編］

本体2,400円

絶え間なく変動するアジア各地の実情や、各国の歴史、出版物を調べるとき、その調査・研究の第一歩となる、現地の図書館・公文書館。膨大な蔵書や、貴重なコレクションを有する代表的な45館を世界各地から精選・紹介。蔵書、閲覧手続き、アクセスや周辺の耳寄り情報なども収録！現地での利用体験に基づいた、待望の活用マニュアル！

書物の声を聞く　書誌学入門【第十八回】

佐々木孝浩
SASAKI TAKAHIRO

書誌学は、書物の材料、構造、部位、用途等を対象とする学問であり、書物の語学である。今回は、和本において圧倒的多数を占める装訂である袋綴に似た装訂の第三回目として、外見上は袋綴に見えながら、それとは反対側に折目のある、珍しい「双葉装」と、折り畳んである書物である「畳物」について説明したい。

慶應義塾大学附属研究所斯道文庫長。
専門は日本古典籍書誌学、
特に書物の形態と内容の相関関係について研究している。

折衷的な装訂

　表紙だけ見ていると袋綴と思える装訂として、既に長帳綴と単葉装の二種を紹介した。これらと比べると出会う機会は少なく思えるものの、言及しないわけにはいかない装訂がもう一つある。今回取り上げるものも表紙に糸の線があり、単葉装とは異なり料紙に折目もあるものの、その折目は袋綴とも長帳綴とも異なる場所に存しているのである。折目が上辺にくることは、捲りにくさからも考えられないので、残るのは綴じる側のみとなる。料紙の構造は袋綴と同じで、一紙単位で重ねられているのだが、折目は綴目と同じ右側にあるのである。それはつまり、料紙の構造は粘葉装と共通しているということである。

　まわりくどい説明となってしまったが、この装訂は粘葉装と同じく、一枚毎に折った料紙を折目を右側にして必要枚数重ね、これを糊付けせずに、袋綴と同様に表紙を加えて、紙縒や糸などで綴じたものなのである［図版①］。粘葉装は糊が剥がれると書物がばらばらになるので、後天的に糸綴じされたものを見かけることは少なくないが、これとは異なり、料紙に糊の痕跡は確認できないものである。粘葉装の糊代部分が虫に食われやすいために生まれたものなのかもしれない。紙の片面しか使用しない袋綴とは異なり、両面の使用を前提とするので、それが可能となる厚手であるか

【図版①】…『百官』（江戸前期写　一冊　個人蔵）。「忍・城南文庫」（田口新吉）旧蔵本。右下方から綴じの部分を撮影。

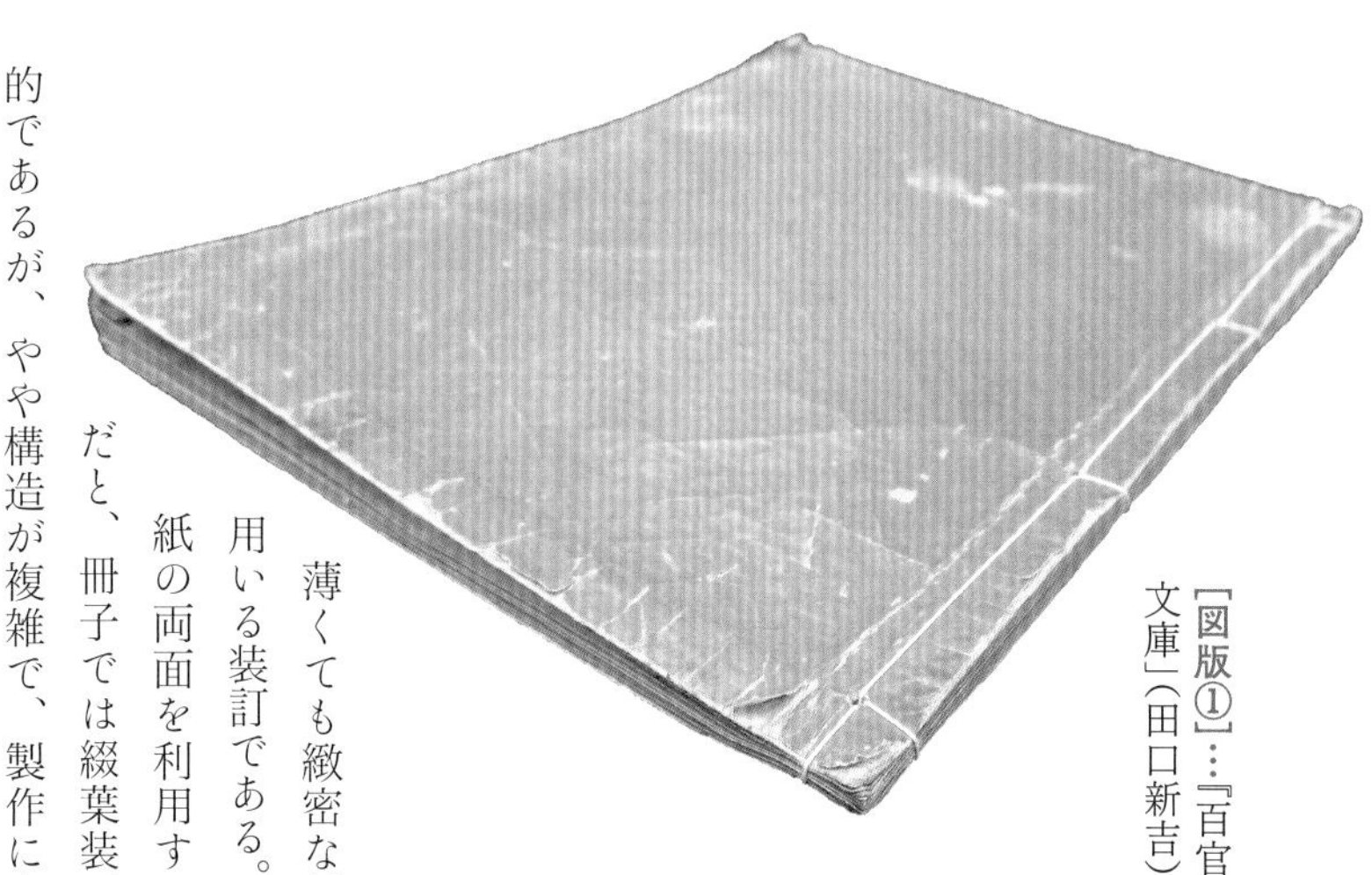

薄くても緻密な料紙を用いる装訂である。

　紙の両面を利用するものだと、冊子では綴葉装が一般的であるが、やや構造が複雑で、製作にも手間がかかることを考えると、この装訂は諸装訂の欠点を免れた、ある意味理想的な冊子体であると言える。であるのにその確認できる実例はかなり稀なのである。

　この装訂の最も有名な本は、國學院大学図書館と京都府立京都学・歴彩館に分蔵される、いわゆる「屋代本平家物語」であろう。この漢字片仮名交じりで記された写本が高名なのは、室町後期頃と考えられる書写時期の古さ故であり、その装訂が注目されたためではない。縦三〇・八糎、横二〇・五糎と、冊子としても大ぶりで目立つ本である（影印がある他、國學院大學デジタルライブラリーで画像が公開されている）。この程度の大きさの綴葉装も確認できるのにそうはせず、粘葉装の様に紙を重ねてから、下綴じは三箇所の紙釘綴じとして、表紙を付してから四目綴じにしているのである。

　これよりも書写が古く、伝来の上からも注目されるのが、冷泉家時雨亭文庫蔵の『郁芳門院安芸集』という、院政期時代の女房歌人の家集である。『冷泉家時雨亭叢書　擬定家本私家集』（朝日新聞社、二〇〇五）に影印があり、その解説には、「一紙をそれぞれ半分に折り、それを七紙重ねた上に、前表紙（一紙の半葉）を付して、折目の方でこよりで大和綴にし、両面書写する。粘葉装のような綴じ方であるが、糊跡は見えない」と説明されている。「大和綴」という呼称が厄介であるのは既述の通りで、ここは綴葉装のことではなくて、結び綴のことなのだが、影印を見ると単に二箇所の二つ組みの穴を紙縒りで縛っただけの、最も単純な綴じ方になっている。やや距離のある二つ組の穴を組紐や束ねた糸で縛って表側で飾り結びにする、一般的な「結び綴」とは違いが大きく、粗末な紙一枚の表紙であることからも、仮綴と呼ぶ方が適当かと思われる。ややくどい説明になったが、何度も繰り返すように、旧来の装訂用語には少なからず問題が存しているのである。

　この「安芸集」は二五・五×二二・四糎と、やや正方形に近い珍しい形であるのも気になるが、「乾元二年（一三〇三）」に書写されたものであり、問題の綴じ方が鎌倉後期頃には存していたことを教えてくれる、貴重な存在なのである。

「双葉装」と呼ぼう

『冷泉家時雨亭叢書』の解題でも特定の呼称が用いられていなかったように、この綴じ方には広く知られた名称は存していない。このような珍しい装訂に注目して、積極的に呼称を与えているのは、先にも名前を挙げさせていただいた、国文学研究資料館の落合博志氏である。氏は「仏書から見る日本の古典籍」（『国文学研究資料館調査研究報告』三四、二〇一四・三）において、「紙を二つ折りにしたものを重ね、折り目に近い端を糸や紙縒などで綴じた装訂」として、「双葉装」という名称を用いておられる。やや注意が必要なのは、その装訂について指摘した先行文献として、和田維四郎『訪書余録』を引用されているのだが、ここで落合氏が双葉装のことと認定されたものは、「胡蝶綴又は大和綴といふ」と名称が記され、「歌集等には大和綴を用ふること多し」などとあるこ

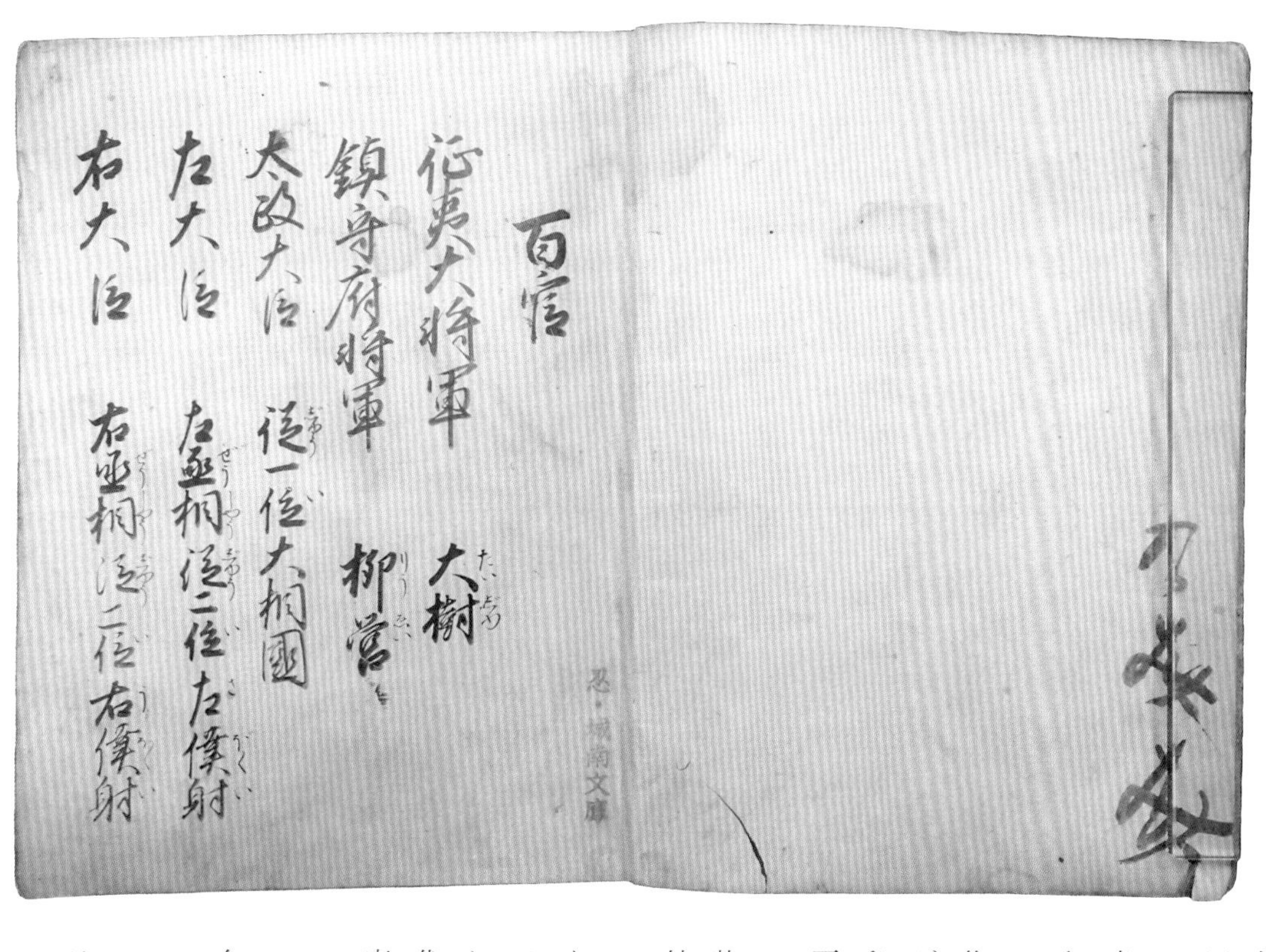

〔図版②〕…『百官』の本文冒頭部分。写真からも厚手で上質な紙を用いていることが判る。

とからしても、綴葉装のことを指していることは疑いない。また同じく双葉装の例として引用された、山本信吉『古典籍が語る――書物の文化史』で説明される「大和綴装」は、冷泉家時雨亭文庫蔵の『素性集唐紙本』と『花山僧正集』が例として挙げられているのだが、『冷泉家時雨亭叢書　平安私家集一』（一九九三）の解題で、両者が共に「大和綴」とのみ説明されていることからしても、綴葉装と同じ紙の束ね方にして、折目付近を表紙ごと紐や糸束で綴じる「結び綴」のことを言っていることは明白である。従って、これらはその事例とはならないのである。しかしながら、落合氏が「室町時代以降になると、天台宗系や浄土真宗系の写本に少なからず双葉装の例が見られる」として、注文において国文学研究資料館蔵の『歌合抜書』（江戸末期写）、『長恨歌』（室町末期写）、『西行上人発心記』（江戸前期）を挙げておられるのは貴重な指摘である。

落合氏はまたその注文で、『歌合抜書』を寺院と関わらない例とされた上で、「確認例が少ないため、寺院以外では双葉装が細々とでも伝えられてきたのかどうかは目下の所明言し得ない」と述べておられる。先の『郁芳門院安芸集』は、製作場所が不明であるので確かなことは言えないが、手元にある一本はとりあえず寺院的な匂いを感じないものである。

表紙模様のことは何れ説明しなければならないが、朝鮮半島から伝わった、模様板木を用いて凹凸を移し採る技法で、鱗繋文（うろこつなぎもん）を施した丹色艶出しの表紙を有する一冊本で、大きさは二二・五×一八・〇糎。「安芸集」と同様にやや横広の形をしている。綴葉装で用うるのに問題ないどころか、適していると思われる厚手で上質の紙を用い、日本の官職名と五畿七道の国名の列挙を、墨痕鮮やかに手慣れた筆跡で大ぶりに書写している。「百官」部分には振り仮名が目立つものの、全体に解説的な注記などもなく、非常にそっけない内容となっている〔図版②〕。このような当時の基礎知識を組み合わせた書物は、啓蒙性を有する書道手本として仕立てられたものと考えられる。それらは巻子装か折本であることが多いのだが、この本は折本の様に手を離しても安定しないので、手本として用いるには不向きであると言える。署名なども一切無く誰が書いたかも不明なので、書道作品と見ることも難しい。なんとも不思議な存在なのである。

「単葉装」もそうであるが、書誌学の教科書的な本で見たこともない装訂に出会うことは、それほど珍しいことではない。基本的には文章で説明すればよいものと考えるが、複数回出会ったものは、一定数存在しているものと考えられるので、判りやすい名称があることは望ましいであろう。この糊を使用しない粘葉装の様な装訂を、落合氏に賛同して「双葉装」と呼ぶことにして、今後も事例を博捜して、その用いられ方の傾向をよりはっきりさせていきたいと考える。

畳物（たたみもの）の世界

巻子装でなく折本でもなく冊子本でもない。中身を見るのに、巻子装とはまた別の面倒さを伴うのが、「畳物」と呼ばれる装訂である。ともかく保存するのに縦横共に大きな平面を必要とするものに用いられるものである。紙を貼り継いで大きなものとし、それを折り畳んであるので、こう呼ばれるのだが、畳んだ状態の表裏に、僅かに大きな表紙を糊付けして、折目などが保護されていることが多い。数量を示す助数詞は、しきひろげる意味を有する「舗（ほ）」を用いることになっている。

畳物の代表的な存在は、なんと言っても地図であろう。文字よりも古くから存在していたとも言われる地図は、様々なレベルにおいて人々の生活に密接に関わっているものであり、それを保存することは大変重要な問題でもあったはずである。地図はまたその形式や種類も多く、その分類と整理だけでも一つの学問分野になるほどのものでもある。江戸時代の出版においても、重要な分野であった

【図版③】…近吾堂版の『懐中番長絵図』（嘉永二年（一八四九）刊、一四・九×八・二糎）と、尾張屋版の『青山渋谷絵図』（嘉永六年（一八五三）刊、一六・四×九・〇糎）。それぞれ表紙の色が決まっていた。

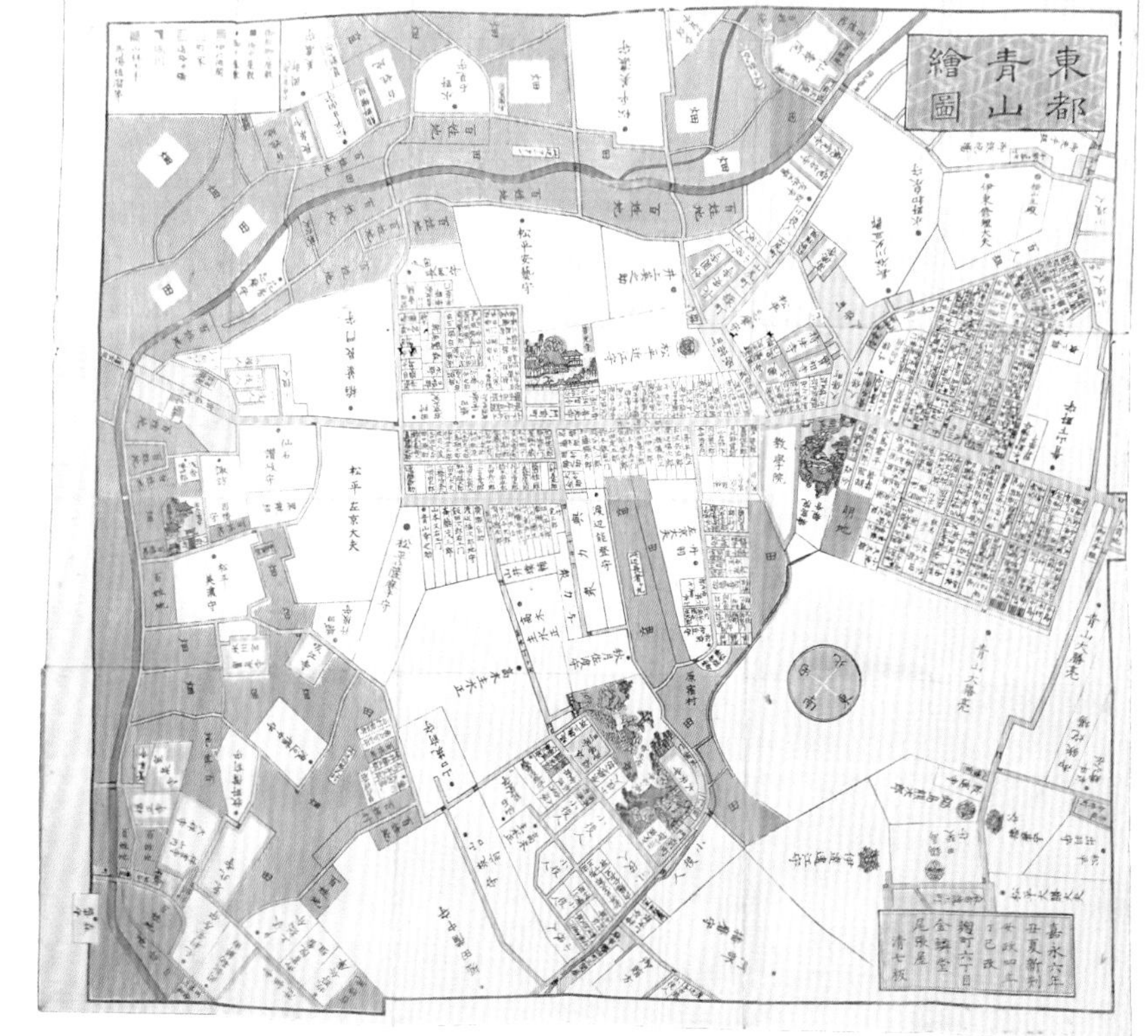

【図版④】…『青山渋谷絵図』を開いたところ。近吾堂の淡彩三、四色に対して、尾張屋版は濃彩六、七色で刷られており、神社仏閣などのイラストもあった。

【図版⑤】…『青山渋谷絵図』の開いた裏側。表表紙が左上に、裏表紙は右下に貼り付けられている。とりわけ大きなものでは、裏表紙は右端中程近くにくることもある。

ので、実に多彩な地図が数多く刊行されている。

著名なのは、江戸を地域別に区切って作製された「（江戸）切絵図」で、江戸中期から幕末にかけて四軒の書肆によって刊行されている。中でも有名であったのが、幕末期の近吾堂近江屋五平と金鱗堂尾張屋清七のものである［図版③］。特に後者は、色刷りを多用したカラフルで見やすいものなので人気があり、残存数も多くて切絵図を代表する存在となっている［図版④］。これらは縦に細く蛇腹折りしてから三折りにする、地図折りになっており［図版⑤］、片手で持てて使いやすいものである。

続いて畳物でめだつのは絵双六の類であろうか。飛鳥時代には伝来していたと言われる、ボードゲームの盤双六から派生したとされる絵双六は、室町時代からあると言われているが、江戸時代の絵入り版本の発達と共にどんどん複雑で華美になって行った。一流の浮世絵師が関与した多色刷りのものは、特大の豪華浮世絵とも言えるものであり［図版⑥］、圧倒的な存在感があり、美術的な評価も高いものである。

この他にも、仏教教義の一覧や、ほぼ等身大の人体図などといった、サイズの大きさを必要とする表や図的なものでも利用されている。注目されることは少ないものの、畳物も和本の中で確たる地位を占めているのである。

【図版⑥】…歌川豊国画『新版絵合源氏双六』（江戸末　えびす屋庄七刊、二五・七×二〇・七糎）を販売時に包んでいた袋。袋ですらこの豪華さであった。

江戸時代の古文書の読み方 第十八回

宿駅・助郷【しゅくえき・すけごう】

江戸時代では、公用通行には宿駅が設けられ、宿泊や荷物運送にあたりました。しかし大名の通行など大規模になると宿駅では賄いきれず、周辺の村むらが人馬を出しました。これが整えられて助郷制度が生まれました。宿駅・助郷の負担は公用通行が増加すると重いものになり、農民を苦しめました。ここでは宿駅・助郷の問題をとりあげて、村をめぐる地域の様相を窺うことにしましょう。

白川部達夫

東洋大学名誉教授。専攻は日本近世史。近世の頼み証文や、質地請戻し慣行などを研究対象とし、民衆運動及び民衆社会論、土地所有論、地域経済史などを専門とする。

江戸時代の宿駅・助郷

徳川家康は、関ヶ原合戦に勝利して、天下人となると慶長六年（一六〇一）に東海道に宿駅を定め伝馬役を課しました。これが江戸時代の宿駅制度の始まりです。以後、中山道、甲州街道、奥州街道、日光街道が定められ、いわゆる五街道が江戸から整備されました。

宿駅制度とは、街道の要所を宿駅として、通行人の宿泊に備え、伝馬を常備させて宿継ぎで、公用荷物を運ばせる制度です。宿駅には、運送を差配するために問屋が置かれたり、大名・武士の宿泊のための本陣・脇本陣などが設置されました。宿駅の負担は大きなものでしたが、その代償として、地子免除（屋敷の年貢免除）などの保護政策や一般の通行は、必ず宿駅を通るように規制され、商用荷物も宿継ぎで運ぶことが定められていました。その収益で公用通行の負担を補うという考えで当初の交通制度ができていたのです。

東海道は五十三の宿駅が、中山道は六十九宿が指定されました。東海道五十三次などというのは、この宿駅ごとに荷物を積み替えるので、これを次ぎ（継ぎ）といったからです。東海道では、宿駅ごとに百人・百疋の人馬、中山道には五十人・五十疋、日光・甲州・奥州の各街道は二十五人・二十五疋の人馬を備えて、公用通行にあたることが義務づけられていました。

しかしこれだけで、大名の通行などには間に合わないので、寛永十四年（一六三七）には幕府は助馬令を出して、宿駅の周辺村々から不足分の人馬を補わせることにしました。それまでも人馬不足があると、宿駅は周辺の村に呼びかけて人馬を動員していましたが、助馬制はそれを制度化したものです。さらに通行量が増大した元禄期になると、これが充実されて助郷制度となりました。助郷制度は、宿駅の伝馬が不足すると、村むらから人馬を出し、通行を円滑にする制度です。

当時の陸上交通では、公用通行では無賃の朱印伝馬、御定賃銭を払う駄賃人馬の区別がありました。一般荷物の場合は、その時々の相場で決められる相対（あいたい）賃銭となります。朱印伝馬は、幕府の道中奉行（元禄期から勘定奉行・大目付の兼務）が何人・何疋まで人馬を出すように指定した朱印状を発行して、これが江戸の大伝馬町から先々の宿駅に廻状で伝えられます。しかし大名たちは、ここに記載された以上の人や荷物をもって通行しますので、それ以上は、幕府が定めた御定賃銭になります。しかしこれも物価が上がって安くなってしまったので、やがて利用に制限がかけられ、それ以上運ぼうとすると一般と同じ相対賃銭となりました。

江戸時代後半になると、公用通行も多くなり、宿駅・助郷村むらも人馬負担に苦しむようになります。御定賃銭が払われても元々値段が安い上、江戸時代中期に定められて固定していたので、引き合わなくなります。そこで幕府は、これを基準に割り増しを認めて調整するようになります。この文書は、こうした割り増しを延長してほしいとする信濃国佐久郡岩村田宿および助郷村むらの願書です。

岩村田宿・助郷の増賃銭

まず冒頭の増賃銭の事情から見てみましょう。事書はとくにむずかしい文字はありません。

第一行目では、「宿問屋」の「屋」がわかりにくいですが、前にも触れています。また屋敷などよく使われますので、慣れてきたと思います。「惣代」の「惣」が少しむずかしく書いていますが、よく筆の流れを見ればわかるでしょう。

第二行目では、冒頭「藤兵衛」の「藤」がむずかしいですがこれも、よく出てくる文字です。クサカンムリ（草冠）がヒントになります。「助郷」の「郷」も難字ですが、ここではまだ元の形を残しています。「信州」の「州」は異体字で、よく使われます。「列」のように見えるのは実は［表①］のような文字ですが大概は、「列」のように書かれています。「列」は本来正字ですので、異体字と言うより宛字になってしまうのでしょうか。

第三行目は、「佐久郡」の「佐久」がちょっと困りますが、こんな風に書くこともよくあります。「下越村」の「越」はソウニョウ（走繞）が比較的わかるように書いてあります。

第四行目は、やはり「助郷」の「郷」ですが、前にも触れています。第二行目と見比べて下さい。

第五行目は、「天明度」の「度」がやや癖がありますね。前にも触れましたが、こんな書き方もします。「浅間山」の「浅」は正字「淺」の崩しです。「山焼荒」の「焼」はヒヘン（火偏）がはっきりしてます。「荒」もクサカンムリ（草冠）ですので、辞書で引けます。

第六行目の「必至」の「至」はむずかしいですが、言葉を知っていれば想像はできます。崩し字は文脈の中で読むのがコツです。そうなると言葉

［表①］州の異体字と恵・脇・賃の崩し

州　恵

脇　賃

を知っている人は上達が早いと言うことになります。「難立行」は「立ち行き難く」と返って読みます。

　第七行目は、「仁恵」の「恵」が読みにくい文字です。リッシンベン（立心偏）と見当がつけば辞書は引けます。【表①】に示しました。「往還」も部首は比較的わかりやすく書いていると思います。「脇往還」の「脇」はニクヅキ（肉月）です。「月」の崩しがこうなるということと、旁の部分が【表①】のように書いて崩すのが特徴です。「脇」の旁の力が三つある部分は州の異体字と同じ原理で省略します。おなじことは森や贔屓の「贔」にもありますので、覚えておきましょう。「人馬」の「馬」も前に出ていますが、わかりにくい文字です。

　第八行目は、「賃銭」が両方ともわかりにくいですね。「賃」はカイヘン（貝偏）であること、上部の「任」がこうなることが特徴です。これも【表①】に示しておきました。「銭」がカネヘン（金偏）であることも気がつけばよいのですが。「再応」の「応」は前にも出てきた正字「應」の崩しです。

　第九行目は、とくにありません。

　第十行目は、「是迄」の「是」の崩しが少しわかりにくいですが、こういう書き方もあります。「御伝馬」の「伝」は正字「傳」の崩しです。

　第十一行目は、「相勤」の「勤」がやや癖があるくらいでとくに問題はないでしょう。

　ここでは大意をおさえておきま

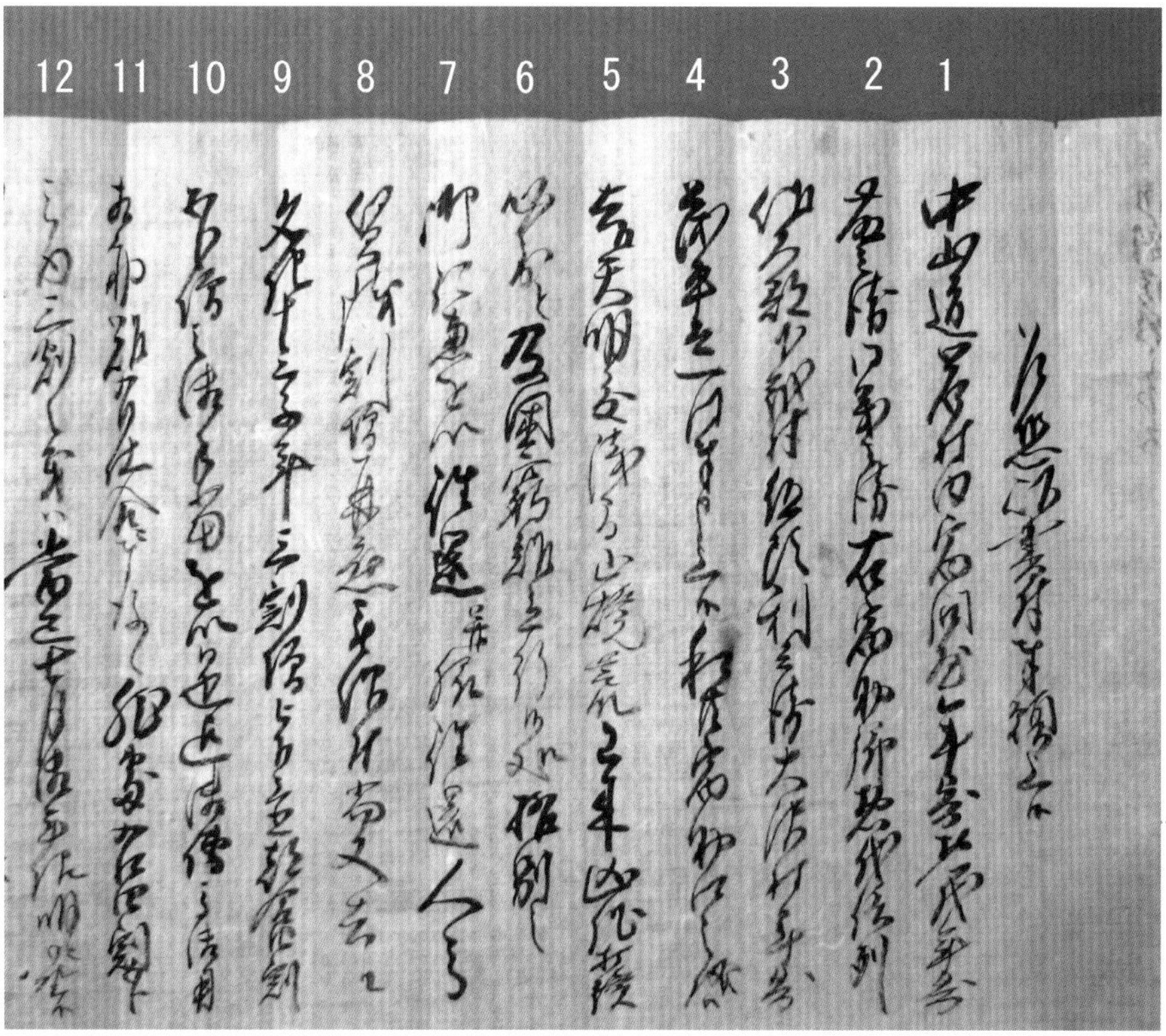

（端裏書）
「御割増願之下書
岩村田宿方」

乍恐以書付奉願上候
中山道岩村田宿問屋・年寄惣代年寄
藤兵衛・同義兵衛、右宿助郷惣代信州
佐久郡下越村組頭利兵衛、大沢村年寄
茂平太一同奉申上候、私共宿助郷之儀ハ、
去ル天明度浅間山焼荒已来、凶作打続、
必至と及困窮難立行候処、格別之
御仁恵を以、往還并脇往還人馬
賃銭割増再応被仰付、尚又去ル
文化十三子年三割増被下置、都合四割
五分増之御手当を以、是迄御伝馬御用
相勤難有仕合ニ奉存候、然処右四割五分
之内三割之儀ハ、当巳七月御年限明ニ御坐候

す。中山道の岩村田宿問屋・年寄惣代の年寄藤兵衛、同義兵衛と同宿助郷惣代佐久郡下超村組頭利兵衛、大沢村年寄茂平太の願いでは、宿と助郷は去る天明の浅間山焼け以来、凶作が続いて困窮のため立ち行かなくなりました。このため格別の御仁恵で往還・脇往還とも人馬賃銭の割り増しを再度命じられました。さらに文化十三年（一八一六）には三割増を命じられ、合わせて四割五分増しの手当でこれまで伝馬御用を勤めてきました、というのが大筋の意味となります。

所、近年違作勝ニ候上、米穀并銭相場
等先年と違、格外下直ニ相成、右ニ准し諸色
至て高直ニ相成、人馬勤方甚難渋至極
仕、殊ニ岩村田宿之儀は、外宿と違ィ脇往還
継立繁く、其上田用水浅間山林下より引通シ、
両堰共ニ道法凡拾五、六里相隔候場所、
例年普請人足四、五千人、水番人足弐千人
余も相懸り、漸御田地相続仕候土地柄ニ
御坐候、■殊ニ人少之宿助郷、中々以難立行
御諸家様方御通行、雇人馬ニて継立

宿駅の困窮

訴状は続いて、岩村田宿の困窮状況について述べています。

第十二行目では、「御坐候」の「坐」は、江戸時代は「座」を使うことが普通ですが、どう見てもマダレ（广）があるように見えないので「坐」としておきました。第二十一行目にも同じ文字があります。

第十三行目は、「違作勝」の「違」が異体字の崩しです。「勝」は部首がチカラ（力）ですので、崩しがわかりにくくなります。いずれも前に触れています。

第十四行目は、とくにありません。

第十五行目の「至て」は、六行目と同じ文字です。この崩しは「到」にほとんど同じですので注意しましょう。この文書を書いた人は二つの違いをあまり区別しないで書くようです。［表②］に示しました。

第十六行目は、「殊ニ」の「殊」がむずかしい文字です。ガツヘン（歹偏）になります。とくに偏が斜めにならずに縦に書かれることが多いので、イトヘンなどのように見えてわかりにくいのが特徴です。

第十七行目は、「継立繁く」の「継」「繁」ともイトヘン（糸偏）です。「繁」は繋ぐとよく似ています。［表②］に示しましたので、ついでに覚えましょう。

第十八行目は、「両堰」の「堰」はツチヘン（土偏）がはっきりしているので、辞書で牽けます。「道法」は「みちのり」と読みます。江戸時代では広く使われた道程の宛字です。「五六里」

［表②］至・到・漸・繁・繋・嵩の崩し

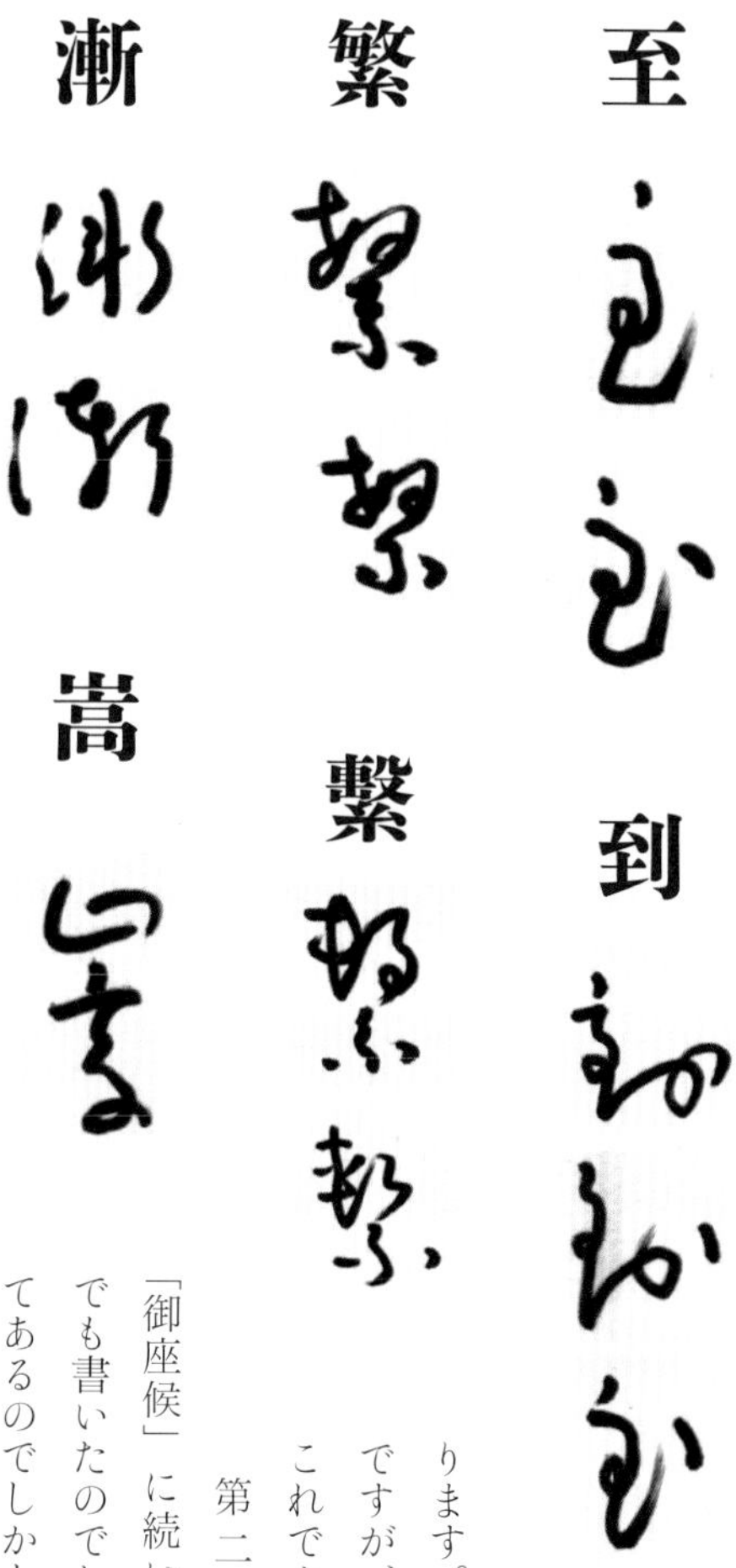

至　到

繁　繋

漸　嵩

の「里」は文字の上から書き直しているようですが、なんとか読めるでしょう。「相隔」もコザトヘン（阜偏）がはっきりしています。

第十九行目は、とくにありません。

第二十行目は、「余も」の「も」＝「茂」は変体仮名として使われていますが、漢字の「茂」の形がほぼ残るのが一般的です。「相懸り」の「懸」はよく出てきます。「漸御田地」の「漸（ようやく）」は全体がちょっと変な印象ですが、それぞれの部分は、それなりに書いています。一番わからないのは「車」の崩しでしょうが、これはこれで崩しの例にはあっています。［表②］を見て下さい。

「相続」の「続」も正字「續」を崩していますが、何かもう一つ書き直しているような印象があります。崩しは多少変ですが、意味から見てこれでよいでしょう。

第二十一行目は、「御座候」に続いて「ニ付」とでも書いたのでしょうか、消してあるのでしかとはわかりません。「間」とも読めそうですので、■としておきました。

第二十二行目は、「諸家様」の「諸」や「家」が崩しに癖がありますが、間違っているわけではありません。

岩村田宿の増賃銭は今年七月に終了となるので、困窮した宿駅としてはさらに延長をもとめてその窮状を説明します。

要約すると、四割五分の内、三割について今年七月に年限が終わりとなります。近年は不作勝ちで、米穀や銭相場が先年と違ってことのほか安くなり、右に準じてさまざまな物の値段が高値になり、人馬の勤め方が困難になっています。岩村田宿は他の宿駅とは違い脇往還の継ぎ立てが頻繁で、その上、田用水は浅間山の林下から引き両堰とも道程十五、六里隔てています。例年普請人足が四、五千人、水番人足が弐千人余りも掛かり、ようやく田地を相続している土地柄です。ことに人口も少ない宿と助郷ですので、なかなか立ち行きにくいところです。また助郷村むらも人が少ないので諸家様の通行には、雇い人馬を使って継ぎ立てて、ますます立ち行きがたくなっています、ということでした。

助郷村々の困窮

また、助郷村むらも岩村田宿に劣らず困窮していると訴えます。増賃銭の継続は宿駅も助郷村も利害が一致していますので、助郷村も熱心に窮状を訴えることになります。以下、文書を読み進めましょう。

第二十三行目は、「自然と」の「然」が相変わらずわかりにくいですね。しかし前にも出ています。「相嵩」の「嵩」（かさむ・かさみ）は現在ではあまり書きませんが、江戸時代にはよく出てきますので覚えましょう。［表②］に入れておきました。

第二十四行目は、「素々」は今では「元々」でしょうが、江戸時代ではこちらもよく使われました。

第二十五行目は、とくにむずかしい文字はありません。

第二十六行目では、「亡所」は言葉を知ってい

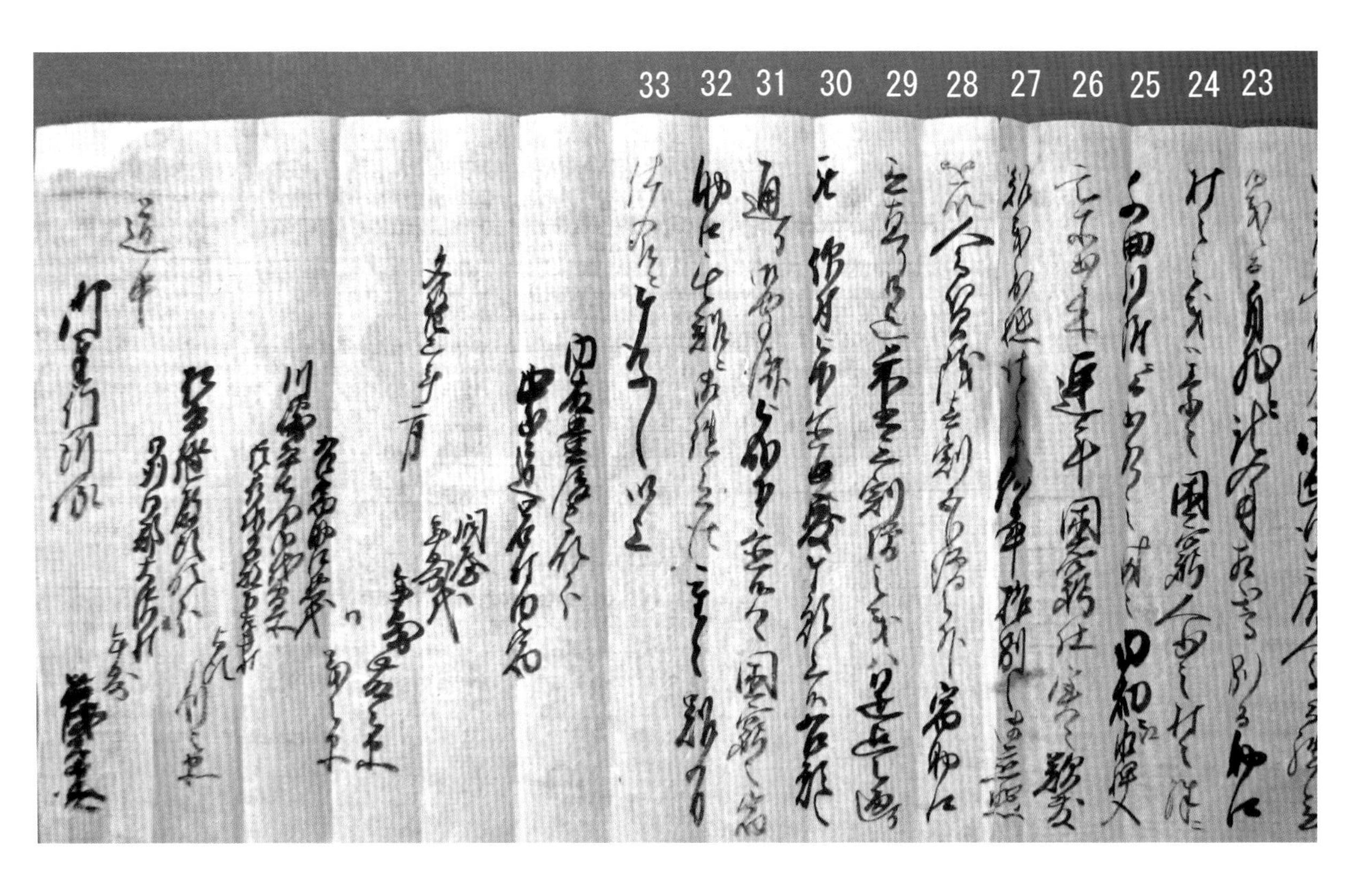

候義ニて、自然と諸入用相嵩、別て助郷
村々之義ハ素々困窮人少之村々、殊ニ
千曲川附ニて出水之時々田畑え水押入
亡所出来、連年困窮仕、実々歎敷
難儀至極仕候□、何卒格別之御慈悲
を以、人馬賃銭壱割五分増之外、宿助郷
立直り候迄、前書三割増之義ハ、是迄之通り
被　仰付被下置■度奉願上候、右願之
通り御聞済被成下置候ハヽ、困窮之宿
助郷無難ニ御継立仕、重々難有
仕合ニ奉存候、以上、

内藤豊後守領分
中山道岩村田宿
問屋
年寄　代
年寄　藤兵衛
同　義兵衛

文政四巳年二月

右宿助郷惣代
川崎平右衛門御代官所
信州佐久郡下こい村
与頭　利兵衛

松平縫殿頭領分
同州同郡大沢村
年寄　茂平太

道中
御奉行所様

なければ、ちょっと読みにくいでしょう。亡所とは農民が逃亡して荒れはてた土地をいいます。ここは荒れ地という意味となります。「実々」は「実ニ」と読めればいいのですが、「ニ」がどうもそのように読めません。「々」の方が崩しとしては妥当に思います。「歎敷」は「なげかわしく」と読みます。「歎ケ敷」と書いてあることもよくあります。

第二十七行目は、虫食いによる破損がありますが、残画で「何卒」と読めます。「御慈悲」の「慈悲」も両方ともリッシンベン（立心偏）とわかれば辞書は引けます。

第二十八行目は、とくにありません。

第二十九行目は、「前書」が崩しに癖があって、わかりにくいです。

第三十行目は、「被下置■度」は「■」の消しの下がわからないのと、「度」は上から書き直したものなので、少しわかりにくくなっています。

第三十一行目は、とくに問題のある文字はありません。

　第三十二行目は、「継立」や「重々」が読みにくいですが、前にも触れています。

　第三十三、三十四行目は、とくにむずかしい文字はありません。

　差出人の利兵衛の居所は「下古井村」と書いて、「下こい村」のようです。現在では「しもごえ」と読んでいますが、なまっていたのかもしれません。

　ここも要約をしますと、雇い人馬を使うので、費用が嵩みます。助郷村々は元々困窮している上、人口が少なく、ことに千曲川沿いなので出水の度に田畑に水が押し入り亡所になってしまい、連年困窮しています。そこで格別の御慈悲をもって、人馬賃銭一割五分増の他に、宿・助郷村々が立ち直るまで、三割の割り増しをこれまで通り認めて下さるようにお願いします、となります。

岩村田宿と助郷村むら

　内容に沿いながら、岩村田宿と助郷村むらについて補足しておきましょう。岩村田宿は中山道沿いに設定された信州佐久郡の町場です。内藤氏一万五千石の中心で陣屋がありました。内藤豊後守は当時の当主内藤正縄（まさつな）のことです（藤野保他編『藩史大辞典』三巻、雄山閣、二〇〇二年）。同宿は軽井沢から少し南に下ったところにあります。人家が少なかったので、近くの小田井宿と一組となって伝馬役を勤めました。

　岩村田宿の助郷村むらは二十ヶ村あり、その代表が佐久郡下越村と大沢村の役人たちでした。下越村は幕府領で代官川崎平右衛門の管轄下、大沢村は佐久郡の南にあった田野口藩松平氏一万六千石の領地でした。当時の藩主は松平乗利（のりとし）（縫殿頭（ぬいのかみ））と考えられます（同前）。

　岩村田宿は天明三年（一七八三）の浅間山噴火とこれに続いた大凶作以来困窮が続きました。また脇往還があるといっているのは北国街道の小諸から甲州や上野下仁田方面へ行く脇街道も通っていて、交通の要衝だったことをさしています。さらに、この頃は銭の値段が安くなり、また農民が作る作物は安く、彼らが必要とする手工業品は高くなって生活が苦しくなっていると言っています。御定賃銭は、銭で定められているので、銭の相場が安くなれば、割り増しもそれだけ効果がなくなります。江戸時代は金・銀・銭の三貨制で、江戸幕府は一応、金一両＝銀六十匁＝銭（寛永通宝）四貫文（四千文）と定めていましたが、実際にはそれぞれに相場が変動しました。江戸の相場ですが寛政元年（一七八九）には、金一両＝銭五貫六八二文だったものが、訴状が出た文政四年（一八二一）には金一両＝銭六貫六八八文となっていました。一五％ほど下がっていたことになります。銭の価値が下がると、日常銭を使っていた庶民は生活を圧迫されます。

　また岩村田宿は、浅間山の麓からかなり長い用水路を引いて水をとっていて、その維持のための労働が大きな負担になっていたようです。おそらく村むらで労働力を出し合って負担したのでしょうが、水路は今と違って毎年浚（さら）わなければ維持できません。また水がきちんと流れるか、盗まれないか監視が必要でした。水番の仕事はこのためにあります。水番が二千人というのは少し多すぎる気がしますが、文字の方が「千」と読むしかなさそうなので、岩村田宿の主張として、そのように理解しておくことにします。さらに助郷村むらは人少で、千曲川の水害に苦しめられていると主張して、割り増しの延長を願っています。ここで、「雇人馬」で勤めているというのは、人数が不足するので、他から人馬を雇って働かせているということです。宿駅・助郷の責任で雇うことになりますから、そうなると御定賃銭より大分高く雇うことになり、その差額負担は、宿駅・助郷村側にかかってきます。このため御定賃銭の割り増しがないとその分だけ負担が大きくなるのです。それでも実際に助郷に出るのは大変なので、宿駅が遠い助郷村では、近世後期になると直接人馬勤めをしないで、雇い人馬で済ませたがる村も出てきました。そうなるとその代金負担が大変ですので、これをめぐる紛争が起きることもよくありました。助郷負担は、村むらにとっては悩ましいものでした。このため村むらは連帯してこれにあたりました。そこから村をこえた地域の様子も窺うことができます。ここでは触れませんでしたが、宿駅と助郷村むらの対立、助郷村むら同士の紛争など多くの問題が発生し、その都度、調整が行われながら江戸時代を通じて維持されていました。

参考文献

近世の交通史は、児玉幸多『近世宿駅制度の研究（増訂版）』（吉川弘文館、一九六五年、初版一九五七年）をはじめとして、多くの蓄積がある分野です。児玉幸多の研究は中山道追分宿を中心とした研究で、これに続いて、中山道蕨宿を対象とした丸山雍成『近世宿駅の基礎的研究』（吉川弘文館、一九七五年）があります。また東海道では、渡辺和敏『近世交通制度の研究』（吉川弘文館、一九九一年）があります。いずれも大著で各街道の基礎的な研究になっています。助郷制度については、従来の元禄期の成立説を改めて寛永期の助馬制度に開始があることを指摘した平川新『近世日本の交通と地域経済』（清文堂出版、一九九七年）が貴重な成果となっています。さらに宇佐美ミサ子『近世助郷制度の研究』（法政大学出版局、一九九八年）が小田原宿周辺の助郷制度についてまとまった研究を行っています。また宇佐美ミサ子『宿場の日本史』（吉川弘文館、二〇〇五年）は宿駅・助郷制度についてわかりやすい概説書となっています。

訂正

『書物学』第六巻「江戸時代の古文書の読み方⑥水と村」八七頁、御請負申手形之事の釈文十四行目「我等村衆中」は「我等共村衆中」の誤りでした。お詫びして訂正致します。

愛書家としての魯迅⑩

装幀——書籍デザインの人々【陶元慶Ⅲ】

魯迅の美術思想を装幀を通じて体現したとも言える陶元慶。前回は、演劇からヒントを得た表紙等を論じた。今回も引き続き表紙を取り上げるが、デザインのヒントとなった歴史的な背景にまでメスを入れていきたい。

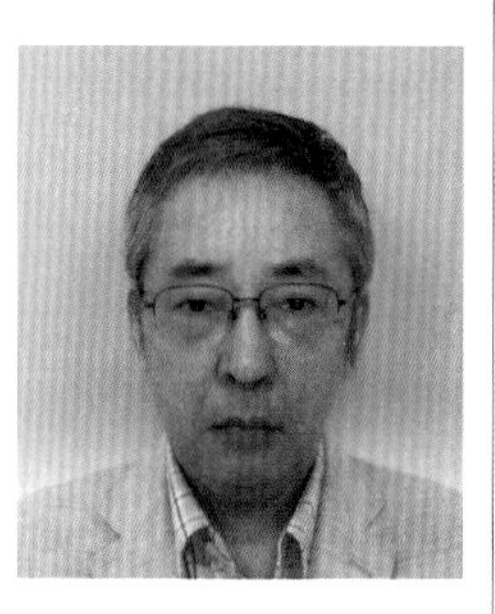

瀧本弘之

著述家・中国版画研究家。現在「中国古版画」についての単行本を構想中。二〇一九年秋天津、二〇二〇年一月蘇州と続けて年画シンポに参加した。

古代に自己の感情を託す

魯迅の『彷徨』は『吶喊』に続く第二の短篇小説集である。一九二六年八月に北京の北新書局から出版された。シリーズ「烏合叢書」の一冊である。作品は「祝福」「酒楼にて」「幸福な家庭」「石鹸」「常夜灯」「さらし刑」「高先生」「孤独者」「傷逝」「兄弟」「離婚」の十一篇を収める。とくに「祝福」は中国映画でも有名な作品だ。一九五〇年代の建国初期の力作で、主人公「祥林嫂」を名女優の白楊が演じてよく知られているから、ご存じの方も少なくないだろう。

この『彷徨』という作品集には、不思議なことに序文やあとがきに相当するものがない。ただ扉に戦国時代の楚の詩人・屈原の長編詩『離騒』から抜いてきたことばを並べている。屈原は楚の王族に生まれ、懐王に仕えて活躍したが、讒言により追放され、放浪の果てに汨羅江に身を投じた悲劇の詩人だ。『離騒』は、屈原が失意のあまり投身を決するまでの心境を幻想的に描いた長編詩とされる。因みに、横山大観の日本画『屈原』（一八九八年）は、師の岡倉天心が東京美術学校から追放された屈辱を、屈原の失意と彷徨に喩えて見事に描き、彼の代表作の一つとして広く知られている。

『彷徨』への『離騒』からの引用部分は、「望崦嵫而勿迫、恐鵜鴂之先鳴」（崦嵫を望みて迫るなからしめ、鵜鴂の先に鳴かんことを恐る。［崦嵫は太陽が沈む西方の山、鵜鴂はもずのこと］）。

これは太陽の沈む西方の山を望み、太陽を運ぶ使者にしばらくその山に近付かないようにさせ、秋の到来を告げる百舌が鳴かぬうちに、急がなくては……」というような意味だという（学研版『魯迅全集2』解説）。難解なことばだが、その内容は、文学革命を謳った青年たちが、政治的に昏迷を極めた中華民国の閉塞的な状況に絶望して、やるせない感情をいにしえの悲劇の詩人の言葉に託して表現したと言うことだろうか。

当時の中国は名前こそ「民国」だが、実質は軍閥割拠の旧時代と変わらない。混乱の続く中で、青年たちを取り巻く文化状況は未来への希望を持たせるどころか、絶望の連続だったとも言えるだろう。

彷徨ということばは日本語も中国語も同じような意味がある。「徘徊」とも言い換えられるが、中国語でも同じだ。古くは『荘子』の「逍遥遊」にでてくる。魯迅は当時の心境を代弁することばとして、この「彷徨」を選んだのだろう。この時期の魯迅の活動について、魯迅自ら回想した文章がある。

「のちに『新青年』のグループはちりぢりになり、ある者は出世し、ある者は隠退し、ある者は前進した。同じ陣営の仲間がこれほど変わりうることを、私はまたしても経験した。そのうえ、『作家』の肩書をつけられて依然として沙漠のなか（傍点筆者）を行ったり来たりの生活であったが、気ままなおしゃべりと称して、あちこちの新聞・雑誌に文章をつづるはめになった。感じるところがあると、雑文を書いた。誇張して言えば散文詩である。のちに一冊にまとめ、『野草』と題した。比較的まとまった材料が手にはいると、やはり短篇小説をつくった。ただ、遊軍となり陣を布けなくなったために、たしかに技術的にはいくらかの進歩を見、思想的にも自由になったが、戦意はすくなからずおとろえた。新しい戦友はどこにいるのか。私は、これではいけない、と思った。そこでこの時期の作品十一篇を集めて印刷し『彷徨』と題した。今後こうありたくないと思ったのである。」

（学研版『魯迅全集2』による）

『彷徨』の時代に、魯迅は教育部（文部省にあたる）に奉職し、並行して北京大学に教鞭を執ったりしていたものの、精神的には「彷徨」していたのである。時代はいくつもの軍閥政権の交代に次ぐ交代で、辛亥革命の成果はどこに行ったか分からず、また「文学革命」も行き場を失い分裂の状態だった。

魯迅たち――雑誌『新青年』に拠りつつ、「思想革命」、「文学革命」をすすめる画期的な啓蒙運動を展開したグループ――は、やがて、第一次大戦の戦勝連合国の身勝手な戦後処理、ロシア革命の勃発、国内大衆運動・労働運動の発展などの世界大戦後の状況を反映して、内部的な対立を深めて分裂していった。それらはおよそ三つのグループになったと言われる。つまりマルクス主義をうけいれ中国共産党の結成に向かう陳独秀、李大釗ら、これに反対しプラグマティズムなどに拠る胡適ら、それに中間派ともいうべき魯迅らに分かれたのである。魯迅はのちに「北京は『五四運動』の中心地だったが『新青年』と『新潮』を支持した人々がちりぢりになり一九二〇年から二二年にいたる三年間は、寂寞、荒涼とした古戦場のありさまだった」とも述べている（学研版『魯迅全集2』丸山昇解題）。この寂寞・荒涼とした沙漠の中、三人の座った人物を描いた『彷徨』の表紙はこれらの象徴なのだろうか。

見かけは異なる陶元慶の原画

では陶元慶の原画と、その出来上がった表紙『彷徨』を検証していこう。まず初版（一九二六年）をみていく。

陶元慶による『彷徨』の表紙は非常に珍しい構成である。地の色はオレンジ、その上に墨で椅子のようなものに座る三人の人物を並べて、横から見て描いている。空には大きな太陽らしきもの

【図①】…初版『彷徨』表紙（『中国現代文学初版本図鑑』河南文藝出版社、二〇一八）

【図②】…ネットにみられる『彷徨』

が輝き、その上と人物の下は線で区切られている。作家のサインは左下に丸で囲い「元慶」と記す【図①】。三人の人物は三角に尖った帽子をかぶり、表情がはっきりしない。手は描かず、足は全部で三本だけである。しかし、微妙に重なるこれら人物が三人であることはわかる。足の向きがそれぞれ違っていて、一番奥は地に着いており、手前の二本は少し挙げている。よくみると手前の二本の足は、一番前の人物のもののようだ。足の向きによって彼一人が起ち上がろうかとしているようにも見える。太陽が朝日か夕日かは一概に分からない。【図①】は初版のもので、補強のために背の所に紙を貼っている。参考のため、中国ネットで散見する類似の完好なものを提示する【図②】。

調べてみるとこの『彷徨』の原画が北京の魯迅博物館にあるという【図③】。これもネット公開されているが、それを見ると作品集『彷徨』には陶元慶の原画そのままが使われているわけではなく、（恐らく）魯迅の恣意的な再構成を経て、見栄えがよくなる巧みな使われ方をしていることが分かる。

【図③】…北京・魯迅博物館に所蔵される陶元慶の原画（『北京魯迅博物館蔵画選』天津人民美術出版社、一九八六）

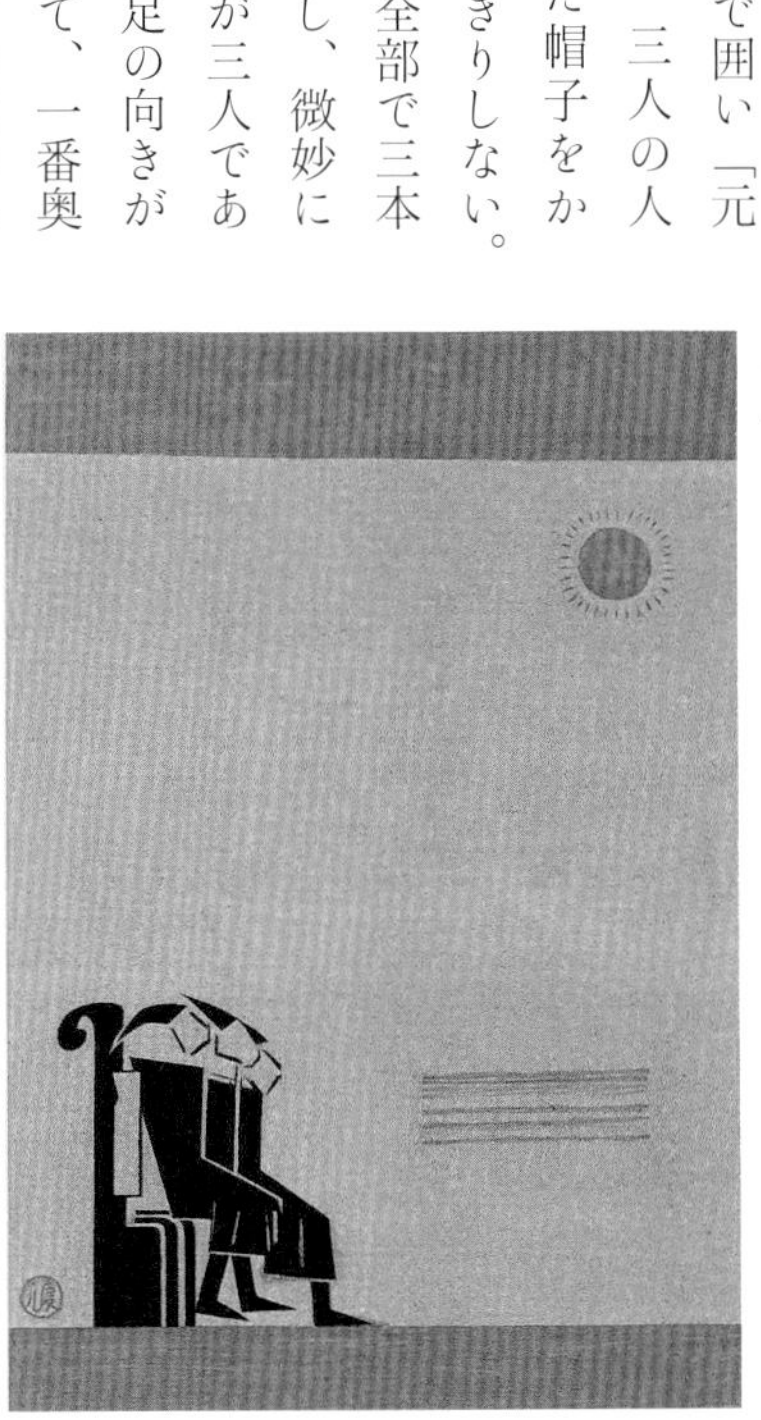

第一に人物の衣服に横線が加えられている。更に上下に空間を区切る黒い線があり、また太陽や人物の配置や大きさも加工されている。魯迅博物館所蔵のものが原画とすれば、これを材料にして新たにデザインし直した（多分魯迅が）といって良い。印章や太陽の位置や色、大きさなどの変更は恐らく魯迅自身のアイディアなのではないか。魯迅がブックデザイナーとして、自身の著作を陶元慶の絵で飾った——その際に気に入るようにレイアウトしたのだろう。元の作品の配置や比例関係をそのまま使ったのでは、迫力が足りない。そこで大胆に不要な空間を切り捨ててテーマをはっきりさせたようだ。

「埃及」からの示唆

しかし、そのデザインは何を表しているのか。寡聞にしていままでこれを「解読」したひとを知らない。このような人物の描き方から思い出すのがエジプトの彫像だ。私は、あちこち色々と調べてみた。この絵は、これから将来に向って進む人々を「エジプト（埃及）」のモチーフで表していると思うようになった。

陶元慶は大平原のような空間を、沙漠のつもりで描いたのだろう。広漠とした沙漠に昇る太陽をうけて、これから三人のうち手前の人物が歩き出そうとするさまが表されている、或いは広い空間にぽつんと取り残された三人が彷徨する結果か、または「出発」の姿を現していると言えるだろう。「沙漠に」ついては、「彷徨」する魯迅から註文がついたかもしれない。

写真は［図④］エジプトのアブ・シンベル神殿だが、陶元慶はこうした造型からもヒントを得たのではないかと私は思う。いやきっとそうに違いない。

アブ・シンベル神殿は、ラムセスII世によりBC一二五〇年頃に造られた、砂岩をくり貫いた巨大神殿で大小二つからなる。カイロから南へ一〇〇〇km以上も離れた場所にあり、建造当時ここは金や銅の産地であったという。十九世紀の初めにヨーロッパ人によって「発見」されたが、大半が砂に埋もれていた。イギリス人の画家・デビッド・ロバーツ（David Roberts 一七九六～一八六四）が、一八三八年にここを訪れて描いた絵があり、当時カラー石版で再現されたプリントが現在でも複製され広く知られている［図⑤］。

ピラミッド自体の発見は十八世紀末のナポレオンのエジプト遠征の時期に遡るが、このほぼ一二〇年後、一九二二年には王家の谷（テーベ［現・ルクソール］のナイル川西岸にある王墓群）にあるツタンカーメン墓の発掘が行われた。発掘されたこの墓は、三千年の間ほぼ完全な形を保っていた。ツタンカーメンの黄金の仮面は、現在でも世界各地で巡回展示されている。

発見の経緯はドラマチックだ。資金援助者のカナーボン卿と市井の考古学者ハワード・カーター（一八七四～一九三九）が組んで十五年を費やして捜索し、ようやく姿を現したのである。この古代の王は、「ツタンカーメンの呪い」をはじめとして、いまでも相変わらず多くの謎と話題を

［図④］…近年のアブ・シンベル神殿（ウィキペディアより転載）

［図⑤］…十九世紀半ばのアブ・シンベル神殿。かつては砂に埋もれていた塑像のかずかず（デビッド・ロバーツによるカラー図版）

提供し続けている。こうした好事家的な興味を伴い、当時、欧米でエジプトブームが起きたのも当然だろう。それにつれて資料の出版も相継ぎ、日本でもエジプト関連の美術資料が出ている。

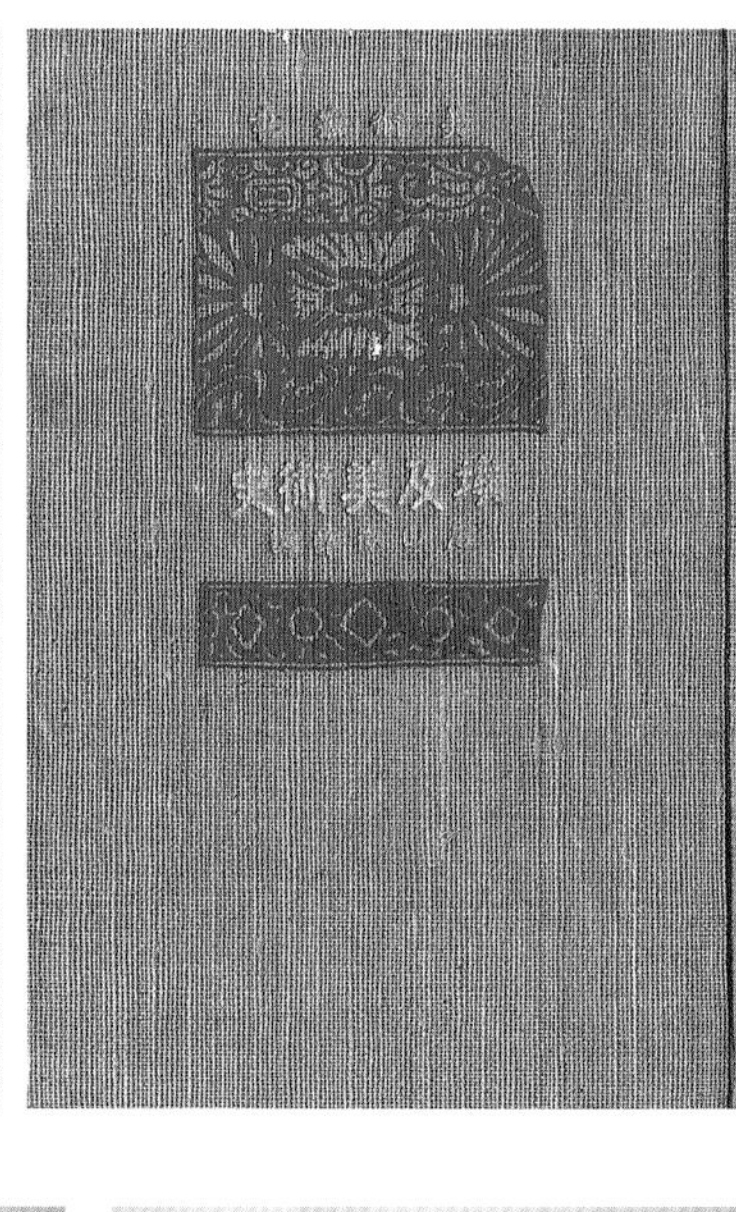

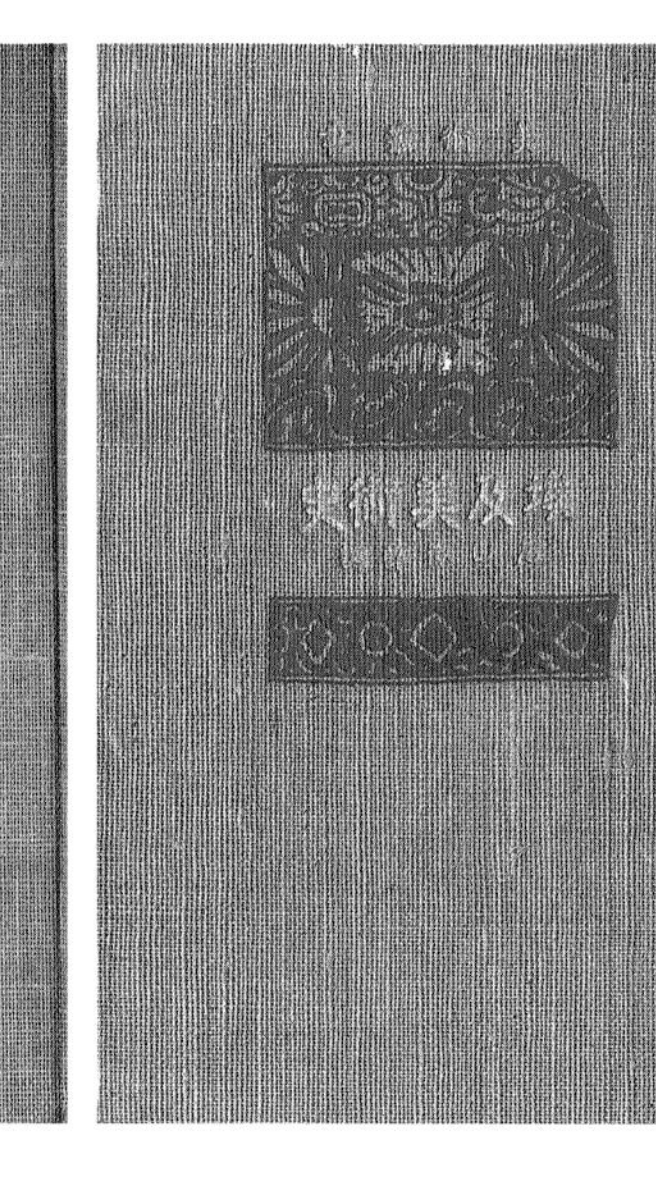

右［図⑥］…『埃及美術史』表紙（筆者蔵）
左［図⑦］…『埃及建築史』表紙（筆者蔵）

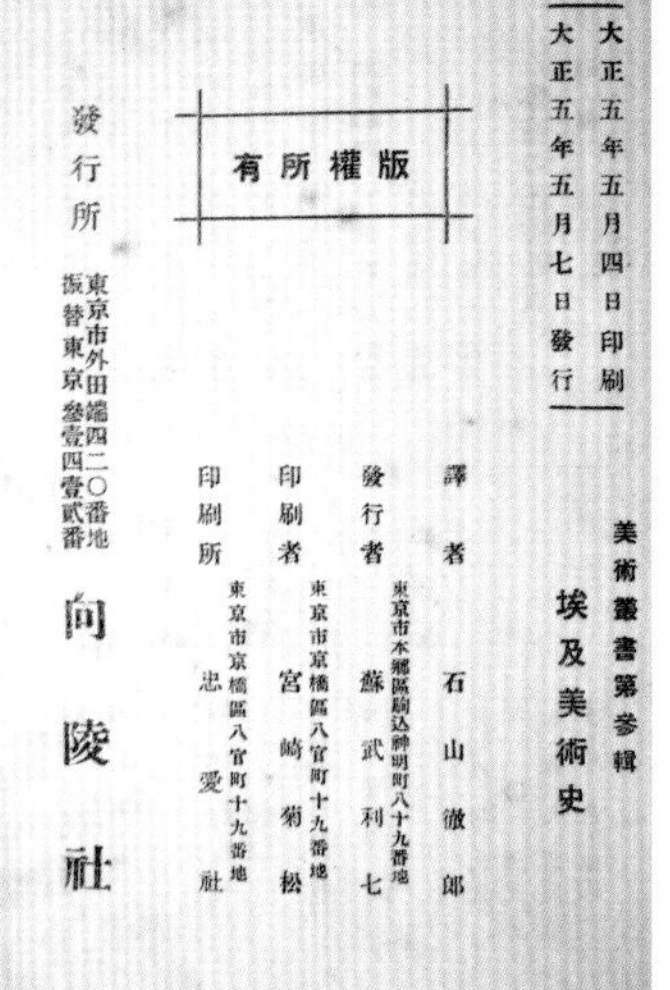

大正五年五月四日印刷
大正五年五月七日發行

版權所有

美術叢書第參輯
埃及美術史

譯者　石山徹郎
發行者　東京市本郷區駒込神明町八十九番地　蘇武利七
印刷者　東京市京橋區八官町十九番地　宮崎菊松
印刷所　東京市京橋區八官町十九番地　忠愛社

發行所　東京市外田端四二〇番地　振替東京參壹四壹貳番　向陵社

△本會賛助員▽

東京帝大文科大學長　文學博士　上田萬年先生
同　教授文學博士　芳賀矢一先生
同　教授文學博士　三上參次先生
宮內省編纂係　池邊義象先生
東京美術學校長　正木直彦先生
前東京美術學校教授　男爵　岩村透先生
東京美術學校教授　帝室技藝員　寺崎廣業先生
東京美術學校教授　帝室技藝員　黑田清輝先生
東京美術學校教授　帝室技藝員　高村光雲先生
東京美術學校教授　結城素明先生

△本會の編輯部員▽

飜譯部
文學士　奥田誠一氏
文學士　藤懸靜也氏
文學士　蘇武綠郎氏
文學士　石山徹郎氏
在大學　姑射良氏
文學士　石井直三郎氏
文學士　石川佐久太郎氏
在大學　山下祥光氏
在大學　久米正雄氏
文學士　豐島與志雄氏
文學士　青木健作氏

製版部
東京美術學校御用　武田勝之郎氏
村上篤太郎氏
木村善次郎氏

△本會の出版部員▽

印刷部
鵜澤幸三郎氏
宮崎菊松氏

製本者
福神和三氏

紙函製造者
河野紙函製造所
㊄製函所

發送部
荒木恩吉氏
馬場驥氏
近藤九造氏
佐藤哲郎氏

［図⑧］…『埃及美術史』の奥付とそれに続く二頁

ヒントは日本の出版物からか

エジプトに関して日本では当時どのような出版がされていたか、調べてみた。

ツタンカーメン関係では「意匠美術写真類聚」第二期第一輯の『埃及ツタンカーメン王宝器集』（一九二三）、同シリーズの第二期第六輯の『埃及装飾美術意匠集』（一九二四）がありいずれも意匠美術写真類聚刊行会編、出版は洪洋社だ（埃及はエジプトの漢字表記。中国では現在も同じ表記を使い、「アイチー」という）。洪洋社は本誌連載第七回（『書物学』14）にも言及したが、東京市ヶ谷にあった建築専門の出版社である。魯迅が編集したソ連版画集『引玉集』のところで述べた。

また東京・向陵社出版の『埃及美術史』（フリンダース・ペトリー［Sir William Matthew Flinders Petrie］の“*Arts and Crafts of Ancient Egypt*”の翻訳）がある。「美術叢書第参輯」と肩が付いており、訳者は国文学者の石山徹郎。刊行は大正五年五月（一九一六）、同書の図版は豊富で一四〇図にのぼる（二〇二㎜×一四〇㎜、本文は二一二頁［図⑥］）。

フリンダース・ペトリー（最近の表記はフリンダース・ピートリー、一八五三〜一九四二）は、当時イギリスのエジプト研究の第一人者として令名高く、その一著作が全訳された反響は小さくなかったはずだ。

もうひとつ別の著者「エドワード・ベル Edward Bell」の『埃及建築史』(*THE ARCHITECTURE OF ANCIENT EGYPT* 一九一五年)【図⑦】の翻訳本があり、同じ訳者(背文字は「石山徹郎」単独だが、本文巻頭には「石山徹郎栗本安世共訳」とある)によるもので、大正五年八月(一九一六)の刊本、「美術叢書」だから体裁は全く同じだ(図版は一二七点、平面図と地図二十七枚)。美術と建築、各一冊の連続出版は相当の影響力があったはずだ。向陵社の「美術叢書」は一輯から九輯まで多様だが、なかにはステワード(ママ)ヂック著・姑射若水(はこやじやくひよう)訳『日本美術史』、ザイドリッツ著・蘇武六郎訳『日本版画史』なども含まれている。

【図⑨】…「カフラ(王)の閃緑岩の像」(『埃及美術史』)

向陵社は東大(帝大)系の出版社で、その最後につけられた関係者の一覧を見れば一驚する【図⑧】。「賛助員」の上田萬年、芳賀矢一、池辺義象、三上参次、正木直彦、岩村透、寺崎広業、黒田清輝、髙村光雲、結城素明。これら斯界の貴顕とも言うべき人々のなかで、私は浅学にして池辺氏の名を知らない。その他の人物は肩書抜きにして、どの分野の人かは知悉している。

「翻訳部」の藤懸静也、蘇武緑郎の二氏は浮世絵関係では欠かせないし、久米正雄と豊島与志雄のふたりは夏目漱石の弟子として、つとに親しみがある。

名前の「向陵」とは旧制第一高等学校の別名、「向丘(むこうがおか)」のことで、卒業生の多くは東京帝国大学へ進学する。すなわち「向陵」は一高の別称、また東京帝国大学に等しい。その関係者たちの集まった出版社の刊行物だから学術性は高く、権威も充分とされていたのだろう。

陶元慶がどの図を参考にしたのかは、全く同じものがないために同定は出来ないが、「カフラ(王)の閃緑岩の像」【図⑨】などは非常に有名な作品だ。「カフラ」はカフラーともいい、紀元前二千五百年前後のエジプトの王(ファラオ)で、この像の実物はカイロのエジプト考古学博物館にある。

以下、上述の書籍『埃及美術史』『埃及建築史』から、関係のありそうな図版を見ると、腰掛けている権力者らしきものは数点あり、代表的なカフラーの図を筆頭に十点を超える【図⑨・⑩】。

およそ百年前に出版されたこれらの翻訳書を見ると大変丁寧な造本で、ハードカバーは緑と金の活字で箔押ししてある【図⑥・⑦】。写真は網点がなくおそらくコロタイプで別紙に刷られ、その上に別紙の薄紙のキャプションが覆っている。この当時の印刷とはいえ、精細なので藝術家の想像力を刺激するには充分だったろう。今日みた印象から推測しても、古代の人々の造型力に驚きを感じざるをえない。多くの彫像が数千年前に実在した王・王妃・書記・ペットの猫などだ。これらの立体を平面化したモノクロ写真でも、これほどのオーラを発散しているのだから、往事の隆盛と驕奢の姿は察するにあまりあるだろう。

—・—

元の『彷徨』に戻って、エジプト神話では太陽神はラーと呼ばれ、大地に光をもたらし、生きる全てのものを維持しているとされる。この構図だと、太陽が東から昇って輝きだした朝に、人々が一歩踏み出そうとしているポーズではないか。

三人の人物の足は合計で三本しか描かれていないが、これは煩雑をさけての「デザイン処理」

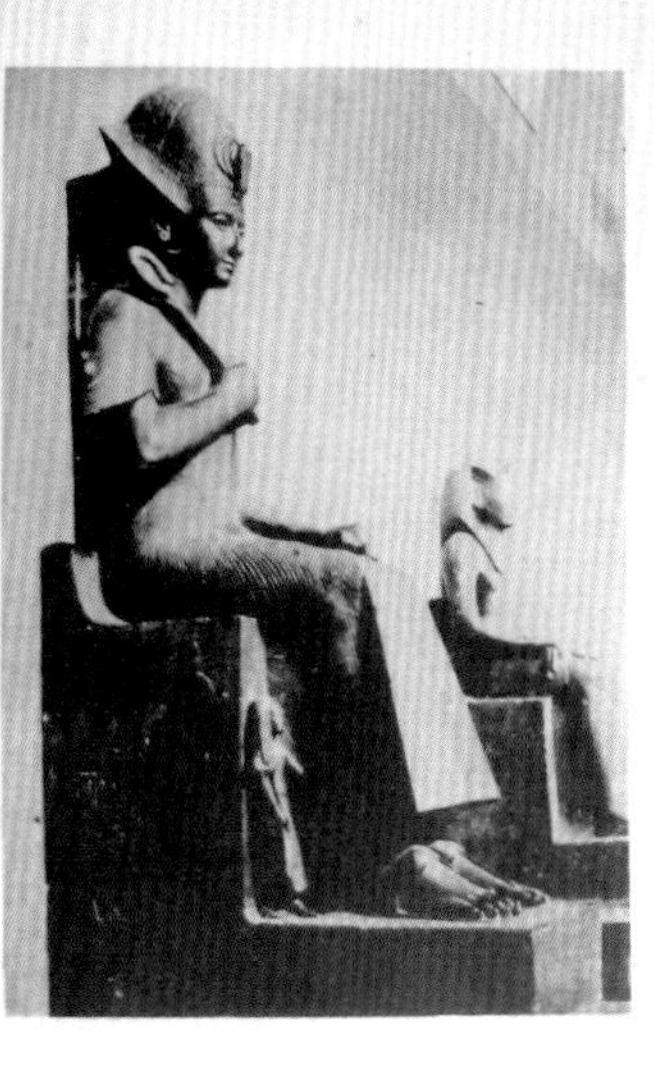

右［図⑩］…『埃及美術史』より。右・リビアの捕虜を連れたラメス四世。一部失われているらしい左・ラメス二世の像。
左［図⑪］…アメノフィス四世『埃及美術史』

だろうか。三人の人物の姿態も少しずつ変えている。帽子を被った顔の傾け方も違う。注目すべきは、一番奥の人物は足の裏が地に着いたままである。手前の人物は、踏み出そうとしているところのようだ。三人のポーズが異なっていることで、絵に動きが出てくる。そして、横の二本の線が下は大地、上は表題との区切りをつけている。大きい太陽は、画面に強い調子を出させている。陶元慶の原画では無地で模様がなかった衣服には、横の筋や波形のアクセントがつけられている。原画の寂しい感じは、このレイアウトの変化と少しばかりの手を加えたことでいきいきと動き出すのである。これこそが魯迅の卓越したデザイナーぶりなのだ。

三人の人物を並べた根拠はあるか。ひとつには三という数字の含意で、これは「多数」の代名詞だ。それ以外には次のような事実がある。

「資料」は日本から来たか

陶元慶は一時期、上海の「時報社」で働いていたことがあり、そこでデザインの仕事をしていた。日本から持ち帰られた多数の美術資料に接していたことが推測される（社主の狄葆賢［後述］は、度々訪日していた）。それ以外にも外国人が多い上海では、英語の原本も出回っていただろう。当然ながら日本語の訳本のほうが漢字もあり中国人にとっては手頃だったろうが……。もちろん、写真だけならどちらでも構わない。

［図⑫］…若き日の狄葆賢（『中国報学史』掲載のものか。中国ネットより）

時報社は狄葆賢（てきほうけん）（一八七三～一九四一）［図⑫］と言う人物が創設した新聞社で『時報』を刊行し、子会社として有正書局という古書画影印専門の出版社もあった。

狄葆賢は江蘇溧陽の人。同治十二年生まれの挙人。名家の出身で政治的には体制維持派で、若い頃から譚嗣同や唐才常らと往来して清朝の体制内改革を目指した。彼らはまた「革命」を志して、一八九八年、戊戌の政変（百日維新ともいう。光緒帝を担いで改革を目指すも、西太后の策略で失敗した）を起こすが、一敗地に塗れて日本に逃れ、ここに雌伏する。当時の日本は革命派や改革派たちにとっては恰好の避難場所であった。多くの新聞や雑誌が、日本で発刊されたのは、全く同じ活字が使えたためである。やがて帰国して再起を目指すもまた失敗、結局日本に戻る。そして康有為（一八五八〜一九二七）の命を奉じて一九〇四年に上海に戻り『時報』を創設して、いわゆる保皇派の言説を広めた。もちろん漢語の新聞だ。しかし『時報』の名義上の発行人は日本人の宗方小太郎（一八六四〜一九二三）で、当時は革命推進派たちと日本人士との関係が深かったことがよくわかる。康有為は広東の人で近代の代表的な思想家のひとり。狄氏は唯一の江蘇出身の弟子だったという。

一九三〇年に日本のジャーナリスト・澤村幸夫（大阪毎日新聞記者、一八八三〜一九四二）が浄土宗本願寺派二十二代宗主の大谷光瑞と（恐らく通訳を兼ねて）中国佛教会（南洋煙草公司の創始者・簡照南の庭園にあったという）の午餐に招待された。その昼食会の場に狄葆賢がいた。彼は澤村に「宗方小太郎は、亡くなって何年になるや」と問うたのに「七、八年だろう」と答えると、それきり口をつぐんだという。宗方小太郎は熊本出身の壮士で、中国革命のために大きな尽力があった人物で、前述のように狄葆賢が『時報』を公刊した際に発行人となった。狄氏は往事の革命運動の「同志」を思ってことばも出なかったのだろう。だが大谷光瑞が日本佛教の発達について説きだすと「狄氏は他の坐客のために、しばしば大谷氏の言の足らざるところを補つた。しかも、それは実に簡短（ママ）簡短で、要領を得たもので、私にはいささか意外だつた」（澤村幸夫『上海人物印象記』第一輯、昭和五年、東亜研究会）という。

狄葆賢は美術にも造詣が深く、有正書局の『中国名画集』は三十八集まで出しており、近年もしばしばネットオークション（日中双方）に出される。法帖の類いも多数をコロタイプで印刷している。因みに、コロタイプの技術は、同書局が初期に日本から技師を招聘して学んだ。その技術は北京の故宮博物院にも受け継がれたという。

——・——

話がずれたが、エジプトの彫刻と、魯迅の『彷徨』に戻ろう。

特に具体的で確たる「証拠」があるわけではないが、私は『彷徨』の表紙デザインと、原画作成者・陶元慶の間に狄葆賢の『時報』と向陵社の二種類の訳本を媒介させてみた。当時の出版状況や日中の人的な往来などから考えて、それらの関連性の確度は高いと考えている。

つまり『彷徨』の表紙のモチーフは、民国初期の三つに分裂した「文学革命」の人々をエジプトの沙漠に座した人物三人になぞらえ（強いてなぞらえなくともいいが）、荒涼たる文化的な沙漠を彷徨しながら、昇る朝日の「革命」に向って進んでいこうとする、魯迅の秘められた意志を示している——と推測しているのだ（足の形も三様で、それらを表しているのだろう）。それは結果として「偶然の一致」かも知れないが、沙漠や彷徨する人物などには、魯迅から陶元慶に示唆があったのではないか。

戦後二十年くらいは当時の日中間の人物交流については、いわばタブーにちかい時期があったように思う。狄葆賢の『時報』などは、八〇年代までは触れられることもなかった。いま完全な影印本がでている『申報』にも比肩するほどに当時は支持されていたこの新聞は、新中国では政治的に葬られていたのだろう。

清末から民国初期の時期、特に「国民」革命支持の日本人人士は頻繁に大陸と往来し、中国の新聞界で発行人となる日本人は少なくなかった。これによって当局を牽制したのだろう。想像を超えた「同志的」感覚でつきあいが続いていた部分もあったと考えられる。その理由は、旧時代の教養としての漢文学などによって、口頭での会話がなくとも意思の疎通を行う筆談が可能であったことにもよるだろう。明治前半期には、新言語の英語学習と並行して、江戸以来の漢文は知識階級の人々の基礎的教養を構築していた。みなが史記を読み唐詩をそらんじ、漢字によって考えを通わせることが出来た。近年の資料公開や研究の自由化に伴って、この分野も更に解明が近付いたのではないかと考えている。

さらに具体的な資料に基づいて立証できる日が待ち遠しい。

小説の連続性と英詩の役割

『永日小品』をつなぐワーズワス詩

独立した短編群からなる、夏目漱石『永日小品』を貫くテーマを見出すなら、音声の響き、そして、それへの応答である。
ある小品に潜り込んでいる音や声が、他の小品に響く音や声と共鳴する。
「永日小品」のこの活動を、十九世紀前半のロマン派詩人、ウィリアム・ワーズワスの詩が促しているのではないか。
交感しあうささめきを耳元までお届けする。

野網摩利子

国文学研究資料館准教授（総合研究大学院大学併任）。専門は日本近代文学。主著に『夏目漱石の時間の創出』。編著『世界文学と日本近代文学』はオックスフォード大学で主宰したシンポジウムの諸論文などを収める。

耳に残る音声

「こんな夢を見た」から始まり、視覚の記憶を中心に展開する「夢十夜」に対し、「夢十夜の様なものとの註文」を受けて執筆された『永日小品』では、耳に記憶された音声の想起から、多くの小品が成り立つ。(1)

「泥棒」（上）では「下女の泣声」「異様な声」、「火鉢」においては「二つになる男の子」の「不安な所がある」らしき泣き声、「猫の墓」においては、死を控えた猫の「嚔とも、しやくりとも付かない苦しさうな音」や「唸声」、「人間」においては、頭のおかしく、人間扱いされない男の「人間だい」という「大きな声」、「火事」においては「互に懸命な声」と、どの声も危機や苦境を訴え、鬼気迫る。(2)

英国に題材を採った小品では色調が変わる。「暖

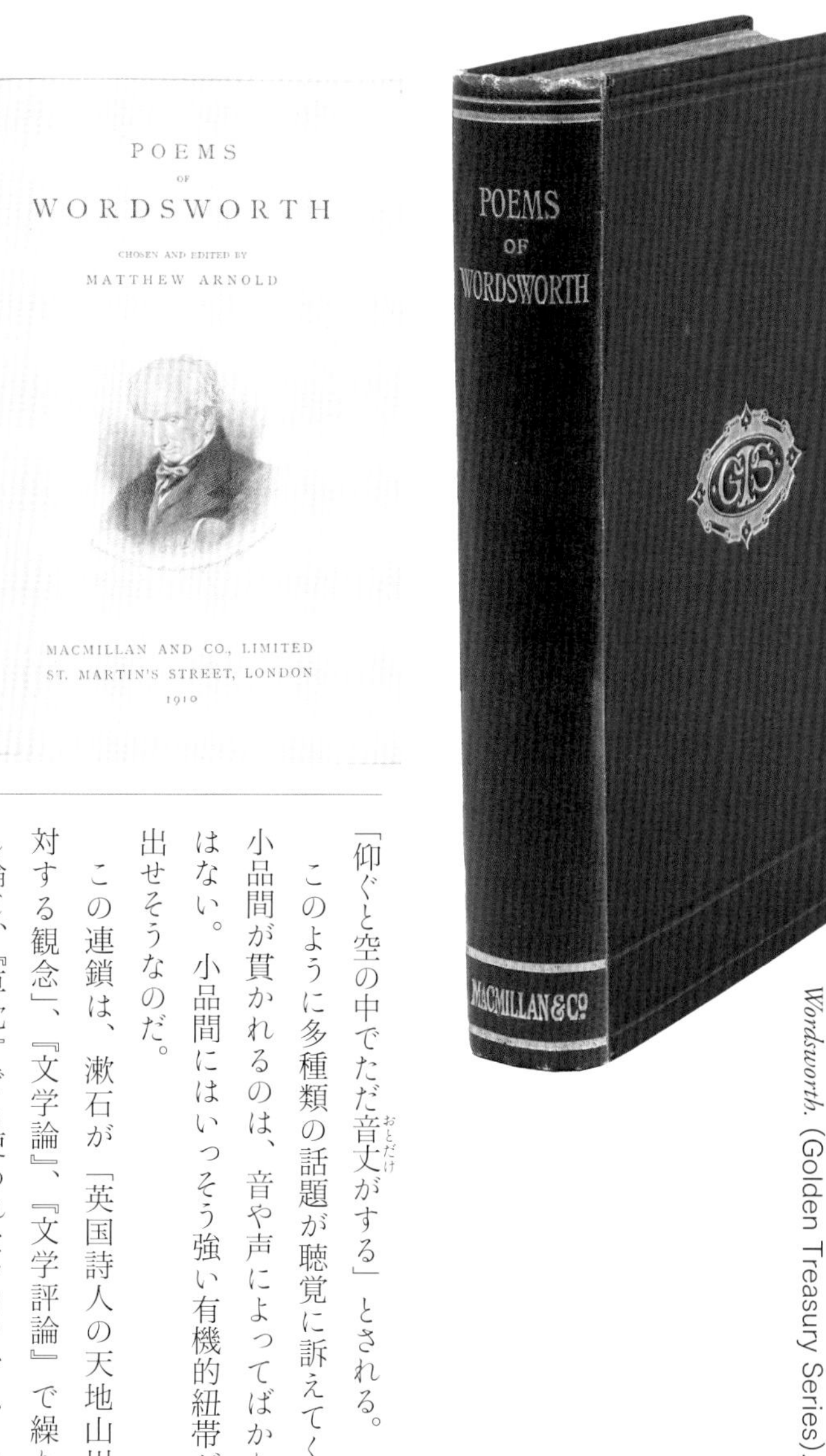

[図版①]…W. Wordsworth, *Poems of Wordsworth.* (Golden Treasury Series).

かい夢」においては「閑和な楽の音」、「印象」においては「汽車の音に包まつて寝た」とあるが、同時に、無音であることの強調もあり、大勢の人が急いで動いていながら「みんな黙つてゐる」とある。また、「過去の臭ひ」においては、アグニスという、素性の怪しい十三、四の女の子のひっそりしたありさまについて、「嘗て足音のした試しがない」と記される。「霧」においても、「鐘の音は丸で響かない」とある一方、ビッグベンの時報が「仰ぐと空の中でただ音丈がする」とされる。

このように多種類の話題が聴覚に訴えてくる。小品間が貫かれるのは、音や声によってばかりではない。小品間にはいっそう強い有機的紐帯が見出せそうなのだ。

この連鎖は、漱石が「英国詩人の天地山川に対する観念」、『文学論』、『文学評論』で繰り返し論じ、『草枕』でも使われたウィリアム・ワーズワス（William Wordsworth）を介することで、浮上する。(3) 漱石蔵書にある *Poems of Wordsworth* (4)［図版①］に収められた詩によって、小品間がつながれているのではないか。

クレイグ先生と蛭取る老人

『永日小品』に加えられた「クレイグ先生」（中）には、「ウオーヅウオース」の本自体が出てくる。(5) 英国留学中、漱石がシェイクスピア学者のウィリアム・クレイグに個人指導を受けたのは一九〇〇年十一月から一九〇一年十月までであり、九年近くも経ってから記されたクレイグ先生印象記である。

「クレイグ先生」（中）では、クレイグ先生が蔵書の本などをよく置き間違い、家事のために雇っている「婆さん」を「仰山な声をして呼び立てる」様子が記される。

> 「お、おれの「ウオーヅウオース」は何処へ遣つた」
>
> 婆さんは依然として驚いた眼を皿の様にして一応書棚を見廻してゐるが、いくら驚いても甚だ慥かなもので、すぐに、「ウオーヅウオース」を見附け出す。（…）先生はそれを引つたくる様に受け取つて、二本の指で汚ない表紙をぴしや〱敲きながら、君、ウオーヅウオースが……と遣り出す。（…）先生は二分も三分も「ウオーヅウオース」を敲いてゐる。さうして折角捜して貰つた「ウオーヅウオース」を遂に開けずに仕舞ふ。(6)
>
> （「クレイグ先生」（中））

ワーズワス詩集を二本の指でぴしゃぴしゃ敲く音が響いてくる。それは、読む人の現在にまで届いて反響する。クレイグ先生はシェイクスピア字彙の作成につねに心を砕いていた。「自分」が「先生、シユミツドの沙翁字彙がある上にまだそんなものを作るんですか」と聞いたとき、クレイグ先生は、シェイクスピア作品の語彙・句・文構造を収めたアレクサンダー・シュミッドによるレキシコン（語彙辞典）二巻とも、一頁残らず完膚なきまでに真黒になっているのを見せ、得意な顔をする。

君、もしシユミツドと同程度のものを拵へる位なら僕は何もこんなに骨を折りはしないさと云つて、又二本の指を揃へて真黒なシユミツドをぴしや〳〵敲き始めた。

「全体何時頃から、こんな事を御始めになつたんですか」

（「クレイグ先生（下）」）

NARRATIVE POEMS. 59

Alas! the fervent Harper did not know
That for a tranquil Soul the Lay was framed,
Who, long compelled in humble walks to go,
Was softened into feeling, soothed, and tamed.

Love had he found in huts where poor men lie;
His daily teachers had been woods and rills,
The silence that is in the starry sky,
The sleep that is among the lonely hills.

In him the savage virtue of the Race,
Revenge, and all ferocious thoughts were dead:
Nor did he change; but kept in lofty place
The wisdom which adversity had bred.

Glad were the Vales, and every cottage hearth;
The Shepherd Lord was honoured more and more;
And, ages after he was laid in earth,
"The Good Lord Clifford" was the name he bore.

THE LEECH-GATHERER;
OR,
RESOLUTION AND INDEPENDENCE.

THERE was a roaring in the wind all night;
The rain came heavily and fell in floods;
But now the sun is rising calm and bright;
The birds are singing in the distant woods;
Over his own sweet voice the Stock-dove broods;
The Jay makes answer as the Magpie chatters;
And all the air is filled with pleasant noise of waters.

この「自分」の問いかけが記されている理由は何だろうか。実際に漱石がかつてクレイグ先生へそう尋ねたことがあるのだろうというだけでは、文学研究として不十分である。本稿はワーズワスの詩がその参照対象になっていると仮定する。論証してゆこう。

漱石『文学論』では「文学的内容の基本成分」の解説のために、描かれた「運動」が視覚に訴える、文学の言葉の例として、ワーズワス詩「蛭取る老人、あるいは決意と自立」（The Leech-Gatherer; or, Resolution and Independence）［図版②］を引く。(7) また、漱石は蔵書の *Poems of Wordsworth* 中の同詩に書き込みを施している。ワーズワス『二巻の詩集』（*Poems in Two Volumes*（1802））所収の詩である。比較的長いその詩から、漱石が『文学論』に引いた箇所、ならびに、その後の聯より引こう。漱石の関心事が視覚に訴える要素ばかりでなく、年配者と若者との応答にあったことが分かる。

［図版②］…"The Leech-Gatherer; or, Resolution and Independence." 冒頭。

Himself he propped, his body, limbs, and face,
Upon a long grey staff of Shaven wood:
And, still as I drew near with gentle pace,
Upon the margin of that moorish flood
Motionless as a Cloud the Old-man stood;
That heareth not the loud winds when they call;(8)
And moveth all together, if it move at all.

［拙訳］
彼は削った木の長い灰色の杖で胴、手足、顔を支え、
私が抜き足差し足、近寄ってみると荒野の沼の端の上で静止して
老人は雲のように身じろぎもせず立っていた。
風が声高に呼んでも耳に入らない雲のように。
もし動くなら、一気に動く雲のように。

下線を施した部分が『文学論』で引かれた箇所である。むしろ、なかなか動かない不動の美を述べる詩句を引いている。静まりかえった無音の様子も感じさせる場面である。

At length, himself unsettling, he the Pond
Stirred with his Staff, and fixedly did look

Upon the muddy water, which he conned,
As if he had been reading in a book:
(…)

[拙訳]
ついに、彼は身を揺るがせ、池の水を杖でかきまぜ、泥水をじっと見つめた、
あたかも本を精読しているかのように、念入りに調べるのだ。

荒野の沼の端に、身じろぎもせずに立っていた老人がいた。「私」が見はじめて長らくの後、彼は池を杖でかきまぜ、熱心に泥水を調べている。それが本の調べもののように「私」には見えた。

And him with further words I thus bespake,
"What occupation do you there pursue?
This is a lonesome place for one like you."
He answered, while a flash of mild surprise
Broke from the sable orbs of his yet vivid eyes

[拙訳]
そして彼に向かって私はさらに話しかけた、
「ここで何に従事しているのですか？
ここはあなたのような方には寂しい所ですが」
彼は答えた、同時に、穏やかな驚きの閃光が
彼のまだ鮮やかな目の黒い眼球から放たれた。
(…)

He told, that to these waters he had come
To gather Leeches, being old and poor:
Employment hazardous and wearisome! ("The Leech-Gatherer; or, Resolution and Independence")[9]

[拙訳]
彼は言った、老いて貧しく、この沼に蛭を取るために来た。
危険で骨の折れる仕事！
(「蛭取る老人、あるいは決意と自立」)[10]

老いて貧しく、本を精読するかのように泥水に目を凝らす老人に、「私」は何の仕事をしているのかと尋ねる。これは、「クレイグ先生（下）」において、シェイクスピア字彙を大成するために、「ウエールスのさる大学の文学の椅子を抛つて、毎日ブリチツシ、ミユージアムへ通ふ暇をこしらへた」というクレイグ先生に対し、「自分」が放つ質問、「全体何時頃から、こんな事を御始めになつたんですか」に酷似する。

「クレイグ先生」（中）は、「先生の得意なのは詩であつた」から書き出される。クレイグ先生は、自分にサー・ウィリアム・ワトソン（Sir William Watson）の詩を読んできかせ、その詩がパーシー・シェリー（Percy Bysshe Shelly）に似た所があるという人と、全く違うという人とがいるが、君はどう思うときいたという。好い加減な答えをしたのに、「其の時例の膝を叩いて僕もさう思ふ」と言われた。あるときは「実際詩を味ふ事の出来る君だの僕だのは幸福と云はなければならない」と言われた。詩の鑑賞力について「同輩扱」にしてくれたという。

ワーズワス詩では、老人の仕事は、本の精読のみならず、言葉を拾う詩人の仕事にも重ねられる。中世の詩を発見したとふれこみ、じつは創作した贋作詩だったため追い込まれ、十七歳にして自死したトーマス・チャータートン（Thomas Chatterton）や、三十七歳で死んだロバート・バーンズ（Robert Burns）へ想いが及ぶ。[11] そしてつぎのように続く。

My former thoughts returned: the fear that kills;
And hope that is unwilling to be fed;
Cold, pain, and labour, and all fleshly ills;
And mighty Poets in their misery dead.
—Perplexed, and longing to be comforted,
My question eagerly did I renew,
"How is it that you live, and what is it you do?" ("The Leech-Gatherer; or, Resolution and Independence")[12]

[拙訳]
私の想いが戻ってきた。死なせるような恐怖、
慰められるのを好まない希望、
寒さ、痛み、労苦、身をさいなむあらゆる病、
そして悲惨な死を遂げた力のある詩人たち。

——当惑し、安心感を求めるように、
私は熱心に問いを重ねる、
「どのようにして生活し、何をするのですか？」　（「蛭取る老人、あるいは決意と自立」）

クレイグ先生の場合、シェイクスピア字彙のために言葉を集め、綴った手帳を「宝物」にしている。

——長さ一尺五寸幅一尺程な青表紙の手帳を約十冊ばかり併べて、先生はまがな隙がな、紙片に書いた文句を此の青表紙の中へ書き込んでは、吝坊が穴の開いた銭を蓄る様に、ぽつり〳〵と殖やして行くのを一生の楽みにして居る。　（「クレイグ先生」（下））

「クレイグ先生」（下）はつぎのように終わる。ワーズワス「蛭取る老人、あるいは決意と自立」をなぞるようだ。

日本へ帰つて二年程したら、新着の文芸雑誌にクレイグ氏が死んだと云ふ記事が出た。沙翁の専門学者であると云ふことが、二三行書き加へてあつた丈である。自分は其の時雑誌を下へ置いて、あの字引はつひに完成されずに、反故になつて仕舞つたのかと考へた。　（「クレイグ先生」（下））

『永日小品』に収められた「クレイグ先生」（上）（中）（下）は、事実であるかのごとく書きなされているが、そのまま受け取ってよいだろうか。詩の理解者であり、シェリー、ウォルト・ホイットマン（Walt Whitman）、ワーズワスを愛読し、シェイクスピア字彙作りに余念がなかった、五十六歳のクレイグ先生への追想が呼び出したのが、ワーズワス「蛭取る老人、あるいは決意と自立」だったのではないか。ゆえにその「文学的内容」の形が踏まえられた。(13)

生い先長くないと自覚する年配者の続ける労働は、若者には無為にすら見える。蛭集めと言葉集めとはこうして重ねられた。ワーズワスから借りたこの「文学的内容」の形によって、「クレイグ先生」は、蛭を集めるように、シェイクスピアの言葉を集める老人として、その特異性が際立ってくる。あるいはそれは、漱石がひそかに込めた、ワーズワス詩を愛したクレイグ先生への追悼表現だったのかもしれない。

「クレイグ先生」と「蛇」とを結ぶ

連環構造はさらに込み入っている。ワーズワス詩「蛭取る老人、あるいは決意と自立」に媒介されることで、「クレイグ先生」（上）（中）（下）は、『永日小品』中の他の小品と連動するようにできている。まず、小品「蛇」である。

途端に流れに逆らつて、網の柄を握つてゐた叔父さんの右の手首が、蓑の下から肩の上まで弾ね返る様に動いた。続いて長いものが叔父さんの手を離れた。それが暗い雨のふりしきる中に、重たい縄の様な曲線を描いて、向ふの土手の上に落ちた。と思ふと、草の中からむくりと鎌首を一尺許り持上げた。さうして持上げた儘屹と二人を見た。

「覚えてゐろ」

声は慥かに叔父さんの声であつた。同時に鎌首は草の中に消えた。叔父さんは蒼い顔をして、蛇を投げた所を見てゐる。

「叔父さん、今、覚えてゐろと云つたのは貴方ですか」

叔父さんは漸く此方を向いた。さうして低い声で、誰だか能く分らないと答へた。　（「蛇」(14)）

「黒い水」をワーズワス詩の老人のように凝視する「叔父さん」がいる。「叔父さん」は「大きなのが獲れる」と貴王の森の池から流れてくる泥の水を見つめていた。「水は固より濁つてゐる」。ワーズワス詩で蛭取る老人は身じろぎもせずに立っていて、ようやく杖で池の水をかきまぜたの

REFLECTIVE AND ELEGIAC POEMS. 293

"There came from me a sigh of pain
Which I could ill confine;
I looked at her, and looked again :
--And did not wish her mine."

Matthew is in his grave, yet now,
Methinks, I see him stand,
As at that moment, with a bough
Of wilding in his hand.

THE FOUNTAIN.

A CONVERSATION.

WE talked with open heart, and tongue
Affectionate and true,
A pair of Friends, though I was young,
And Matthew seventy-two.

We lay beneath a spreading oak,
Beside a mossy seat ;
And from the turf a fountain broke,
And gurgled at our feet.

"Now, Matthew !" said I, "let us match
This water's pleasant tune
With some old Border-song, or Catch,
That suits a summer's noon ;

"Or of the Church-clock and the chimes
Sing here beneath the shade,
That half-mad thing of witty rhymes
Which you last April made !"

［図版③］…"The Fountain. A Conversation." 冒頭。

だった。同様に、「叔父さん」も、いつ動くかと甥が見つめている手首をなかなか動かさない。突如手桶を下げた右の手首が動く。釣った大きな鰻が跳ねたかと思われたそれは蛇だった。

甥が叔父に「叔父さん、今、覚えてゐろと云つたのは貴方ですか」と尋ねる。ワーズワス詩で、蛭取る老人につきまとい、何をしているのかを尋ねる「私」の反復と見なしうるだろう。

叔父は蛇の気持ちを口にしてしまった次第だが、その声の主について「誰だか能く分らない」と低い声で言う。蛭取る老人が、辛抱すれば蛭が見つかるといった「説話」を繰り返しつぶやいているのと似通った逸話である。

「蛇」と「声」を結ぶ

この「蛇」はまた、ワーズワス詩「泉 対話」(The Fountain. A Conversation.)[15]［図版③］によって、『永日小品』中の「声」という小品と結ばれる。『永日小品』「蛇」では、叔父さんの声と蛇の声とが重なっていた。『永日小品』「声」においても、母の声と思われたのがじつは他人の婆さんの声であったという事件が起こる。ゆえに、小品「蛇」と「声」とはゆるやかに共通のテーマを持つということもできる。一方で、偶然とも受け取れよう。

しかしながら、ワーズワス詩「泉」を通してみると、それが必然であったと分かる。[16] *Poems of Wordsworth* より引用する。

WE talked with open heart, and tongue
Affectionate and true,
A pair of Friends, though I was young,
And Matthew seventy–two.

［拙訳］
二人は気さくに、愛情ある真実の言葉で話した。
私は若く、マシューは七十二歳だったが、親友だった。

このように始まる。私が「辺境の歌」か「輪唱歌」か、マシューの作った教会の時計や鐘の歌を歌おうかと持ちかけると、マシューは「この小川は谷へ下ってゆく　なんて楽し気に流れてゆくことだろう！」("Down to the vale this water steers, How merrily it goes!") と答えはじめ、つぎのように語り終える。

"My days, my Friend, are almost gone,
My life has been approved,
And many love me; but by none
Am I enough beloved."

［拙訳］
「友よ、俺の人生は終わりそうだ、
俺の生き方は誉められてきた、
多くの人が私を愛してくれるが、
俺を十分に愛してくれた人は誰もいない」

若者はこう言い出す。

"And, Matthew, for thy Children dead
I'll be a son to thee!"
At this he grasped my hand, and said,
"Alas! that cannot be." ("The Fountain. A Conversation.")[17]

【拙訳】
「マシュー、死んだあなたの子どもの代わりに
ぼくが息子になりましょう！」
このとき彼は私の手をつかんで、言った、
「ああ、それはできない」　（「泉　対話」）[18]

このワーズワス詩「泉　対話」と同じく、『永日小品』の「蛇」、「声」がともに、若者と年配者との対話であることに注目せざるを得ない。ワーズワス詩「泉　対話」は、老人の子になりきれない若者と老人との対話であり、一方、『永日小品』においては、「蛇」が甥と叔父との対話であり、「声」では、死んだ母に呼びかけられたと勘違いしてしまう若者が描かれる。ワーズワス詩をあいだにおけば見えてくる、つながりが創られていた。

つづいて「声」から引用しよう。学生の豊三郎が懐かしい故郷の記憶を蘇らせる場面である。

茸の時節である。豊三郎は机の上で今採つた許の茸の香を臭いだ。さうして、豊、豊といふ母の声を聞いた。其の声が非常に遠くにある。それで手に取る様に明らかに聞える。
——母は五年前に死んで仕舞つた。
豊三郎は不図驚いて、わが眼を動かした。
（…）
行李の底から、帆足万里の書いた小さい軸を出して、壁へ掛けた。是れは先年帰省した時、装飾用の為にわざ〳〵持つて来たものである。それから豊三郎は座布団の上へ坐つて、しばらく軸と花を眺めてゐた。其の時窓の前の長屋の方で、豊々と云ふ声がした。其の声が調子と云ひ、音色といひ、優しい故郷の母に少しも違はない。豊三郎は忽ち窓の障子をがらりと開けた。すると昨日見た蒼ぶくれの婆さんが、落ちかゝる秋の日を額に受けて、十二三になる鼻垂小僧を手招きして居た。がらりと云ふ音がすると同時に、婆さんは例のむくんだ眼を翻へして下から豊三郎を見上げた。　（「声」）[19]

故郷の記憶に浸っていたとき、また、故郷の家にあった軸を飾り、眺めていたとき、別人の声を、母の声と錯覚してしまったという話である。小品「蛇」とこの小品「声」とは、錯覚した声という共通点を持つばかりでない。ワーズワス詩「泉」を介せば、肉親の情について物語ろうとしていることが分かる。気遣いあう無二の愛の現象に形が与えられた。さらに言えば、霊魂に声が与えられ、耳を澄ます者に届けられている。[20]

「声」と「心」とを結ぶ

そのうえ、この小品「声」は、「心」という小品とも連帯する。媒介者はまたしてもワーズワス詩である。

「心」という小品は、題からすると、鳥の話であると想像しがたい。読後に至っても、「心」という題が適切か否か訝しく思う読者も少なくないだろう。もっとも、たしかに、鳥の色合が「著るしく自分の心を動かした」とあり、その鳥を手に飛び移らせて眺め、「此の鳥は……と思つた。然し此の鳥は……の後はどうしても思ひ出せなかつた。たゞ心の底の方に其の後が潜んでゐて、総体を薄く暈す様に見えた」と、自分の「心」が記される。また、籠の中に鳥を入れて、春の日影の傾くまで眺めながら、「此の鳥はどんな心持で自分を見てゐるだらうかと考へた」と、捕らわれた鳥の「心持」を想う。さらに、一人の女の後ろ姿に誘われて付いてゆくうちに、自分の「心」が鳥の「心持」と二重写しになり、「其の時自分の頭は突然先刻の鳥の心持に変化した」とされる。[21]

したがって、小品「蛇」で、蛇と叔父さんの、心や声が混ざりあったのと同様に、鳥の心と自分

の心とが一体化してゆく過程が描かれたと、了解はできる。しかし、文学としてより重要な何かを隠しており、その結果、「心」と題されたと思われてならないのだ。

　ワーズワス詩「郭公に」(To the Cuckoo)[22]［図版④］をこの小品「心」のとなりに置いてみれば、漱石の企てが一気に明確になる。『永日小品』内の、小品「心」と小品「声」とが連動する。詩「郭公に」は、漱石蔵書の*Poems of Wordsworth*にも*Poetical Works of William Wordsworth*にも収められている。前者から引こう。

O BLITHE New-comer! I have heard,
I hear thee and rejoice.
O Cuckoo! Shall I call thee Bird,
Or but a wandering Voice?

146 LYRICAL POEMS.

TO THE CUCKOO.

O BLITHE New-comer! I have heard,
I hear thee and rejoice.
O Cuckoo! shall I call thee Bird,
Or but a wandering Voice?

While I am lying on the grass
Thy twofold shout I hear;
From hill to hill it seems to pass,
At once far off and near.

Though babbling only, to the Vale,
Of sunshine and of flowers,
Thou bringest unto me a tale
Of visionary hours.

Thrice welcome, darling of the Spring!
Even yet thou art to me
No Bird: but an invisible Thing,
A voice, a mystery;

The same whom in my School-boy days
I listened to; that Cry
Which made me look a thousand ways
In bush, and tree, and sky.

To seek thee did I often rove
Through woods and on the green;
And thou wert still a hope, a love;
Still longed for, never seen.

［図版④］…"To the Cuckoo"冒頭。

［拙訳］
おぉ、陽気な、春の新しい客よ！　私は聴いた、
いまもあなたを聴いて喜ぶ。
おぉ、郭公！　鳥と呼ぶべきだろうか、
あるいは、彷徨える声か？

Though babbling only, to the Vale,
Of sunshine and of flowers,
Thou bringest unto me a tale
Of visionary hours.

［拙訳］
日ざしと花について、谷に向かって
しゃべるだけだけれども、
私には空想にふける時間をもたらしてくれる
最高の物語になる。

To seek thee did I often rove
Through woods and on the green;
And thou wert still a hope, a love;
Still longed for never seen.

［拙訳］
あなたを尋ねて何度も、森を抜け、草原をさまよった。
あなたはいつも、ある期待、ある慕情だった。
依然として憧れるばかりで、姿が見えなかった。

And I can listen to thee yet;
Can lie upon the plain
And listen, till I do beget
That golden time again.（"To the Cuckoo"）[23]

［拙訳］
いまなおあなたの声を聴く。
草原に身を横にして
そして耳を澄ます、生気に満ちた声の想い出
がふたたび湧いてくるまで。　（「郭公に」）[24]

　ワーズワス詩「郭公に」は、姿を見せない郭公の声を追いかけ、さまよい、いまなお、少年期に追い求めた郭公の声が心に甦るのを待っている。『永日小品』「心」では、小鳥の色合いに心動かされ、どこかで見たようだが思い出せないという、心の底に潜む何かを追い求め、その不確かな記憶を閉じ込めるかのように、右手に飛び移ってきた

その鳥を鳥籠に入れてしまう。

両者とも、記憶を探る心の動きが同一である。漱石の小品「心」は、ワーズワス詩「郭公に」から、記憶に降ろされる探照灯というべき感受性を引き継ぎ、そのエッセンスを題にして「心」とされたのだと判明する。

『永日小品』の「声」と「心」とは、ワーズワス詩「郭公に」に仲立ちされ、記憶の復帰が問題化されている。「心の底」に潜んでいた「母の声」、あるいは、「此の鳥」が甦る。事実を超えてくるそのような心の実態を摑みなおす行為が記された。

湧き立つ時空

むろん、ワーズワス詩と関わらない声や音のつながりも見出せる。たとえば、論じてきた「心」では、「爺さん」が「春の鼓（つづみ）をかんと打つと、頭の上に真白（まっしろ）に咲いた梅の中から、一羽の小鳥が飛び出した」とある。これは、『永日小品』巻頭、謡の様子を記す「元日」において、「自分」が虚子の大きな掛け声と、猛烈な「かん」という鼓に驚き、「自分の声は威嚇（おどか）される度によろ〱する」とあるのと響きあう。(25)「元日」における「自分」と、「心」における「小鳥」とは、このように重なり合う。「心」では、「自分の頭は突然先刻の鳥の心持に変化」する。小品間を結んで現われる「小鳥」＝「自分」という見立てと、小品「心」に記された現象とが同一の境地である。小品の枠を越えて結ばれ、生まれる時空がいま湧き立っているようだ。

「元日」で虚子が猛烈に打つ鼓はまた、クレイグ先生が「ウオーヅウオース」の表紙や「シュミッド」の辞典を「ぴしや〱敲（たた）き」、「自分」が驚いているのと連動する。あるいは、クレイグ先生が、詩を味わえる同輩の回答に我が意を得て満足し、「例の膝を叩いて僕もさう思ふ」と言ったのに通じる。真に驚かされた音は時空を越えて、心同士を浸透させる。『永日小品』内のうごめきは、このように、鼓膜に残る声や音が創り出している。

聴覚を震わせる声や音の霊気は、人間と自然の両者の底に潜み、充ちてまた、小品の外へ飛び出してくるようだ。『永日小品』に通底する活動である。(26)

注

(1) 朴裕河「漱石の〈感覚〉表現について――『永日小品』を中心に」（『文芸と批評』第七巻第四号、一九九一年十月）は、皮膚感覚、視覚、味覚、嗅覚、聴覚と感覚全般に着目し、漱石文学の〈感覚〉表現を捕えた論考である。本稿は、なかでも聴覚をゆるがす表現が『永日小品』に特徴的に見られることを指摘する。

(2)『永日小品』は一九〇九（明治四十二）年一月から同年三月まで『東京朝日新聞』および『大阪朝日新聞』に連載された。『大阪朝日新聞』には全品が掲載されたが、『東京朝日新聞』には「行列」「昔」「声」「金」「心」「変化」が掲載されていない。これら、はじめから『永日小品』を冠した小品に加え、小品「元日」（『東京朝日新聞』『大阪朝日新聞』）「泥棒」（『東京朝日新聞』『大阪朝日新聞』）「紀元節」（『大阪朝日新聞』）「クレイグ先生」（『大阪朝日新聞』）も含んで『永日小品』として、単行本『四篇』（春陽堂、一九一〇（明治四十三）年）に収められた。本文の引用は、『漱石全集』第十二巻、岩波書店、一九九四年より行う。ルビは現代仮名遣いで振り直した。以下、同じ。

(3) 拙稿「文学の生命線――『リリカル・バラッズ』から漱石へ」（『世界文学と日本近代文学』野網摩利子編、東京大学出版会、二〇一九年）において、漱石『彼岸過迄』中の短篇間の連結にもワーズワス詩が関与することを論証している。

(4) 漱石の蔵書は*Poems of Wordsworth.* (Golden Treasury Series), chosen and edited by Matthew Arnold, London: Macmillan and co., 1900.である。

(5) 一九〇九（明治三十四）年四月十六日の漱石の日記に、つぎのようにある。「Wordsworthノ傑作ハ固ヨリT.ノ上ニアリ」（『漱石全集』第十九巻、岩波書店、一九九五年、七四頁）。T.とは「Tennyson」のことである。

(6)「クレイグ先生」（上）（中）（下）の初出は『大阪朝日新聞』一九〇九（明治四十二）年三月十、十一、十二日。

(7)『漱石全集』第十四巻、岩波書店、一九九五年、四七頁。『文学論』の初出は一九〇七（明治四十年)、大倉書店である。

(8)漱石蔵の*Poems of Wordsworth*には、ド・クィンシー『阿片常用者の告白』におけるこの下線部の引用について書き込まれている。

(9)"The Leech-Gatherer; or, Resolution and Independence." *Poems of Wordsworth.* (Golden Treasury Series), chosen and edited by Matthew Arnold, London: Macmillan and co., 1910, 62–63.

(10)『対訳 ワーズワス詩集』(山内久明編、岩波文庫、一九九八年)や『キーツ シェリー ワーズワス詩集』(世界詩人全集4)(加納秀夫他訳、新潮社、一九六九年)にこの詩の翻訳がある。原本を異にするゆえ、字句が多少違う。参考にしたうえで、拙訳した。

(11)バーンズは「英国詩人の天地山川に対する観念」で漱石がとくに紙幅を割いて論じた四名の詩人のうちの一人である。チャータートンに関しては、いわゆる「文学論ノート」で二回にわたり漱石は記している他、「英国詩人の天地山川に対する観念」において、ローマンチシズムの二つの新象のうちの、歴史的現象として、つぎのように述べる。「遠く中世紀に溯り、普く遐方殊域の人間を捕へ来りて、世界共通の情緒を咏出せんと欲す。此歴史的研究は十八世紀の中頃、「マクファーソン」及び「チャータートン」杯が古文書を偽造して一世を瞞着せんと企てたるにても明かなるのみならず、(…)」初出『哲学雑誌』(第八巻第七十三号~七十六号)(一八九三(明治二十六)年三月~六月)、『漱石全集』第十三巻、岩波書店、一九九五年、三一頁。ワーズワス「蛭取る老人、あるいは決意と自立」のなかの叙述を、漱石は記憶していてそのように述べるのだろう。

(12)Wordsworth 1910, 63.

(13)『文学論』で漱石が取り出すのは文学の内容面の形式である。

(14)「蛇」の初出は『大阪朝日新聞』『東京朝日新聞』一九〇九(明治四十二)年一月十四日。

(15)*Lyrical Ballads* 第二版(一八〇〇)所収。漱石所蔵の*Lyrical Ballads*はE.Dowdenが、一七九八年の初版を一八九〇年に編集し直した書籍である。したがって、漱石がこの詩を読んだのは、*Poems of Wordsworth*においてであろう。ただし、漱石『文学論』には*Lyrical Ballads*第二版序文が引かれている。

(16)ワーズワスの人生と詩に関する本格的紹介は、宮崎八百吉(湖処子)『ヲルヅヲルス』(十二文豪 第四巻)民友社、一八九三(明治二十六)年十月)に始まる。そこでは、「革新の詩人」(六二頁)であること、自然に対して「新なる生命」(一四六頁)を与えたことが強調され、的確である。詩「泉」についても、「超然として哲理以上、人生以上に遊ばしむ」(一六〇頁)と評されている。

(17)"The Fountain. A Conversation." Wordsworth 1910, 293–295.

(18)ワーズワス、コールリッジ『抒情歌謡集』宮下忠二訳、大修館書店、一九八四年、一八三~一八五頁を参考にして訳した。なお、この詩はつぎのように終わる。「彼は、教会の狂った古時計や うろたえた鐘の 気の利いたリズムを歌った。」(He sang those witty rhymes / About the crazy old church-clock, / And the bewildered chimes.) 漱石『彼岸過迄』「停留所」で語られる、敬太郎のふるさとの狂った時計と、多少ねじの外れた父の迂闊さの発想源ともなったであろう。

(19)「声」の初出は『大阪朝日新聞』一九〇九(明治四十二)年二月二十七日。

(20)「蛇」の蛇が貴王神社の祭神と関わりのあることについて「漱石文学に生きる古譚の蛇」(『能と漱石』(共編著、東京大学出版会、近刊))で論じている。

(21)「心」の初出は『大阪朝日新聞』一九〇九(明治四十二)年三月四日。

(22)この詩もまず、ワーズワス『二巻の詩集』に所収された。

(23)"To the Cuckoo." Wordsworth 1910, 146–147.

(24)『ワーズワース詩集』(田部重治選訳、岩波文庫、一九三八年)九〇~九一頁。前掲『キーツ シェリー ワーズワス詩集』(二一七~二二〇頁)などを参考に、拙訳した。

(25)「元日」において最初に謡われたのは「東北」であり、それは東北院の、和泉式部手植えの軒端の梅をめぐっての謡曲なのだから、白い梅の花でも関連づけられている。

(26)漱石は「英国詩人の天地山川に対する観念」で、たとえばつぎのように、ワーズワスを高く評価する。「「ウォーヅウォース」の自然を愛するは山峙ち雲飛ぶが為にあらず、水鳴り石響くが為にあらずして、其内部に一種命名すべからざる高尚純潔の霊気が、磅礴填充して、人間自然両者の底に潜むが為めのみ」(前掲『漱石全集』第十三巻、五六頁)。

※本稿は科研費(15KK0067)による研究成果の一部である。

西洋古書の遠近法 Perspective of Western Old Books VOL. 9

印刷出版都市リヨンの面影

雪嶋宏一

早稲田大学教育・総合科学学術院教授。専門は西洋書誌学、書物学、図書館情報学、図書館史、目録史。

1473年に活版印刷が開始されたフランスのリヨンは16世紀に印刷出版業の黄金時代を迎えた。今回はリヨンに滞在して体験したゼネストを背景として、リヨンの街角で目にする印刷業者の足跡を記した記念プレート等を紹介しながら、16世紀リヨンの印刷業の盛衰について述べてみたい。

はじめに

16世紀にリヨンで印刷出版された本を調査するためリヨンに滞在していた。年末12月5日には、政府の年金改革に反対する国鉄職員が中心となって無期限のゼネストが始まり、全国の交通がマヒした。これほど大規模なストライキは30年ぶりだという。テレビのニュースでは12月5日木曜日を、その前週の「黒い金曜日（ブラック・フライデー）」をひねって「黒い木曜日（ジュディ・ノワール jeudi noir）」と名付け、連日ストライキの状況を報道していた。一方、リヨンでは毎年12月5日から一年の中で最大の祭りである「光の祭典」（La Fête des Lumières）が始まったが、今年はストライキと重なったため観光客は少なかった。鉄道ストで流通が滞り、日常生活にも事欠くような事態にならなければよいがと心配したが、市民は意外と平気であり、テレビ局の調査では三分の二以上の市民がストライキを支持していたという。ちょっと思い出してみれば、1980年代まではヨーロッパではゼネストは珍しくなく、ストライキは日常茶飯事であったから、その時代を知っている人々にはそれほど特別なことではないかもしれない。

フランスで刊行された『書物百科辞典』第2巻には「ストライキ」（grève）という項目がなぜか7ページにわたって詳述されている[1)]。それによれば、最初の大規模なストライキは、リヨンの印刷業に従事する労働者が作る「仲間」（compagnons）によって1539年に行われた。300～500名の労働者が参加したという。15世紀に登場した印刷業は徒弟修業を経て印刷業者として独立した親方が印刷工房を構え、印刷工、活字製造工、植字工、校正係、製本工等を集めて分業体制で書物を生産する工場制手工業であり、最初の近代的産業ともいうべきものであった。

親方のなかには学者や知識人が少なくなく、また工房に集まった労働者たちの中にもラテン語を自由に使うことができる知識人や、後に人文主義者として活躍する学者の卵までいた。16世紀の印刷工房のいくつかはある種の研究所のような役割を果たしていた[2)]。したがって、印刷出版業に従事する労働者の中には先進的な考えをもった者が少なからずいたのである。リヨンでは16世紀前半すでに近代の合理的精神が芽生えていたと言ってもいいかもしれない。16世紀リヨンの印刷業の事情については宮下志朗氏が『本の都市リヨン』で詳述されているので、是非ご参照いただきたい[3)]。

本稿では、リヨンのあちこちの通りで見かけるリヨンの印刷出版業の記念碑を訪ねて[4)]、かつての印刷都市の面影を辿ってみることにしたい。

BARTHÉLEMY BUYER
MORT EN 1483
Publie en 1473 le premier livre imprimé à Lyon,
le COMPENDIUM BREVE,
en installant dans sa demeure l'imprimeur liégeois
GUILLAUME LE ROY.

[図01]バルテルミー・ビュイエの印刷所があった場所を示すプレート(シャヴァンヌ街8番地)(筆者撮影)

左[図02]聖ニジエ聖堂(筆者撮影)
右[図03]礼拝堂に建立されたビュイエを顕彰する碑文(筆者撮影)

印刷都市リヨンの幕開け

リヨンはフランス東部の大都市であり、ソーヌ川とローヌ川の合流地点に位置する。ソーヌ川はフランス北東部に発し、ワインの名産地であるブルゴーニュを経てローヌ川に注ぐ。ローヌ川はスイスのレマン湖からアルプスの斜面を南西に流れ下り、ソーヌ川の水を受けて満々として南に向かって流れ、アヴィニョン、アルルを経て地中海に注ぐ。リヨンはローマ時代にソーヌ川西岸の高台に築かれた城塞ルグドゥヌム(Lugdunum)に起源する。リヨンで出版されたラテン語の印刷本には出版地として長らくこの名が記された。リヨンは中世から毎年大市が開かれる都市として広く知られ、商業や手工業が発達した。リヨンの市街地はソーヌ川西岸から、ソーヌ川とローヌ川にはさまれた細長い半島地区(la Presqu'île)に拡大し、さらに近代にはローヌ川の東岸に広がっていった。現在もリヨンの中心地は半島地区にあり、ソーヌ川西岸は「古いリヨン」(Vieux Lyon)と呼ばれている。

中世末期の1473年にバルテルミー・ビュイエ(Buyer, Barthélemy, 1433頃–1483)によってリヨンに印刷業がもたらされた。彼はリヨンの裕福な商家に生まれた商人であるが、パリ大学で法学を修めた知識人でもあった。

フランスの活版印刷は、1470年にパリ大学教授フィーシェ(Fichet, Guillaume, 1433–1490)とハインリン(Heynlin, Johann, 1430頃–1496)が、スイス、ドイツ、アルザス出身の3人の印刷職人ゲーリンク(Gering, Ulrich, 1510没)、クランツ(Kranztz, Martin)、フリーブルガー(Friburger, Michael)を招聘して、パリ大学ソルボンヌ学寮にフランス最初の活版印刷機を設置させたことから始まった。ビュイエはパリで印刷業が始まったことをつぶさに知り、リヨンに印刷術を導入しようと考え、ベルギー東部のリエージュ出身でバーゼルやケルンで印刷術を習得したギヨーム・ル・ロワ(Le Roy, Guillaume, 1493没)をリヨンに呼び寄せて、半島地区の今日シャヴァンヌ街(rue Chavanne)と呼ばれる場所に1473年にリヨン最

初の印刷所を開設した[図01]。彼らは、同年9月17日に彼らの最初の活版印刷本であるロタリオ枢機卿（Lotario, Giovanni, 1160–1216）（後の教皇インノケンティウス3世）の『教義の捷径』（*Compendium breve quinque libros continens*）を刊行した。そのことが［図01］のプレートに記されている。彼らは、聖書、ウォラギネ（Voragine, Jacobus）『黄金伝説』（*Legenda aurea*）、ロデリクス・ザモレンシス（Rodericus Zamoresis）『人間生涯の鏡』（*Speculum vitae humanae*）、マンデヴィル（Mandeville, Jean de）『旅行記』（*Itinerarius*）など15書ほどのラテン語版やフランス語版を刊行した。中でも1476年刊『黄金伝説』のフランス語版は最初のフランス語印刷本として知られている。ビュイエが1483年に亡くなると、ビュイエの後継者が遺言に従って、印刷業者の教会となっていた聖ニジエ聖堂（St. Nizier）[図02]内に礼拝堂を寄進して、ビュイエを讃える碑文を建立した[図03]。共同経営者をなくしたル・ロワは自身の住居を「古いリヨン」のサン・ジャン街に移して1493年まで印刷業を続けた。

HALLES DE LA GRENETTE
Du XVIIIe au XIXe siècle de nombreux imprimeurs ont occupé cet ancien grenier à grains :
AIMÉ DE LA ROCHE.
BALLANCHE & BARRET.
MOUGIN-RUSAND.
DURAND...

［図04］マティアス・フスの印刷所があった場所を示すプレート（ペシェリー河岸通り9番地）

［図05］15世紀の印刷所の内部を描いた『死者の舞踏』（*La grant danse macable*, Lyon: Mathias Huss, 1499）

15世紀のリヨンの印刷業者の中でも特徴的な木版挿絵本を出版したドイツ出身のマティアス・フス（Huss, Mathiasあるいは Husz, Mathieu, 1507没）はビュイエの印刷所の西側のローヌ川に面した通り（現・ペシェリー海岸通り）に印刷所を開いた。彼は1499（あるいは1500）年に木版挿絵本『死者の舞踏』（*La Grant danse macabre des hommes et des femmes*）を印刷した。そのことが彼を顕彰するプレートに記されている[図04]。本書は15世紀の印刷所の中で踊る死者たちを描いたユーモラスな挿絵で有名である[図05]。今日世界各地の印刷博物館で復元展示されている15世紀の印刷機はほとんどがこの絵に基づいている。

［図06］昼下がりのメルシエル街（いずれも筆者撮影）

リヨンにはフランスばかりでなくドイツやイタリアから書籍販売業者や印刷職人が集まり、ビュイエの印刷所から南に伸びる商人町メルシエル街（rue Mercière）[図06]に軒を並べて、フランス語書を中心にして活発な出版活動を行った。15世紀末までにリヨンは出版点数では、ヴェネツィア、パリ、ローマ、ケルンに次ぐヨーロッパ第5の印刷都市に成長した。

リヨン印刷出版業の黄金時代

リヨンは16世紀にはパリ、ヴェネツィアに次ぐヨーロッパ第3の印刷出版都市として発展し[図07]、リヨンは印刷出版業の黄金時代を迎えた。

16世紀のリヨンで盛んに出版された本は、聖書、キリスト教書、法学書、ギリシア・ローマ古典、人文主義書、医学書である。出版点数は16世紀初めから増加を続けて1540年から1550年代にピークを迎え、1560年代から世紀末に向かって勢いを失っていった（後述）[図08]。本文の言語では、ラテン語が13,779版、フランス語は7,182版、イタリア語が361版であり、ラテン語がまだ優勢であった。ちなみに、パリでは16世紀後半にフランス語書が増加し、1600年までにフランス語書がラテン語書を上回っている。

16世紀印刷本のデータベースUSTCによると、リヨンで多くの版が出版された著者は、古代ローマの哲学者キケロ（Cicero, Marcus Tullius, 前106–43）が512版、東ローマ皇帝ユスティニアヌス1世（Justinianus I, 在位527–565）（ローマ法学書の統一著者名）が463版、人文主義者エラスムス（Erasmus, Desiderius, 1466–1536）が460版、古代ギリシアの哲学者アリストテレス（Aristoteles, 前384–322）が385版、ローマ法学者バルトルス・デ・サクソフェラート（Bartolus de Saxoferrato, 1313–1357）が348版、やはりローマ法学者ニッコロ・テデスキ（Tedeschi, Niccolò, 1386–1445）が291版、古代ギリシアの医学を集成したガレノス（Galenus, Claudius, 129頃–216頃）が228版、中世の神学者トマス・アクイナス（Thomas Aquinas, 1225–1274）が213版と続く。これらの書物のほとんどがラテン語書であることから、16世紀のリヨンではまだラテン語が優勢であったことが裏付けられる。

これらの著者は、エラスムス以外はすべて15世紀以前の人物である。16世紀の著者を探すと、ローマ法学者であり人文主義者であったイタリア人のアルチアート（Alciato, Andrea, 1492–1550）と、パリの学匠印刷家ジョス・バード（Bade, Josse, or Jodocus Badius Ascensius, 1462頃–1535）がともに187版と顕著である。ちなみに、バードはブリュッセル近郊の生まれで、上述のフスの印刷所で古代ローマ喜劇作家テレンティウス（Terentius Afer, Publius, 前159没）の喜劇集を編集して古典学者として知られるようになった学者である。その後、パリへ出て自ら印刷所を開設して人文主義書を専門に印刷出版した。続いてローマ法学者ジャン・グラーディ（Gradi, Jean）が159版、フランスの詩人クレマン・マロ（Marot, Clément, 1496–1544）が141版である。リヨンで医師として活躍し、『パンタグリュエル物語』と『ガルガンチュア物語』を著したフランソワ・ラブレー（Rabelais, François, 1491–1553）の著作も84版出版されている。また、リヨンの市医であり人文主義者として名声を博したシンフォリアン・シャンピエ（Champier, Symphorien, 1471–1539）も79版出版された。

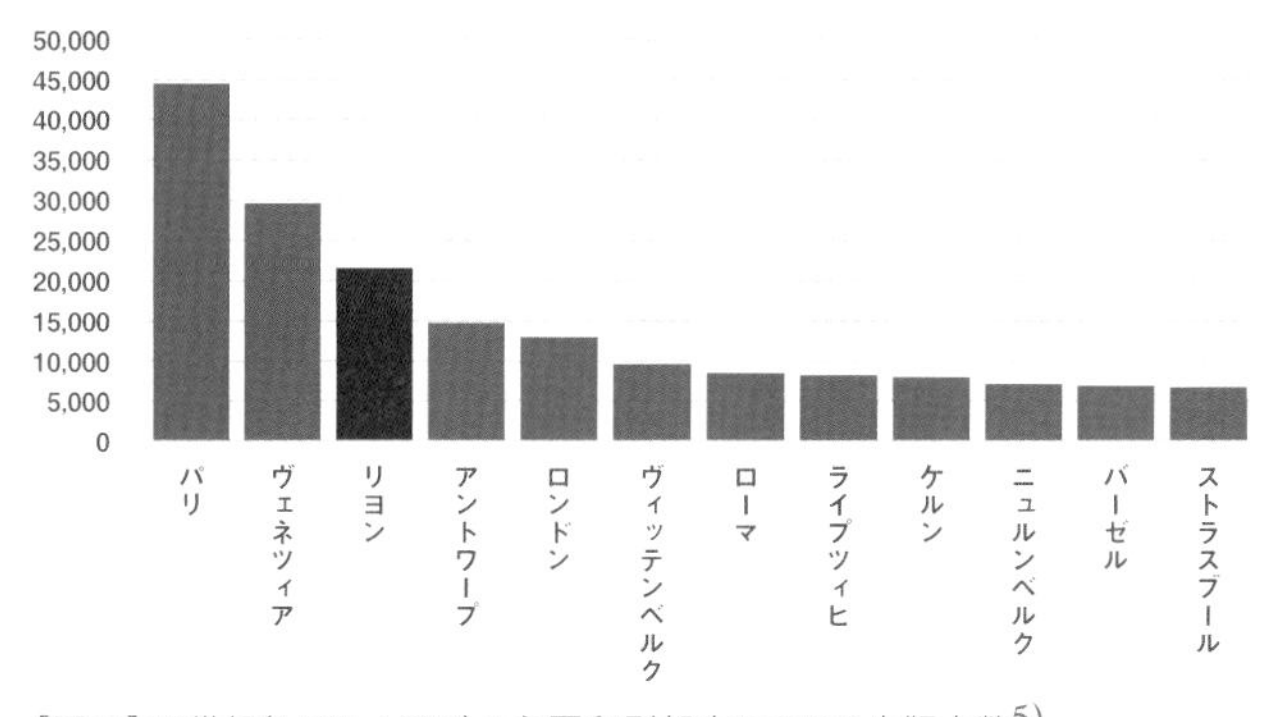

[図07] 16世紀(1501–1600)の主要印刷都市における出版点数[5)]

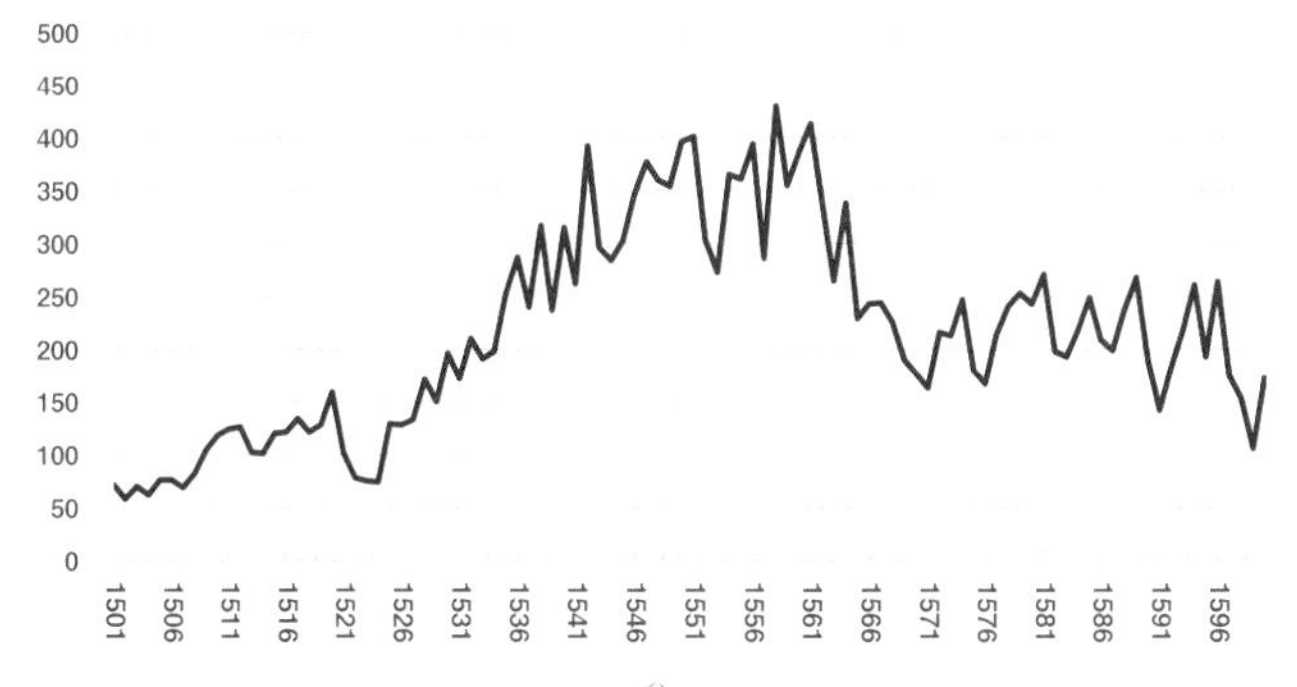

[図08] 16世紀リヨンの出版点数の変化[6)]

16世紀前半の印刷業者

リヨンの印刷出版業の黄金時代を支えた印刷出版業者について述べてみよう。幸いリヨンの16世紀の印刷出版業者の書誌がギュルトリンゲン（Gültlingen, Sybille von）によってまとめられている[7)]。ギュルトリンゲンの書

誌には16世紀の印刷出版業者274名が活動した年代順に収録されている。

ギュルトリンゲンが収録したリヨンの印刷業者の中で、特に活発な印刷出版活動を行った人物としては、16世紀前半ではセバスチアン・グリフ（Gryphe, Sébastien, 1493–1556）が筆頭である。ギュルトリンゲンは彼の刊行書を年代順に1,375版収録している[8]。グリフはドイツのロイトリンゲンで印刷所を経営していたミハエル・グライフ（Greyff, Michael）の息子であり、ヴェネツィアの印刷所で働いた後にリヨンに至り、1524年に印刷所を開いた。はじめは書籍商仲間（la Compagnie des libraires）の仕事を請け負って法学書の印刷を行った。彼の印刷所は現在のトマサン街（rue Thomassin）とメルシエル街が交差するあたりにあったようで、そこに記念プレートが掲示されている［図09］。

「リヨンの書籍商の帝王。ドイツ出身で精力的な印刷業者（ラブレー、アルチアート、ドレ等［を刊行］）、彼はフランスにイタリック体を導入した。」と記されている。

グリフは1528年に人文主義書を主に印刷出版する業者として独立して、自分の名前から取った「グリフィン」を表現した商標を掲げた。グリフィンは、古代の神話に登場する黄金を守る怪獣で、しばしば前半身がワシで後半身がライオンの姿で表現されて、知性と力を象徴すると考えられていた。彼が最初に手掛けた仕事は当代随一の人文主義者エラスムスの著作を出版することであった。グリフは1530年までの短期間にエラスムスの既刊書のほとんどを印刷して、一躍リヨンにおけるエラスムスの出版人となった。グリフが印刷出版した本の中では人文主義者の著作とギリシア・ローマ古典が最も特徴的である。エラスムスの著作が128版、アルチアートが34版、ヤコポ・サドレート（Sadoleto, Jacopo, 1477–1547）が21版、メランヒトン（Melanchthon, Philipp, 1497–1560）が20版、ロレンツォ・ヴァッラ（Valla, Lorenzo, 1407–57）が18版、アンジェロ・ポリツィアーノ（Poliziano, Angelo, 1454–94）が13版である。フランスの人文主義者では、ジャン・ティクシエ（Tixier de Ravisi, Jean, 1480–1524）が10版、ギヨーム・ビュデ（Budé, Guillaume, 1468–1540）が9版である。同時代にリヨンで活躍した人文主義者であるエチエンヌ・ドレ（Dolet, Etienne, 1509–1546）の著作も7版刊行したが、フランソワ・ラブレーは1版にとどまった。グリフが次に熱心に取り組んだ分野がギリシア・ローマ古典である。ローマ古典では哲学者キケロが115版、詩人オウィディウス（Ovidius Naso, Publius, 前43–後17/18）が40版、喜劇作家テレンティウスが28版、詩人ホラティウス（Quintus Horatius, Flaccus, 前65–8）と歴史家サルスティウス（Sallustius Crispus, Caius, 前86–35）がともに14版等である。ギリシア古典ではアリストテレスが13版、アイソポス（イソップ）（Aesopus）が11版、プルタルコス（Plutarchus）が9版であった。

グリフはエラスムスの著作を出版の際にバーゼルからイタリック体活字を購入し、バーゼルで盛んにおこなわれていたページ付け印刷や、タイトルページに出版者、出版地、出版年等を印刷する方法を逸早くリヨンに導入して、奥付を廃止していった。このようなタイトルページの改良とページ付け、奥付の廃止は西洋の近代的書物形態の原形ともいうべきもので、17世紀以降一般的になっていく近代的書物の姿がまさにここで誕生していたと言えよう。グリフは人文主義印刷家として成功して、1556年までリヨンの印刷出版業界をリードした。

［図09］セバスチアン・グリフの印刷所があった場所を示す記念プレート（筆者撮影）

16世紀中葉の印刷業者

16世紀中葉のリヨンの印刷出版はジャン・ド・トゥルヌ1世（Tournes, Jean I de, 1504–1564）の活動に代表される。トゥルヌはリヨンの金属細工師の息子で、トレクゼル（Trechsel, Melchior et Gaspar, 1490–1570）の印刷所で修業した後、グリフの許で人文主義者エチエンヌ・ドレとともにしばらく働いた。ようやく1542年にグリフの印刷所の近くに自身の工房を開いた。彼は娘婿のギヨーム・ガゾー（Gazeau, Guillaume, 1562没）と共同で出版を行い、印刷出版業者として成功すると、1550年に当時のレザン街（rue Raisin、現在のジャン・ド・トゥルヌ街）の一角に印刷所を移して［図10］、永遠を象徴する2匹の蛇が環状に絡みあった図像を商標に掲げた。そして、1559年には「王の印刷家」に任命されたが、1564年のペストの流行によりパリで客死した。

ギュルトリンゲンによれば、ジャン・ド・トゥルヌ1世は24年間の印刷出版期間に550版を刊行した。フランス語とラテン語の書物がほとんどで、聖書、キリスト教書、詩集、古典、医学書、聖書等を主に出版した。彼は、パリの活字制作者クロード・ギャラモン（Garamond, Claude, 1499–1561）のローマン体や、ヨーロッパ各地で活字をデザインしたロベール・グランジョン（Granjon, Robert, 1513–1589/90）のイタリック体やシヴィリテ体等の優れた活字を使用し、タイトルページには木版の額縁状の四辺縁飾り（ボーダー）を用いて装飾を施した。また、リヨン生まれの画家ベルナール・サロモン（Salomon, Bernard, 1506?–1561頃）の版画を挿入してエレガントな挿絵本を出版した。1545年刊行のイタリア語版『ペトラルカ詩集』（*Il Petrrca*）、1547年刊行の王女マルグリート・ド・ナヴァール（Marguerite d'Angoulême, reine de Navarre, 1492–1549）の2巻本詩集『王女マルグリートの真珠』（*Marguerites de la Marguerite des princesses, tres illustre royne de Navarre*）、1548年のアルチアート『エンブレム集』（*Les Emblemes de M. André Alciat*）、1551年版『イソップ物語』（*Aesopi Phrygis fabulae*）、1553–54年に刊行したフランス語聖書、1557年刊行のオウィディウス『変身譚』（*La Metamorphose d'Ovide figurée*）等の挿絵本がよく知られている。特に、『変身譚』はその後の一連の挿絵本『変身譚』の基になった[9)]。

トゥルヌはカトリックよりもプロテスタントに傾倒して、1551年にオリベタン（Olivétan, Pierre Robert, 1538没）訳フランス語聖書を出版した。これがプロテスタントの公式フランス語聖書になったものである。彼の急死後、息子のジャン2世が印刷所を相続し、プロテスタントを擁護する出版を行ったことから、1582年にジュネーヴに亡命して印刷所を再興した。彼の出版社は子孫によって18世紀末まで経営された。

なお、トゥルヌとともにグリフの印刷所で仕事をしたエチエンヌ・ドレはパリ、パドヴァでキケロの修辞学を学んで人文主義者となり、グリフに著作を出版してもらい、グリフの印刷所で校正係を務めた後の1538年に印刷所をメルシエル街58番地に開いた学匠印刷家である。彼は自身の著作ばかりでなく、聖書、ガレノス、エラスムス、低地諸地方の人文主義者ムルメリウス（Mulmelius, Johannes, 1480頃–1517）等の著作95版を6年の間に刊行した。彼は無神論者の廉で告発され、扇動的な文書を印刷したとして逮捕されてパリで火刑に処せられた。彼の印刷所跡を示すプレートには彼の商標である「黄金の手斧」が描かれ、「火刑台で死を遂げた『思想の独立の殉教者』」というリヨン市長エドュアール・エ

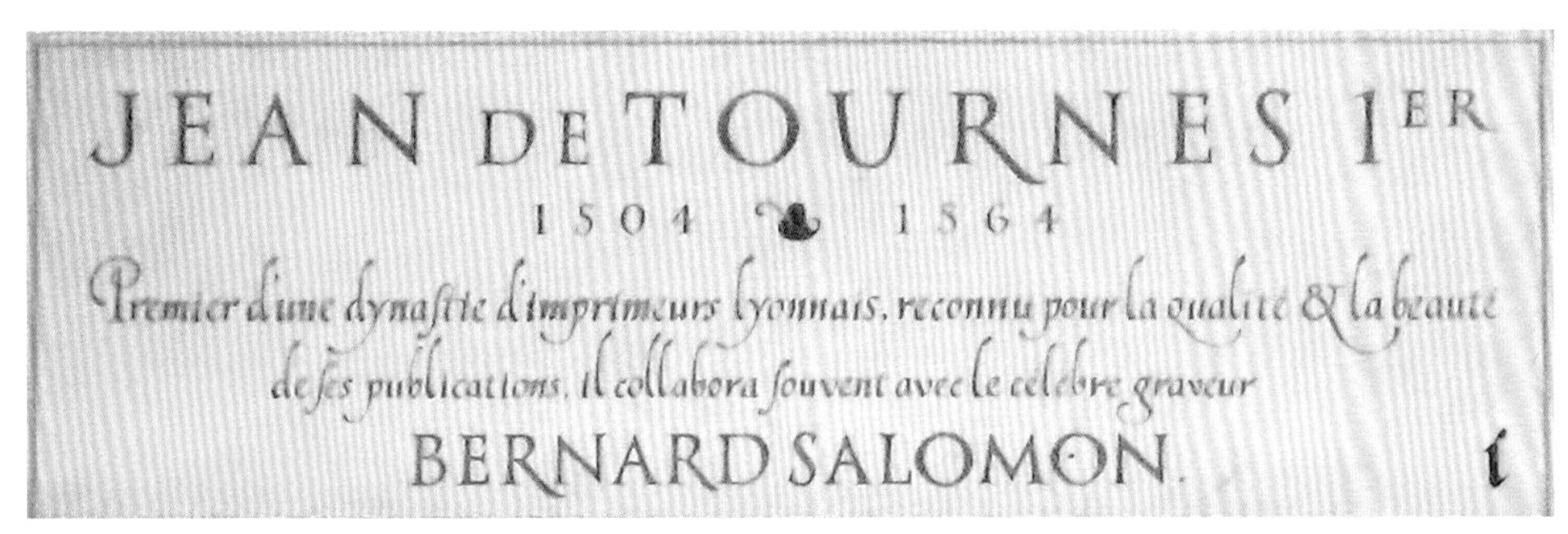

［図10］ジャン・ド・トゥルヌの印刷所があった場所に掲示された記念プレート（ジャン・ド・トゥルネ街7番地）（筆者撮影）

［図11］エチエンヌ・ドレの印刷所を示す記念プレート（メルシエル街56番地）（筆者撮影）

リオ（Herriot, Edouard, 1872–1957）の言葉が記されている［図11］。

ドレが処刑された1546年には彼の印刷所の北側の54番地にヴェネツィアで書籍販売の修業をしてきたギヨーム・ルイエ（Rouillé, Guillaume, 1518–1589）が書店を開いた。彼は「ヴェネツィアの紋章」（l'Ecu de Venise）を掲げてフランス語、イタリア語、スペイン語の俗語本を主に出版・販売した。そして、トゥルヌとは逆にカトリック側について対抗宗教改革のパンフレット等を発行した[10]。ドレの印刷所やルイエの書店があった場所には、印刷業者が軒を連ねた横丁があり、多くの業者で賑わった。今では「印刷業者のパッサージュ」（Le Passage des Imprimeurs）と名付けられて、「リヨンの記憶」（Mémoire de Lyon）のプレートが設置されている［図12］。横丁は人がかろうじてすれ違うことができるような狭い路地で、現在はエスニック・レストランが軒を並べている。

16世紀後半の印刷業者

16世紀後半のリヨンで最も精力的に印刷出版を行ったのはベヌワ・リゴー（Rigaud, Benoît, 1597没）である。ギュルトリンゲンによればリゴーは1555年から97年の約40年間で1,525版を出版しており、16世紀リヨンの印刷業者の中で最も多い出版点数である[11]。リゴーの出自ははっきりしないが、リヨンの出版業者ジャン・ソーグレン（Saugrain, Jean, 1515–1586）の助けを借りて1555年にグリフの印刷所から1ブロック北側の角に印刷所を開業した。彼は同業者のコルネイユ・ドゥ・セトグランジュ（Septgranges, Corneille de, 1556没）の娘を娶って、印刷ファミリーを築いていった。リゴーはフランス語書の出版を得意として、最初の10年ほどはフランス国王の書簡集や勅令、法令、命令、布告等の行政文書を大量に発行して堅実な経営を行った。彼の印刷本は、判型が16折判と8折判の小型で、数ページ、数十ページ程度の装飾もない簡素な小冊が多い。1560年代以降ミシェル・ド・ノストラダムス（Nostradamus, Michel de, 1503–1566）の『予言書』（*Les propheties*）を23版も出版した。また、パリで人気があった詩人で翻訳家のフランソワ・ド・ベルフォーレ（Belleforest, François de, 1530–83）の作品を手掛けた。ベルフォーレは、イタリアの修道士マッテオ・バンデッロ（Bandello, Matteo, 1485頃–1561）の物語集『ノ

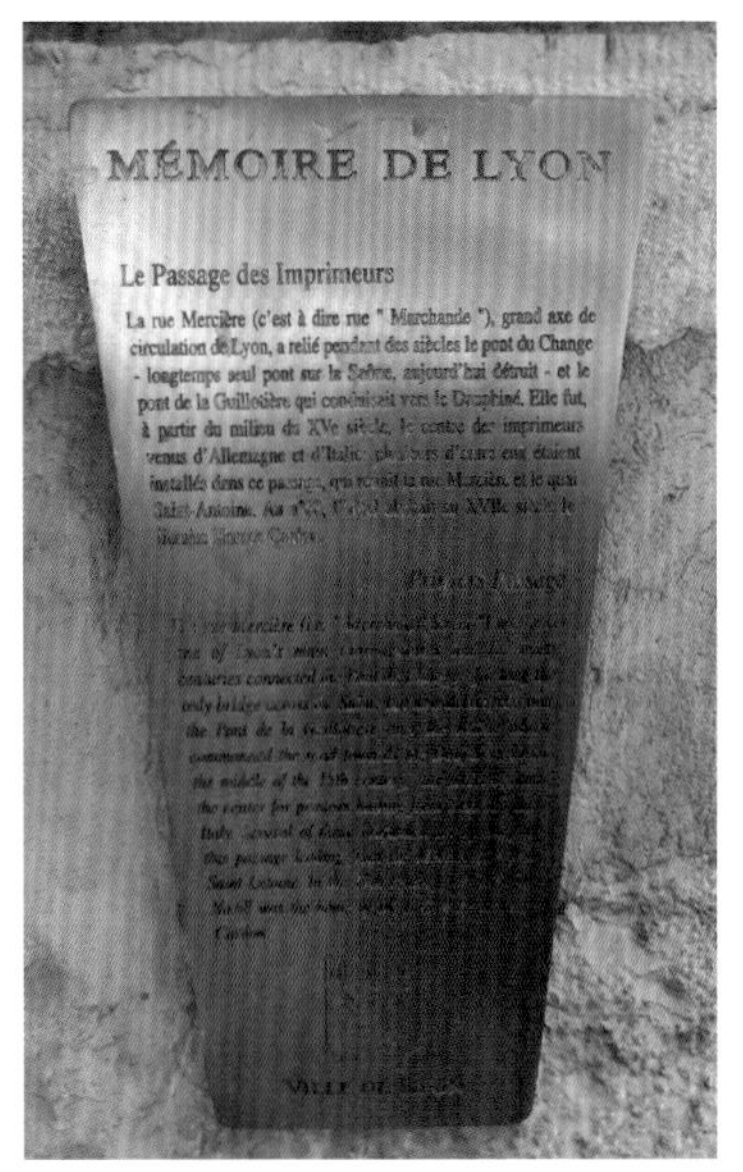

［図12］「印刷業者のパッサージュ」と「リヨンの記憶」のプレート（筆者撮影）

ヴェッレ』（*Novelle*）をフランス語に翻訳して1559年にパリで『悲劇集』（*Histoires tragiques*）として刊行して人気を博した。本書はシェークスピア作品の源泉になった物語がいくつも含まれていることで知られている。リヨンでもこの『悲劇集』は1561年に刊行されていた。リゴーは1576年になってようやく刊行したが、売れ行きが良かったのかその後12版も版を重ねた。リゴーは、神聖ローマ皇帝カール5世（Karl V, 在位1519–56）の年代記作家となったスペイン人アントニオ・デ・ゲバラ（Guevara, Antonio de, 1480–1545）の作品のフランス語訳や、リヨンで活躍した法律家で詩人のフィリベール・ブニョン（Bugnyon, Philibert, 1530–90頃没）の著作も出版した。また、古代ギリシアのプルタルコス（Plutarchus）の『対比列伝』やアキレス・タティオス（Achilles Tatius）の小説『クリトフォンとレウシップの愛』や、エラスムスやビベス（Vives, Juan Luis, 1493–1540）、パリの人文主義印刷家ロベール・エチエンヌ（Estienne, Robert, 1503–1559）の弟のシャルル・エチエンヌ（Estienne, Charles, 1504–64）等の人文主義者の著作のフランス語訳もわずかながら手掛けた。さらに、日本で布教したルイス・フロイス（Fróis, Luís, 1532–97）の『日本通信』（*Lettres du Jappon*）のフランス語訳を3回（1579年に1版と1580年に2版）刊行している。リゴーは16世紀リヨンの印刷出版業を代表する人物の一人であるが、現時点では彼の業績を顕彰するような記念碑は目にしていない。

16世紀リヨンの印刷出版業の黄昏

リヨンは出版点数が1560年代以降に急速に減少していった。その主な原因は、新旧両教徒間の宗教戦争とペストのエピデミックである。リヨンは旧教徒（カトリック派）と新教徒（プロテスタント派、フランスではユグノー）との宗教戦争の舞台になっていた。ローヌ川の上流に位置するジュネーヴでは当時フランス出身の宗教改革者ジャン・カルヴァン（Calvin, Jean, 1509–64）が神権政治を行い、フランスのユグノーに大きな影響を与えていた。リヨンでは、1560年からユグノーとカトリック派との闘争が激しくなり、騒乱状態が続いたが、1562年にユグノーがカトリック派を倒してリヨンを手中においた。リヨンでもジュネーヴ同様にプロテスタンティズムに則って聖堂、聖画像、聖像の破壊が行われ、カトリックの儀礼が禁止されて、カトリック派が市外に亡命していった。しかし、ユグノーの印刷業者が積極的にカルヴァンの著作等のプロテスタントの出版物を大量に印刷する暇はなかった。翌年に発布された「アンボワーズの寛容王令」で信仰の自由が認められ、カトリック派が市内に戻ってきてカトリック派が復活すると、政治的にもカトリック派が優勢になり、カトリックの信仰を強制されたユグノーが逃亡する事態となった。この時にジュネーヴに亡命したリヨンの印刷業者も少なくなかった[12]。

この時期に襲ってきたのがペストであった。ヨーロッパでは14世紀のペスト（黒死病）のパンデミックで人口が三分の一まで減少したという。その後も18世紀に至るまで十数年に一度の周期でペストが襲来して、その度に多くの犠牲者を出した。リヨンも度々ペストが蔓延して、人口の減少と産業の衰退を引き起こした。1560年代にはペストが南フランスからリヨンに到達し、さらにスイス全域に拡大して、1564年にエピデミックになった。当時カトリック圏ではペストはプロテスタントの仕業とまで言われた[13]。この時のペストが原因で亡くなったリヨンの大物印刷業者が上述のジャン・ド・トゥルヌ1世である。その他にもこの時のペストが原因で亡くなった同業者は少なくなく、リヨンの印刷出版業は大きな打撃を受けた。

ちなみに、スイスのチューリヒでもこの時ペストが猖獗（しょうけつ）を極め、市医としてペストの治療に当たっていた博物学者のコンラート・ゲスナー（Gessner, Conrad, 1516–65）が1565年12月にペストで命を落とした[14]。

その後、1572年のサン・バルテルミーの日（8月24日）にパリでユグノーを狙った大虐殺が始まり、1週間後にリヨン市内でも暴徒による虐殺が行われた。こうしてリヨンからユグノーが排除されて、リヨンはカトリックの都市としての姿を取り戻した。

なお、リヨンではその後1643年にもペストが蔓延した。ペストが去った時、リヨン市は聖母マリアに感謝の祈りを捧げて、町を見下ろすフルヴィエールの丘に聖堂を建立した。これが前述のリヨン市最大の祭典である12月8日の光の祭典の由来である。12月になるとすべての教会が「Merci Marie ありが

とうマリア」の横断幕を掲げてマリアへの感謝を表し、12月8日の夜には各家庭では明かりを消してろうそくを灯している。

現代のリヨン

リヨンの印刷出版業は16世紀を頂点として18世紀にいたるまでパリとは一味違った活動を行った。そして、20世紀にいたり、リヨンの著名な印刷家で印刷研究者のマリウス・オダン（Audin, Marius, 1872–1951）がフランス印刷術の大部な資料を刊行して、フランス印刷出版史研究の基礎を築いた。第2次大戦後もまもなく、オダンの息子で印刷家のモーリス・オダン（Audin, Maurice, 1895–1975）がリヨンの印刷出版業の機材、資料、文書を保存・展示するための博物館設立に奔走した。リヨン市も彼の努力に呼応して、メルシエル街の近くのオテル・ド・ラ・クロンヌ（Hôtel de la Couronne）という17世紀に市庁舎であった建物を提供して、1964年に印刷博物館（Musée de l'imprimerie）が開設された[図13]。博物館の資料収集にはリヨン市立図書館員であり著名な歴史学者であったアンリ＝ジャン・マルタン（Martin, Henri–Jean, 1924–2007）も尽力した。博物館は設立50周年の2014年に展示を大きく改変して、14世紀の朝鮮の金属活字印刷本、15世紀のリヨンの木版画と活版印刷本から21世紀のコンピュータによる情報伝達に至る資料を展示する博物館となり、名称も「印刷とグラフィック・コミュニケーション博物館」となっている。

また、リヨン市の都市開発の一環として、一般の建物で窓のない大きな面積の壁に壁画を描くパブリック・アートの展示がある。その一つとして上述のペシェリー河岸通りとプラティエール通りの角の建物の壁400㎡に「シテ図書館（La Bibliothèque de la Cité）」と題して、書棚からあふれる巨大な書物が描かれている[図14]。1995年から3年間を費やして1998年にリヨンで開催されたグーテンベルク生誕600年を記念する国際会議の際にお披露目された壁画である[15]。ここには164名以上のフランスの著者の本が描かれており、本の高さは2mもある。16世紀のラブレーや女流詩人ルイーズ・ラベ（Labé, Louise, 1525–1566）をはじめとして、17世紀の喜劇作家モリエール（Molière, 1622–1673）、18世紀のヴォルテール（Voltaire, 1697–1778）やルソー（Rousseau, Jean–Jacques, 1712–1778）、19世紀のスタンダール（Stendhal, 1783–1842）、20世紀のリヨン出身の作家サンテグジュペリ（Sant–Exupery, Antoine de, 1900–1944）や小説家・評論家のミシェル・ビュトール（Butor, Michel, 1926–2016）等フランス文学を代表する作家の書物のページ、装丁、背表紙等が実にリアルに立体的に表現されている。その中には1965年以降に生まれた若い現役の作家の本も少なくない。さらに、地上階にはコピー屋さん「グーテンベルク21世紀」、

［図13］リヨン印刷とグラフィック・コミュニケーション博物館正面入口（筆者撮影）

［図14］壁画「シテ図書館」（筆者撮影）

「ビブリオ・カフェ」、「シテ図書館」の3軒の店が遊び心一杯で描かれている。リヨンの印刷出版業、さらにはフランス文学の記念碑と言っても過言ではない壁画である。

リヨンは観光地ではないため、日本の旅行ガイドブックでは隅に押しやられているが、住んでみると実にユーモラスで味わいのある見学スポットがたくさんあることがわかり、リヨンの歴史と文化を体感することができる。公共交通が正常に機能している平穏なリヨンに暮らしていると、ゼネストのパリの混乱ぶりが同じ国の出来事とは信じられないほどであった。

後日談

今回のゼネストは3月初めまで断続的に続けられ、フランスの労働運動史上最長のストライキとなった。しかし、2月に中国でエピデミックに達した新型コロナウィルスがフランスにも到達して、瞬く間に感染が広がったため、政府もたまらず年金改革の凍結を発表したことでストライキは一応終息した。

ところが、駐リヨン日本領事館からeメールで毎日送られてくる新型コロナウィルスの感染情報によれば、3月6日（金）にはフランス国内の感染者は613人、死者9人であったが、8日（日）には感染者1,126人、死者19人となり、マクロン（Macron, Emmanuel Jean-Michel Frédéric）大統領がすべての学校、大学、教育機関の閉鎖をテレビで発表した12日（木）には2,876人、死者61人と急増していた。そして、フィリップ（Philippe, Édouard）首相が本日24時からすべてのレストラン、カフェ、バー、映画館、ディスコなどを閉店することを発表した14日（土）には感染者4,449人、死者91人であった。さらに、翌15日（日）15時の時点で、フランス全土で感染者が6,633人、死者148人と急増して、感染爆発が起きていた。マクロン大統領は翌16日夜8時からテレビ演説を行い、カメラから一時も視線をそらさずに「Nous sommes en guerre. 我々は戦争状態にある」と繰り返し強調して、17日（火）正午からの外出禁止令を発表した。まるで、ペストの感染拡大を見ているようで、これまで経験したことがないような恐ろしさを感じた。もうこれ以上リヨンに留まっているわけにはいかず、外出禁止令発令当日に帰国の途に就いた。

注

1) *Dictionnaire encyclopédique du livre,* t. 2, Paris: Éditiona du Cercle de la Librairie, 2005, pp. 420–426.
2) 拙稿「学匠印刷家の系譜」印刷博物館編『天文学と印刷：新たな世界像を求めて』印刷博物館、2018、pp. 016–028.
3) リヨンの印刷労働者によるストライキについてはすでに宮下志朗氏が『本の都市リヨン』(晶文社、1989年)の中で詳述している。
4) リヨンの印刷出版業の記念碑のガイドは、Poirieux, Corinne et Sheza Moledina, *Guide de Lyon, capitale de l'imprmerie dans la Presqu'île des XVIe–XVIIIe siècles,* Lyon: Éditions Lyonnaises d'Art et d'Histoire, 2015を参照。
5) これらの出版点数の算定には16世紀印刷本のデータベースであるUniversal Short title Catalogue (USTC), Verzeichnis der im deutschen Sprachbereich erschienenen Drucke des 16. Jahrhunderts (VD 16), Censimento nazionale delle edizioni italiane del XVI secolo (EDIT 16), English Short Title Catalogue (ESTC)を利用した。
6) これらの出版点数の算定にはUSTCを利用した。
7) Gültlingen, Sybille von, *Bibliographie des livres imprimés à Lyon au seizième siècle,* t. 1–15, Baden–Baden : Éditions Valentin Koerner, 1992–2019.
8) Gültlingen, Sybille von, *Bibliographie des livres imprimés à Lyon au seizième siècle,* t. 5, Baden–Baden : Éditions Valentin Koerner, 1997参照。
9) ジャン・ド・トゥルヌ1世については、Cartier, Alfred, *Bibliographie des éditions des De tournes, imprimeurs lyonnais,* Paris : Éditions des Bibliothèques nationales de France, 1937を参照。
10) *Guide de Lyon, capitale de l'imprimerie dans la Presqu'île des XVIe–XVIIIe siècles : découvrir la ville autrement,* Lyon : Éditions Lyonnaises d'Art et d'Histoire, 2015, p. 49.
11) Gültlingen, Sybille von, *Bibliographie des livres imprimés à Lyon au seizième siècle,* t. 12 : Benoît Rigaud, Baden–Baden : Éditions Valentin Koerner, 2009.
12) リヨンにおける1560年代の宗教戦争については、宮下志朗『本の都市リヨン』、pp. 345–387に詳しい。
13) モニク・リュスネ著、宮崎揚弘・工藤則光訳『ペストのフランス史』同文館、1998年、p. 91.
14) Gunnoe, Charles, Gessner's plague: the bubonic plague epidemic of 1562–1566, In Urs B. Leu, Peter Opitz (Hrsg.), *Conrad Gessner (1516–1565): die Renaissance der Wissenschaften / the Renaissance learing,* Oldenbourg: De Gruyter, 2019, pp. 295–309.
15) Font, Martine, *Le Bibliothèque de La Cité,* Lyon : Éditions Lyonnaises d'Art et d'Histoire, 1998.

英国愛書家の系譜 THE TRADITION OF ENGLISH BIBLIOPHILES 16

高宮利行

イギリス文学、書物史。慶應義塾大学名誉教授。2016–2017年度ケンブリッジ大学サンダーズ記念書誌学リーダー

女王陛下の魔術師、ジョン・ディー旧蔵のハーディング『年代記』

錬金術師、廷臣、数学者——
その複雑なパーソナリティーから、
いまなお人々を魅了するジョン・ディー。
その蔵書も研究者や好古家に絶えず注目され、
目録は今日も更新され続ける。

今回は、旧蔵本『年代記』に残された
ディー自筆の書き入れ、
綴込みなどの痕跡を仔細に検証し、
その入手時期や来歴を整理。

そこには魔術師ディーの関心と、
当時の社会情勢の深淵な文脈が見えてくる。

今なおジョン・ディーへの関心は高い

いまさらJohn Dee (1527–1608)［図01］でもあるまい、もう語りつくされたのだから、という読者もいるかもしれない。確かに、エリザベス時代の錬金術師、占星術師、数学者、女王の政治顧問、といった多くの顔をもつディーについては、1970年代のヴァールブルク派のフランセス・イェイツ(Frances Yates)がルネサンス期のネオプラトニズム研究を背景に多数の著作でディーを取り上げて一世を風靡した。しかしこれらは出版当時から毀誉褒貶が激しく、80年代半ば以降は急速に学界の支持を失った。それでも、マイケル・スコット(橋本恵訳)『アルケミスト(4)死霊術師ジョン・ディー』(理論社、2011)や横山茂雄の『神の聖なる天使たち——ジョン・ディーの精霊召喚1581–1607』(研究社、2016)などは古書市場で高値を呼んでいる。これとは違うが、イェール大学バイネッケ稀覯書図書館で閲覧希望が絶えないヴォイニッチ写本(Voynich Manuscript)を研究している安形麻理氏は、これをディー旧蔵本とする説を一蹴している(「科学は贋作を判定できるか——ヴォイニッチ写本をめぐる調査を例として」『書物学』第14号(2018)、pp. 34–41を参照されたい)。

［図01］ジョン・ディーの肖像画(wikimedia commons)

ディー蔵書の再構築

一方、ディーが構築した膨大な蔵書を細部まで検討する試みも行われてきた。1990年、ロンドンの書誌学会はJulian Roberts & Andrew G. Watson, eds., *John Dee's Library Catalogue*を出版した[図02]。Trinity College, Cambridgeが所蔵するディーの直筆写本（MS O.4.2）を原寸大のファクシミリとして再現したものである。ディー自身が中世写本と印刷本のリストを作成したもので、二人の編者はその内容を吟味して、克明な序文や便利な索引を加えた。19世紀半ばのJ. O. Halliwell、20世紀前半のM.R. Jamesによる写本リストの作成という貧弱な試みを一蹴する成果となった。この公開によって、更なる現存本が次々と明るみに出たため、書誌学会は改訂再版を試みたが、経費の高騰で実現は敵わず、2009年11月には学会のホームページに追補版を掲載した。その間に出版されたディーに関する研究書にも言及している。追補版に漏れた訂正や追加情報については、Henry Woudhuysen教授（Rector, Lincoln College, Oxford）らがリストを作成しており、次の機会に追加されるであろう。

1583年に作成された蔵書目録は、大陸に出立する前に準備されたものである。彼の留守中、蔵書自体は勝手に持ち出されたり、盗難に遭ったりしたものもあった。また、この目録に漏れた種類の書物、例えば信心の書や聖書、祈祷書の類もあっただろうと推察される。

この目録を一覧する限り、蔵書はラテン語の著作が圧倒的に多く、それに比較してギリシャ語の古典や母国語であるはずのウェールズ語の書物は少ない。また、英国人の著作や世俗的な作品は散見されるに過ぎない。チョーサーと特記された書物が2写本（DM71, DM122）あるが、ともに『天球観測儀』（*On the Astrolabe*）の使用法を英語で説いた科学論文である。ヒグデンの『万国史』（Ranulph Higden, *Polychronicon*）の2写本も英語訳ではなく、ラテン語原典である。編者によれば、ディーはこの作品の写本を4つ所有していたことになる。

ジョン・ディー旧蔵
ハーディング『年代記』の来歴

その中で、編者が1686番[図03]と分類した印刷本、'Joh. Harding's Chronicle 4o. London. 1543'は、1685番の'Arnold's Chronicle, Fo'（STC 782 or 783）とともに英語作品として注目に値する。前者はOxford DNBに「年代記作家でスパイ」と烙印を押された英国人John Hardyng（1378–1465）による英語年代記の第2版（STC 12766.7）である。標題紙の右上余白には'Joannes Dee. 1574.'と、購入年とともにラテン語で自署している[図04]。彼の署名はケンブリッジの学生時代以来、時期によって変化するが、これが真筆であることに疑いはない。手書き目録の該当する欄外には'Mr Jak restored'との書き込みがあるが、これはディーの帰国を知った知り合いThomas Jackが持ち去っていた本書を返した、という意味だと推察される。ちなみにこれに類した表現は目録の余白に少なからず見られる。

現本中にはディーの筆跡で下線、傍線、書き込み（annotations）が見られる。それらの多くは一般的なものであるが、「ブリテンの歴史」'British history'や

JOHN DEE'S
LIBRARY
CATALOGUE

EDITED BY
JULIAN ROBERTS & ANDREW G. WATSON

LONDON
THE BIBLIOGRAPHICAL SOCIETY
1990

［図02］『ジョン・ディーの蔵書目録』標題紙

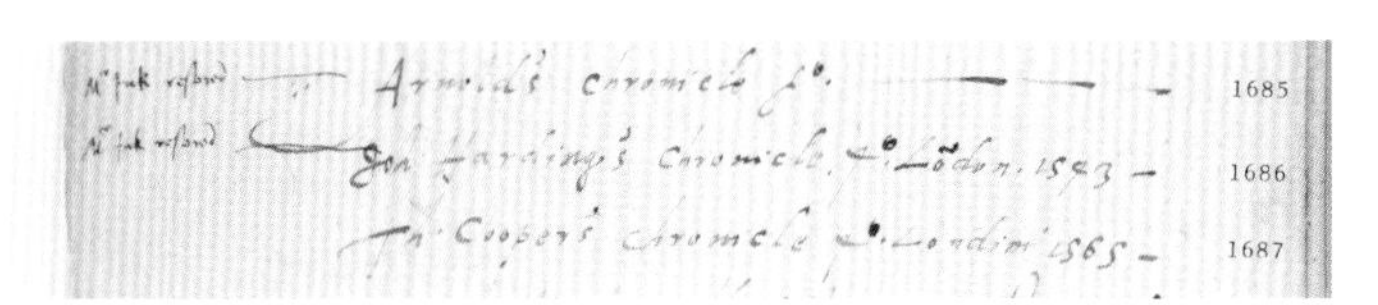

［図03］ディー蔵書目録1686番

ディーの「帝国主義」への関心と考えられる表現がある。

さて、本書の標題紙の下部と『続編』のTt 2葉(fol. 146r)には、16世紀と考えられる筆跡で、Willm Ottye(ウィリアム・オッティ)の署名がある[図05/06]。かなり珍しい姓ということもあって、彼の正体に迫ることができる。ヨーク大学の中英語古書体学の権威、リン・ムーニー名誉教授(Linne Mooney, Professor Emerita of Middle English Palaeography, University of York)の見解では、この時期の同一人の筆跡が自署であってもいかに多様性をもつかの好例で、Ottyeの複数の署名も同一人によるものであることは疑いないと鑑定した(2017年2月19日のメール)。

ハーバード大学ホートン稀覯書図書館(Harvard University, Houghton Library)が所蔵するボッカチオの『英雄の没落』(Boccaccio, *De Casibus Virorum Illustrium*)のジョン・リドゲイト(John Lydgate)による英訳初版(*The Fall of Princes*, London: Richard Pynson, 27 January 1494, STC 3175)は、ロンドンの製本師によって装丁された。製本師が製本を強化するために用いた紙片には、1499年ごろにピンソンが発行した、記録されたことのない教皇勅書(papal bull)の跡が1ヶ所どころか2ヶ所に残っている。後に、印刷業者のインク汚れと取り違えたためにその重要性に気づかなかった現本の初期所有者は、シートの印刷されていない面をメモ書きに利用して、「ロンドン市内のウィリアム・オッティ」'William Ottye, in the City of London'と書き込んだ。この姓名は16世紀の資料に多く現れる。ナショナル・アーカイヴには、施物分配士代理ウィリアム・オッティなる人物が、「慣習法で認められる救済もない」(without remeady at the common law)としてメアリー女王の大法官庁裁判所(Marian Chancery)に訴え出たケースが記録されているし、『ニューゲイトのクライスト教会の死亡登録1538–1754』(*Registers of Christ Church, Newgate*, 1538 to 1754)には二人の兄弟の埋葬記録が残る。一人は1575年7月17日に埋葬されたThomas Ottye、もう一人が2週間後の7月30日に埋葬されたWilliam だった。この事実から判断すると、ディー

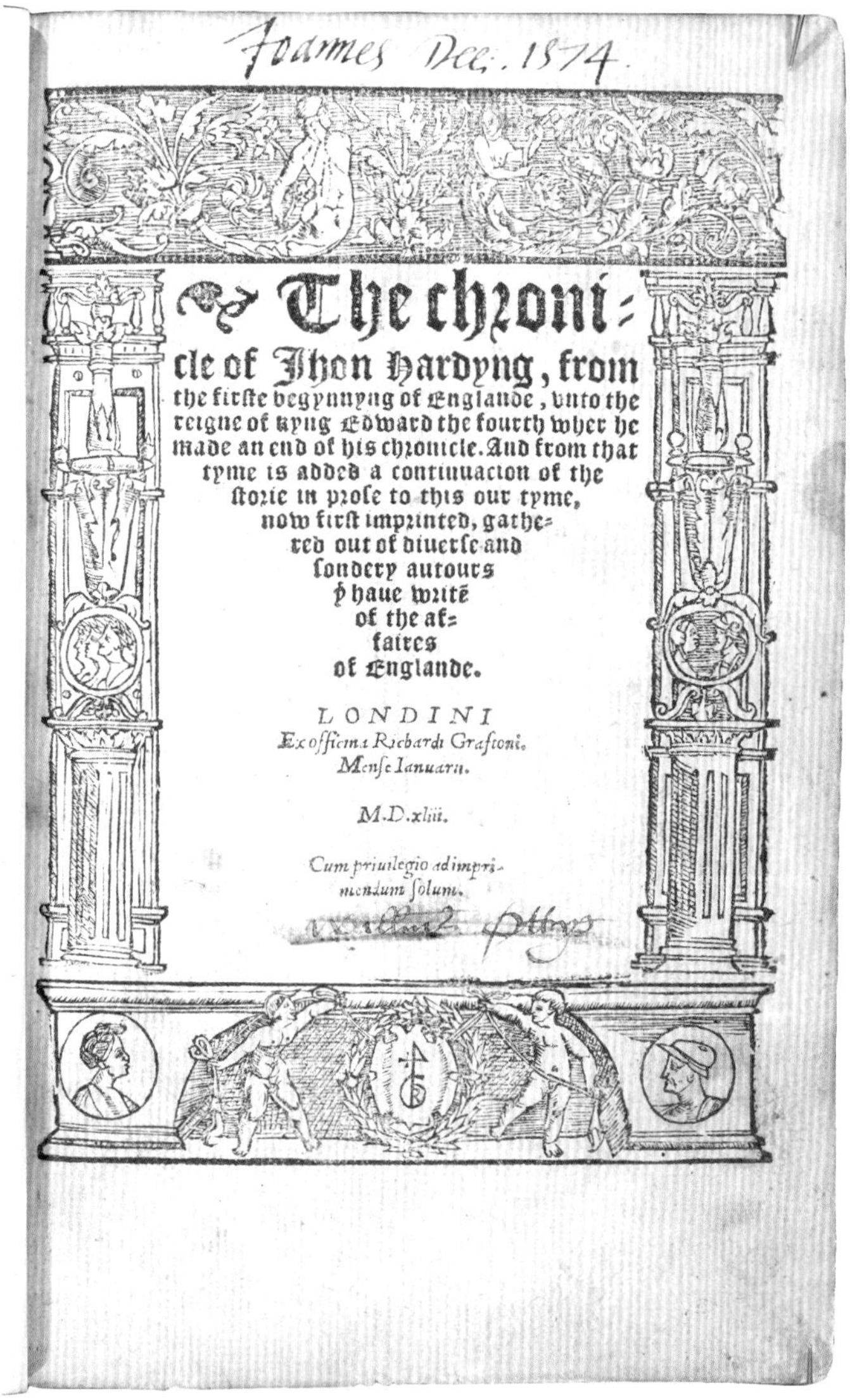
The chronicle of Jhon Hardyng, from the firste begynnyng of Englande, unto the reigne of kyng Edward the fourth wher he made an end of his chronicle. And from that tyme is added a continuacion of the storie in prose to this our tyme, now first imprinted, gathered out of diuerse and sondery autours ŷ haue write of the affaires of Englande.

LONDINI
Ex officina Richardi Graftoni.
Mense Ianuarii.
M.D.xliii.
Cum priuilegio ad imprimendum solum.

[図04]ディーの所有銘
[図05]標題紙下部に見られるWillm Ottyeの所有銘。ディーによって削除されたか?

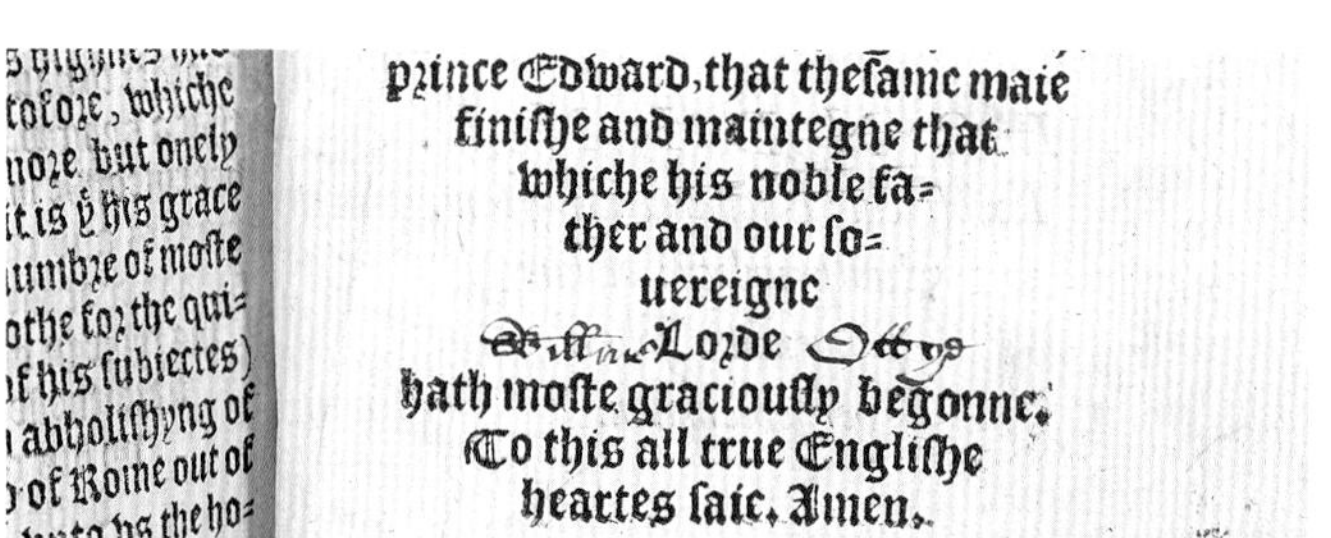
prince Edward, that the same maie finishe and maintegne that whiche his noble father and our souereigne Lorde hath moste graciously begonne. To this all true Englishe heartes saie, Amen.

[図06]『年代記』続編のf.146rにあるWillm Ottyeの署名

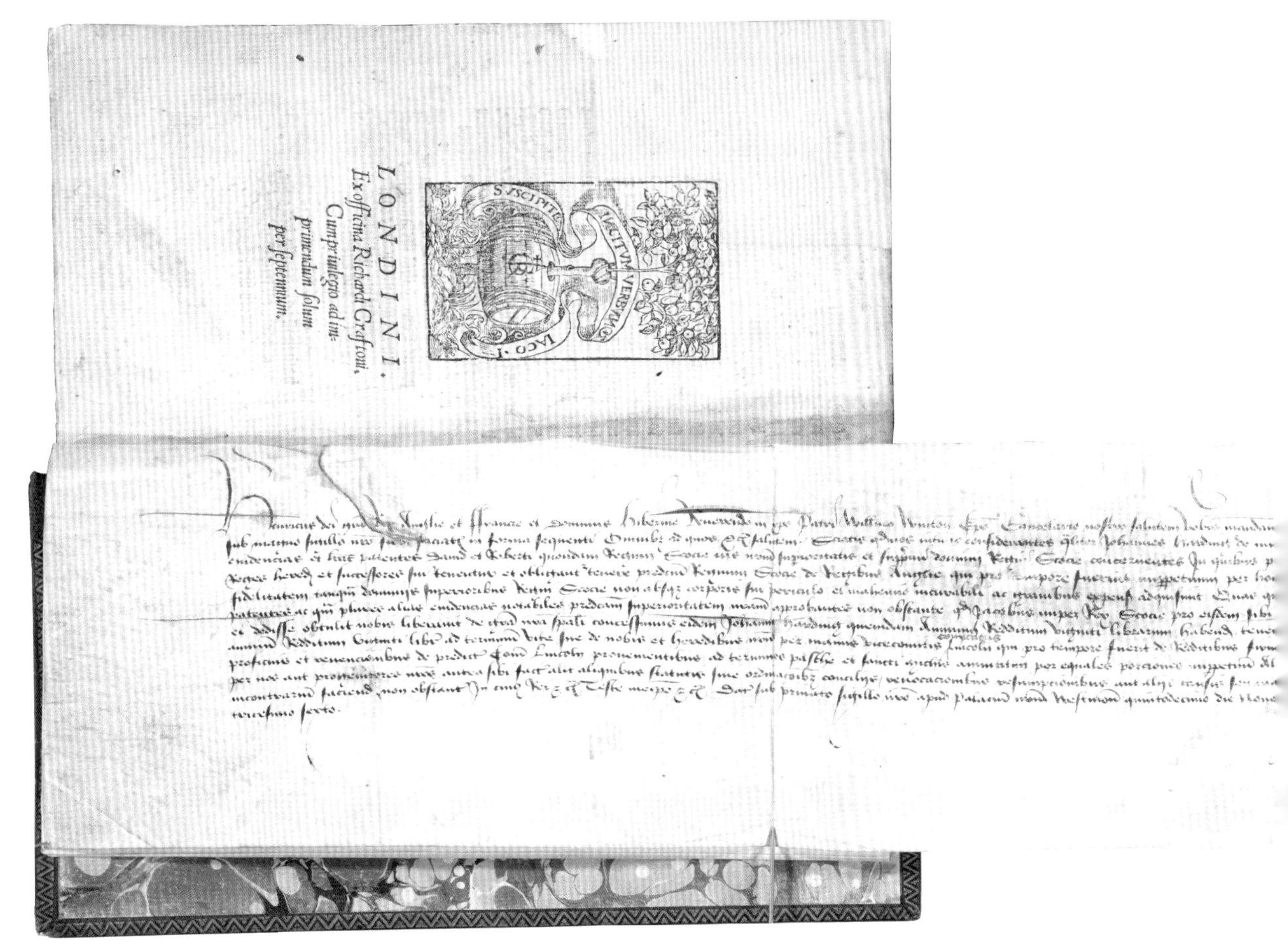

［図07］現本に綴じ込まれた王爾命令書

がウィリアム・オッティの死の前年、つまり1574年にロンドンで売却された彼の蔵書から、ハーディング『年代記』を入手した可能性が高い。

1812年にHardyng's *Chronicle*を編集したSir Henry Ellisによれば、18世紀後半現本は好古家協会フェローで王立協会会長だったジェームズ・ウェスト(James West, FSA, PRS, 1703–1772)が所蔵していたという。ウェストは1770年3月15日、好古家協会の例会で「ジョン・ハーディングに関することと、彼がスコットランドから持ち帰った文書について」'Particulars Relating to John Hardyng, and the Records he recovered from Scotland' を発表し、その内容は彼の死後、機関誌*Archaeologia*, 2nd ed., vol. 1 (1779), pp. 87–90に掲載された(ネットで閲覧可能)。ウェストはこの中で、ヘンリー6世の治世36年目の日付をもつ王爾命令書(Writ of Privy Seal)[図07]で、ウィンチェスター司教で最高司法官となるウィリアム・ウェインフリート(William Wainflete, c. 1398–1486)に、ハーディングに対して20ポンドの生涯年金を付与するよう、国璽の元に勅許状を作らせる命令を出したヴェラム文書を紹介している。この文書の画像を仔細に検討したハーディングの研究者セーラ・ペヴァリー教授(Sarah Peverley, University of Liverpool)は、これがハーディングによる偽造文書ではなく、真正であることを確認した(2017年3月30日のメール)。おそらくこの種の文書写本を多く所蔵していたディーが、この文書を入手してハーディング『年代記』の末尾に綴じ込んだと考えられる。

現本は1773年3月29日に始まったウェスト蔵書の売り立てで、ロット3816番として競売された。この競売に関してセイモー・ド・リッチ(Seymour de Ricci)は、ケンブリッジ大学サンダーズ記念書誌学講座『印刷本と写本の英国人収集家たち(1530–1930)とその所有銘』(*English Collectors of Books and Manuscripts (1530–1930) and Their Marks of Ownership*)(Cambridge University Press, 1921)において、総額3,000ポンドに達

した売上額は今日では驚くほど低いと思われるが、当時のホレス・ウォルポール(Horace Walpole)などは「法外な額」(outrageous)と非難したことを伝えている。ハーディングを£1–18–0で落札したのはジョージ・メイソン(George Mason, 1735–1806)だった。『トマス・ホックリーヴ詩集』(*Poems of Thomas Hoccleve*, 1796)の編者としても知られた大収集家メイソンの蔵書の競売は、1798–99年に4回に分けて行われ、第3回のロット466番は「ハーディング年代記(英詩)。ヘンリー6世からハーディングに宛てたオリジナルのヴェラム勅許状付き」(Hardyng's Chronicle (in verse). With an original grant (on vellum) from Henry VI to Hardyng [sic])と記述されていた。

これを名著『ビブリオマニア』(*Bibliomania*, 1811)で紹介したトマス・フログナル・ディブディン(Thomas Frognall Dibdin, 1776–1847)は、更に「ウェスト旧蔵だったこの美しい本は、今やジョージ・ヒバート氏のコレクションにある」'This beautiful copy, formerly West's, is now in the collection of George Hibbert Esq.' (p. 562)と付け加えた。西インドの商人で、古書収集家だったヒバート(1757–1837)は、後に国会議員となった。ヘンリー・エリスはハーディング『年代記』の1812年版で、ヒバート本に触れている。ロンドンの南、クラッパム(Clapham、漱石も住んでいた)にグーテンベルク聖書を含む重要な蔵書を構築したヒバートは、ロンドンを去る1829年に処分した。売上総額は23,000ポンドに達した。ハーディング『年代記』はこの売り立ての3724番だったが、11ギニー(1ギニーは21シリング)という高値で購入したのは、トマス・ソープ(Thomas Thorpe)古書店だった。

この後、本書は19世紀最大の古書蒐集家の一人、リチャード・ヒーバー(Richard Heber, 1757–1837)の手元にあった。「紳士たる者、本はすべからく3部所有すべし、即ち1部は見せるため、1部は読むため、1部は貸すために」'No gentleman can be without three copies of a book, one for show, one for use and one for borrower's' と豪語した伝説的な愛書家である。前述したド・リッチは、ヒーバー旧蔵本の多くは「遊び紙の右上隅にラテン語で『ヒーバー蔵書』と黒インクで押された小さく細長いスタンプで分かる」'identifiable by the small black oblong stamp BIBLIOTHECA HEBERIANA occurring in a large number of his volumes, on the right–hand upper corner of the fly–leaf' としている。因みに我が家にある『悪魔のロバート』*Robert the Deuyll* (ed. & printed by J. Herbert, 1798) の大型紙本には、このスタンプと 'B. III Rodd Feb 1819' という手書きメモが付されている[図08]。

[図08]『悪魔のロバート』(1798)の遊び紙右上に押された「ヒーバー蔵書」のスタンプ

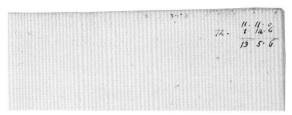
[図09]ディー＝ヒーバー旧蔵書の遊び紙に書き込まれた価格

1834–37年と続いたヒーバー蔵書の大規模な競売で、ロット968番のハーディング『年代記』が£18–5–6で落札されたことは、競売目録に書き込まれた額でも、また本書の前の遊び紙に記されたメモでも分かる[図09]。目録には「ウェストとヒバート蔵書にあった古いロシア革製本、一葉に破損あり、ヘンリー8[6]世からハーディングに宛てたヴェラムの勅許状のオリジナル付き、ジョン・ディーの直筆署名あり」'in old Russia binding from West's and Hibbert's Library, one leaf damaged. It contains the original grant from Henry VIII [VI] to Harding upon vellum, and the autograph of John Dee' の解題がある。

ヒーバーの所蔵時にはあった「古いロシア革」製本と「ヒーバー蔵書」のスタンプが押された遊び紙は、後の所有者によって捨てられ、フル・モロッコ革と金箔の新たな製本に生まれ変わった。革表紙の表に大胆に空押しされたモノグラムの紋章、つまり男爵を示す冠の下に組み合わされたBVは、初代ブルムとヴォー男爵、ヘンリー・ピーター・ブルム(Henry Peter Brougham, 1st Baron Brougham and Vaux, 1778–1868)

[図10]ブルムのモノグラムBV

を表している[図10]。エディンバラ大学を卒業したブルムはエディンバラの弁護士協会の一員となり、1805年にロンドンに落ち着くまでは『エディンバラ評論』*The Edinburgh Review*で健筆を振るった。彼は政界にも進出、1810年と1812年にはキャメルフォード(Camelford)、1812年と1829年にはサセックスのウィンチェルシー(Winchelsea in Sussex)、1830年にはネアズバラとヨーク郡(Knaresborough and the County of York)から出馬した。そしてほどなく大法官(Lord Chancellor)に就任した。彼は南フランスのカンヌに城を構えた。そこにあったと思われる図書館は子孫に残されたが、1932、1933、1939年に売却された。

しかしながら、ディー旧蔵のハーディング『年代記』は、それ以前に非公開で売却されたらしく、70年間のブルム所蔵を経て、1901年にはペルメルのJ. ピアソン商会(J. Pearson & Co. of Pall Mall)の古書目録の12番として70ギニーで売却された。製本は「古い子牛革」in old calfと記述された。購入者の第5

[図11]現本の表紙裏に貼られた第5代ローズベリー伯爵の蔵書票。ガーター勲章で囲まれている

代ローズベリー伯爵アーチボルド(Archibald, 5th Earl of Rosebury, 1847–1929)は短期間ながら、グラッドストーン(Gladstone)に続く英国の宰相だった[図11]。

その後1世紀以上を経過した2009年10月29日、このハーディング『年代記』は、サザビーズの売り立て 'Books and Manuscripts from the English Library of Archibald, 5th Earl of Rosebery and Midlothian, K.G., K.T.' で、ロット56番として競売に付された。落札価格が見積価格の3倍を超えるほど競いは激烈で、2015年12月にNYのサザビーズでエリザベス朝の稀覯書コレクションが競売されることになる米国の古書収集家ロバート・ピリー(Robert S. Pirie, 1934 –2015)でさえ、underbidderとして入札に敗れる始末だった。

結局、本書のOttye–Dee–West–Mason–Hibbert–Heber–Brougham–Roseburyと続く来歴(provenance)は、書物史研究に重要な1ページを飾ることとなった。

ハーディング『年代記』とは何か

中世後期に編纂された年代記は数多ある中で、ハーディング『年代記』は18世紀に『英詩の歴史』(*The History of English Poetry*, 1774–81)を著したトマス・ウォートン(Thomas Warton)が「評価にも値しない」と一蹴したほどの陳腐な脚韻詩と言える。それにも関わらず、サー・トマス・マロリー(Sir Thomas Malory)が『アーサー王の死』(*Le Morte Darthur*, 1471)で「アーサーはローマ法王によって皇帝になった」という一文を本書から引用したため、マロリー研究者にとっては重要性が増してきた。ハーディングとマロリーは15世紀の同時代人として、ともに波乱に富む北

部イングランドで活躍したこともあって、互いに知っていた可能性すらある。『アーサー王の死』の作者の候補には数名のトマス・マロリーが挙がっているが、その中でウジェヌ・ヴィナーヴァ(Eugène Vinaver)が提唱したウォリックシャー、ニューボールド・レベル(Newbold Revel, Warwickshire)出身のサー・トマス(c.1405–1471)が支持されてきた。一方、1378年生まれのハーディングは12歳でヘンリー・パーシー(Henry Percy, シェイクスピアのHotspur)の郎党に加わり、スコットランド国境周辺でパーシーの戦いに参加した。後に彼はサー・ロバート・アンフラヴィル(Sir Robert Umfraville)の軍勢に加わり、フランスのアルフルール、アジャンクール(Harfleur and Agincourt)やスコットランド国境地帯で戦った。アンフラヴィルはハーディングをウォークワース城(Warkworth Castle)の城守(Constable)に任命、後にリンカンシャーのカイム城(Castle of Kyme, Lincolnshire)の城守に任命した。1436年にアンフラヴィルが亡くなると、ハーディングはカイムのアウグスティヌス派の修道院に隠遁し、そこで2種の『年代記』を著し、1465年ごろ死去するまでそこに留まっていたらしい。

カイムに隠遁するまでのハーディングの人生のほとんどは、イングランドがスコットランドを支配する理由ありと証明する終わりなき、否、憑りつかれたような探求に費やされた。彼は多くの年月を費やして、ヘンリー5世に、続いてヘンリー6世に、より好戦的なスコットランド政策を取るように説得し、同時に自分の奉仕に対して報酬を与えてくれるように懇願した。ヘンリー5世は1418年から3年間、ハーディングを諜報目的でスコットランドに送り込み、彼の地を侵略する最善の方法を探し出すとともにスコットランドに対するイングランドの主権を示す証拠を収集するよう特命を課した。このころ彼は、スコットランド人がイングランド諸王に従属すべき証拠として、16点の歴史文書を発見したと主張したのである。これらの重要な文書を1418年のスコットランド侵入時に発見したと主張したものの、それらを表に出すには39年もの間小出しにしていった。このうちもはや現存しない2点は真正な文書からの写しだったかもしれないが、残りは偽造文書であり、諸家の見解はハーディングが偽作者であったという点で一致している。アルフレッド・ハイアットの『中世の偽物の成立—15世紀イングランドの偽造文書』(Alfred Hiatt, *The Making of Medieval Forgeries: False Documents in Fifteenth–Century England,* 2004)には、ハーディングの偽作に関する詳細な議論があり、同時代の政治的な脈絡の中で彼を据えている。

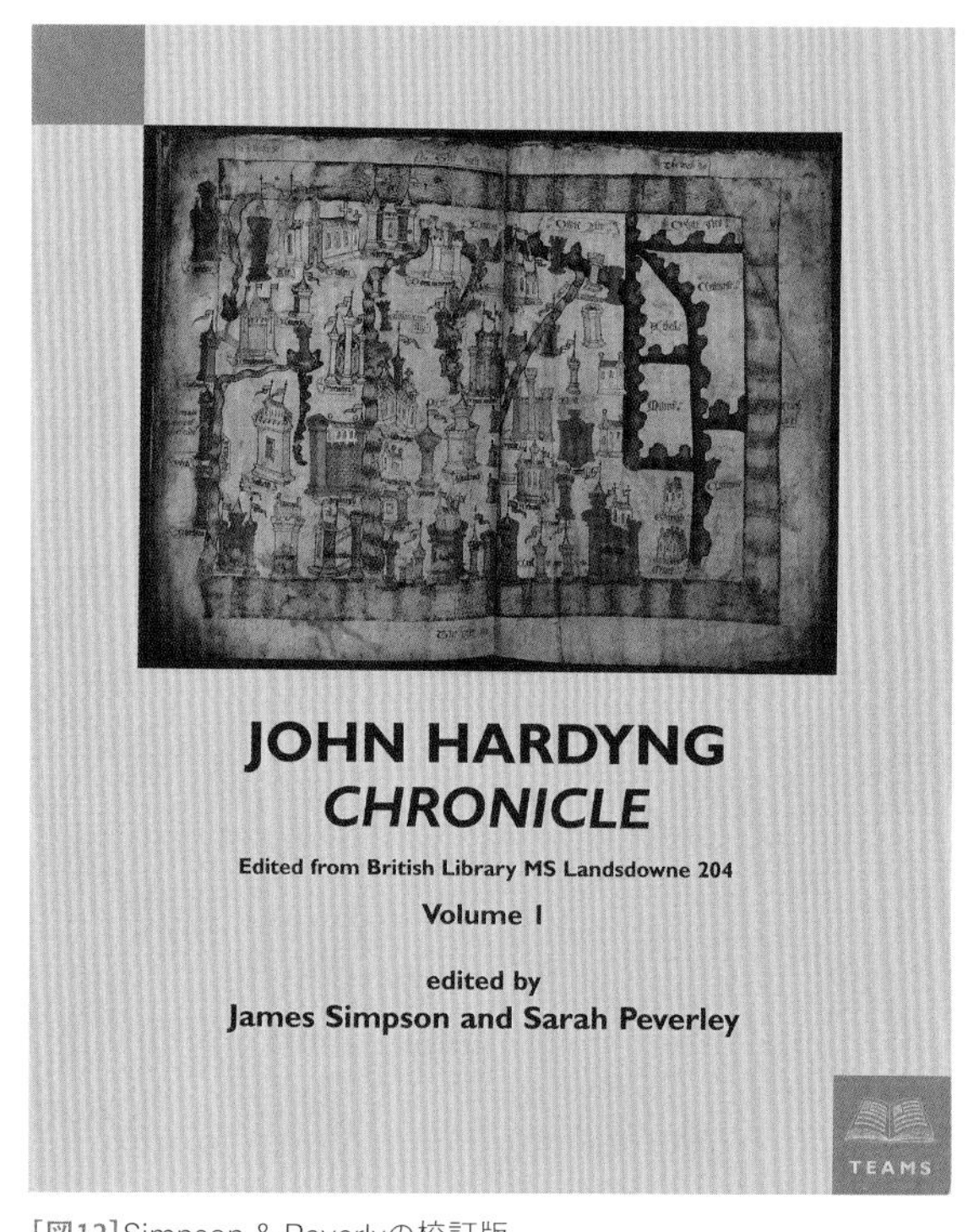

[図12]Simpson & Peverlyの校訂版

ハーディングが1422年に偽造文書3点をヘンリー5世に、そして1440年に7点をヘンリー6世に提出したにも関わらず、その奉仕にかなう報酬が得られなかったため、『年代記』の最初の原稿執筆に手を染めたと考えられる。大英図書館蔵ランズダウン写本(British Library, Landsdowne MS 204. James SimpsonとSarah Peverleyによって編纂された)にのみ現存するおよそ19,000行の長編版は、1440年に書き始められ、1457年に完成してヘンリー6世に献じられた。これはブリテンとイングランドの1437年までの歴史を扱っている[図12]。ハーディングの政治的共感は長編版でのランカスター家から、短縮版でのヨーク家へと移ったが、両版に潜む政治的なメッセージは明白である。つまり、イングランドはスコットランドを征服すべし、というものだった。彼の年代記は、『スコットランド人の年代記』(*Chronica Gentis Scotorum*)でスコットランドは歴史的にイングランドから独立していたと主張したジョン・オヴ・フォーダン(John of Fordun, before 1360 – c. 1384)のような、スコットラ

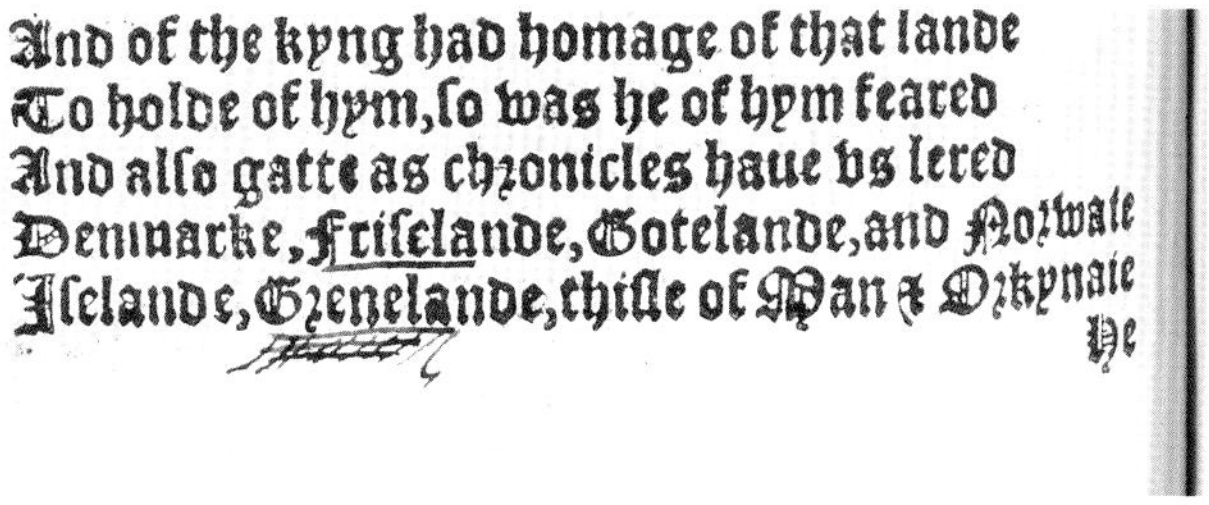

And of the kyng had homage of that lande
To holde of hym, so was he of hym feared
And also gatte as chronicles haue vs lered
Denmarke, Friselande, Gotelande, and Norwale
Iselande, Grenelande, thisle of Man & Orkynaie
He

[図13] ディーによる下線部分

ンドの国家主義的な歴史家の著作への対抗策として見るのが妥当かもしれない。

16の写本に現存する短縮版が印刷されたのは1543年が最初だった。興味深いことに、この年、イングランド国王直属の印刷者リチャード・グラフトン(Richard Grafton)の工房から、2種のハーディング『年代記』が世に出た。これらに見られる書誌学的問題は複雑だが、その詳細はアリソン・ハナム(Alison Hanham)の論考*Bulletin of the Bibliographical Sotiety of Australia and New Zealand,* 3 (1979), 17–33に任せて、ここではグラフトンの出版意図を少し考えてみよう。ハイアットが言うように、グラフトンは明らかに、イングランド王室の元でブリテンを統一させたいというハーディングの欲求を積極的に擁護しているのである。彼の両版がとも1543年1月に上梓されたのは、スコットランドのメアリー(Mary, Queen of Scots)の誕生後2ヶ月の時期であり、ヘンリー8世がスコットランドに対して宣戦布告した3ヶ月後だった事実は看過できないであろう。

ディーによる『年代記』への書き込み

では、ディーはハーディングから何を学んだのだろうか。『年代記』余白の書き込みは、三種のはっきり異なる書体で書かれているが、William Shermanはそれらすべてがディーの筆跡だとしている。書体の変化は、書物と所有者の間で相互干渉があったことを示している。つまりディーは書き込みを施した後、機会あるごとにその本文に繰り返し戻っている。書き込みから明らかなのは、ディーが「ブリテンの歴史」に並々ならぬ関心を示していることだ。ハーディングを読めば、1570年代にディーが関わったブリテンの帝国主義を求めた先輩たちを探求していることが分かる。結局のところ、彼は「大英帝国」British Empireという言葉を最初に用いた人物であり、「フリースランド」Friselandeや「グリーンランド」Grenelandeの地名にしっかりと下線を施していること自体、この帝国主義を意識している明白な証拠として見ることができる。これらは、イングランド王室が正統的に求めたと彼が信じる領土だった。グリン・パリー(Glynn Parry)は、「エリザベスがオランダまでも系譜を遠い過去に伸ばしたい」とのディーの欲求を端的に特徴づけるとする。ハーディングのような書物に見いだされる先例は、その具体例だった[図13]。

1574年という購入の日付は、我々にディーの人生や体験を彼のハーディング読書の文脈で考えさせることになる。ロバーツとウォトソンが指摘しているように、ディーはその年ウェールズを旅したし、翌年にはウェルシュプールの「いとこ」に当たるオリヴァー・リピッド(‘cousin’ Oliver Lypyd of Welshpool)から、好古家ハンフリー・リウィド(Humphrey Llwyd)の作品の写本を贈られた。ウィリアム・シャーマンは、ディーの読書人生におけるこの時期を、歴史書に強迫的に書き込みを施すのが特徴だとしており、これはハーディングを利用することと軌を一にしている。シャーマンが指摘するように、ジェフリー・オヴ・モンマスの『ブリテン列王伝』(Geoffrey of Monmouth, *Britanniae vtriusque regum origo*)に「1574年7月12日」‘1574. Julij 12’の購入日を与えていることに注目するのは有益かもしれない。

エリザベス1世とディー

1575年初め、ディーの妻だったマーガレットが死去し、その年の3月10日エリザベス女王がテムズ河畔のモートレイクMortlakeにあるディー邸を弔問した。これは女王が少なくとも4度び彼を訪問したうちで最初の訪問であった。この時当然ながら書斎を見せることもあっただろう。ディーがハーディング『年代記』の下線部分を示して、女王にフリースランドとグリーンランドのような北方領土を主張するに相応しい証拠だと言っただろう。これは

単なる想像ではない。ジェームズ・オーチャード・ハリウェル(James Orchard Halliwell)が1842年に編纂した『ディーの私的な日記』[図14]の1577年11月28日は、次のように始まる。「午後3時に女王と話す。ウォルシンガム国務長官(Mr Secretary Walsingham)とも話した。私は、グリーンランド、エステティランドとフリースランドは女王の称号だと明言した。」一方、1578年6月30日、ディーは書く。「ミドル・テンプル法学院のハクルイト氏(Mr Hackluyt of the Middle Temple)がいる傍らで、私はダニエル・ロジャーズ氏(Mr Daniel Rogers)に対して、アーサー王とマティ王は二人とも、最近はフリースランドと呼ばれるゲリンディア(Gelindia)を征服した、と話した。ロジャーズ氏はすぐその説明をモンマスの写本に書き込んだ。」イングランドが北大西洋の島々をいかに統治するかの問題は重要なカギだった。デイヴィッド・アーミテッジ(David Armitage)によれば、「ディーは20年間に亘って大英帝国の海域面積に関する自説を拡大した結果、これが大英帝国を決定づける特徴となった」。結論としては、「ディーは、ブリテン、アイルランド、アイスランド、グリーンランド、フリースランドを含む北大西洋の島々に対するエリザベスの主権の合法性を、女王をこれらの島々の最後の統治者だったアーサー王の系譜に直結させることによって確立し、スコットランドへの主権の主張を再確認することに腐心したのである。」なお、John Deeの自署と取得年号が記入されたケンブリッジ大学図書館所蔵本(CUL, Inc.3.A.2.10, signed and dated 'Jo. Dee. 1574 Maij 22': see Roberts & Watson, No. 1362)とエマニュエル・コレッジ図書館所蔵本(Emmanuel College, Cambridge, 304.I.54, signed and dated 'Joannes Deeus 1550. 22. Julij…': see Roberts & Watson, No. 134)には、アーサーに関する部分に注釈や下線が施されている。ウェールズ人としての出自を持つディーは、誕生した長男をアーサーと命名したし、系譜も作成させたらしい。

先達者を求めて傾注したディーのこの時期の研究は、1577年に出版した著書に結実した。『航海の完全な技術に関する一般的なそして特殊な回想』(*General and Rare Memorials Pertayning to the Perfect Arte of Navigation,* 1576: STC 6459)は、ブリテンの帝国主義的で拡大主義的な政策を積極的に擁護する彼の著作の嚆矢となった。その標題紙には意気揚々と玉座に

THE
PRIVATE DIARY
OF
DR. JOHN DEE,
AND
THE CATALOGUE OF HIS LIBRARY OF MANUSCRIPTS,
FROM THE ORIGINAL MANUSCRIPTS
IN THE ASHMOLEAN MUSEUM AT OXFORD, AND TRINITY
COLLEGE LIBRARY, CAMBRIDGE.

EDITED BY
JAMES ORCHARD HALLIWELL, Esq. F.R.S.,
Hon. M.R.I.A., &c. &c. &c.

LONDON:
PRINTED FOR THE CAMDEN SOCIETY,
BY JOHN BOWYER NICHOLS AND SON, PARLIAMENT STREET.
M.DCCC.XLII.

[図14]ジェームズ・オーチャード・ハリウェル(James Orchard Halliwell)が1842年に編纂した『ディーの私的な日記』

座って到着する船上のエリザベスを歓迎する、守護女神ブリタニア(Britannia)が描かれている。ディーの注釈を彼の日記や出版物にまざまざと結びつけることができるとは、何とも満足感に満たされることか。ハーディング『年代記』の中に、好古家、廷臣、そして政治家の要素が活動しているさまを見る。つまり、彼の研究が直接的に彼の言動と出版物に結びついているのである。

ウィリアム・シャーマンは、ディーの余白への書き込みをうまく分類しており、その好例がハーディングに発見できるという。ディーはポルトガル王への言及を否定して、「ポルトガルは今やカスティーユにもレオンにも属していない」('Portugale now did not belong either to Castile or Leon.')といった観察をしている[図15]。他の例としては、ハーディングがエドワード4世に呼び掛けて「閣下の尊父」に言及しているセクションの次に、ディーは「本書は最初エドワード4世の父、ヨーク公に届けられたが、彼はウェイクフィールドで斬殺されたので、最後はエドワード王に献じられた」('This boke first went to the Duk of York father to Edward the 4th: but he was slayn at Wakefeld and therefore it was finished to K. Ed.')と注釈を施した

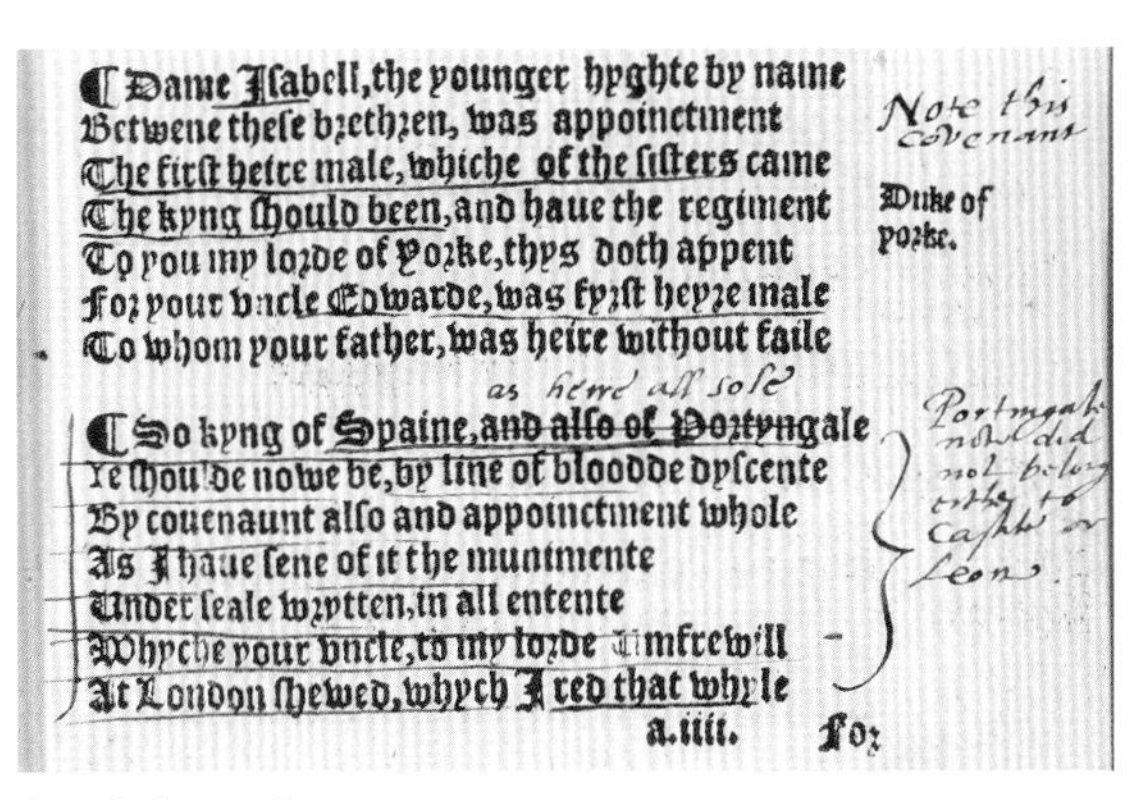

Dame Isabell, the younger hyghte by name
Betwene these brethren, was appoinctment
The first heire male, whiche of the sisters came
The kyng should been, and haue the regiment
To you my lorde of Yorke, thys doth appent
For your vncle Edwarde, was fyrst heyre male
To whom your father, was heire without faile

So kyng of Spaine, and also of Portyngale
Ye shoulde nowe be, by line of bloodde dyscente
By couenaunt also and appoinctment whole
As I haue sene of it the muniment
Under seale wrytten, in all entente
Whyche your vncle, to my lorde Umfrewill
At London shewed, whych I red that whyle

a.iiii. For

Duke of Yorke.

［図15］ディーのポルトガルへの言及

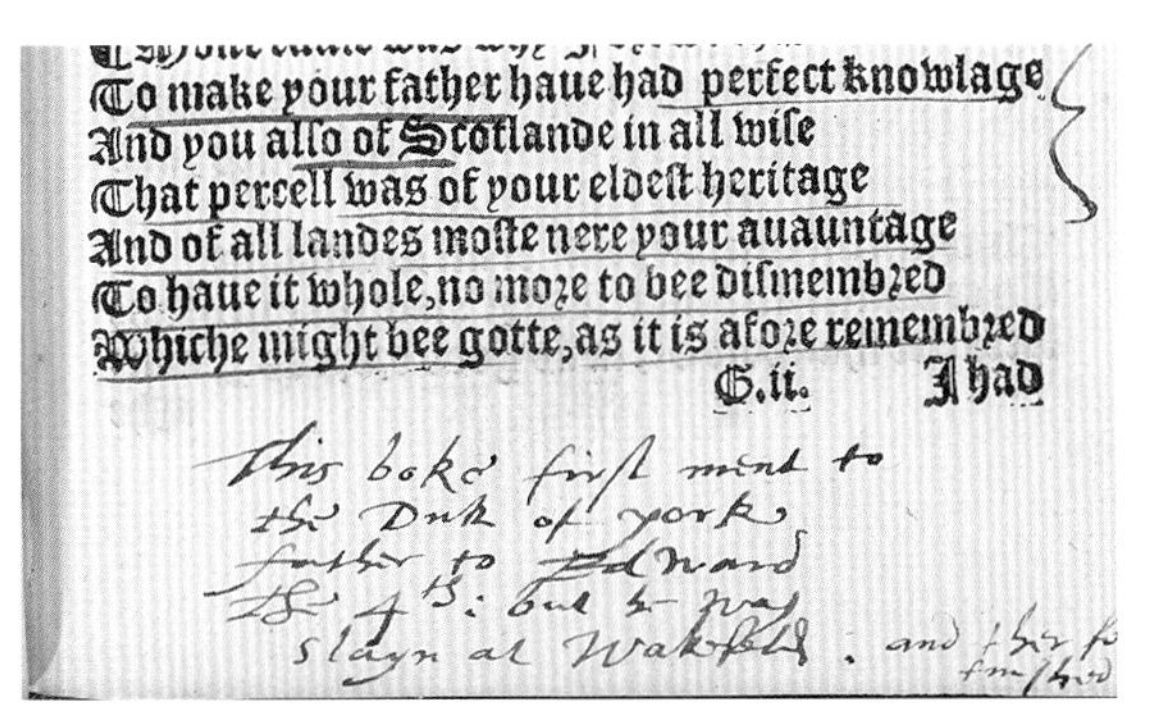

To make your father haue had perfect knowlage
And you also of Scotlande in all wise
That percell was of your eldest heritage
And of all landes moste nere your auauntage
To haue it whole, no more to bee dismembred
Whiche might bee gotte, as it is afore remembred

G.ii. I had

This boke first ment to the Duk of york father to Edward the 4: but he was slayn at Wakfeld.

［図16］ディーによる注釈

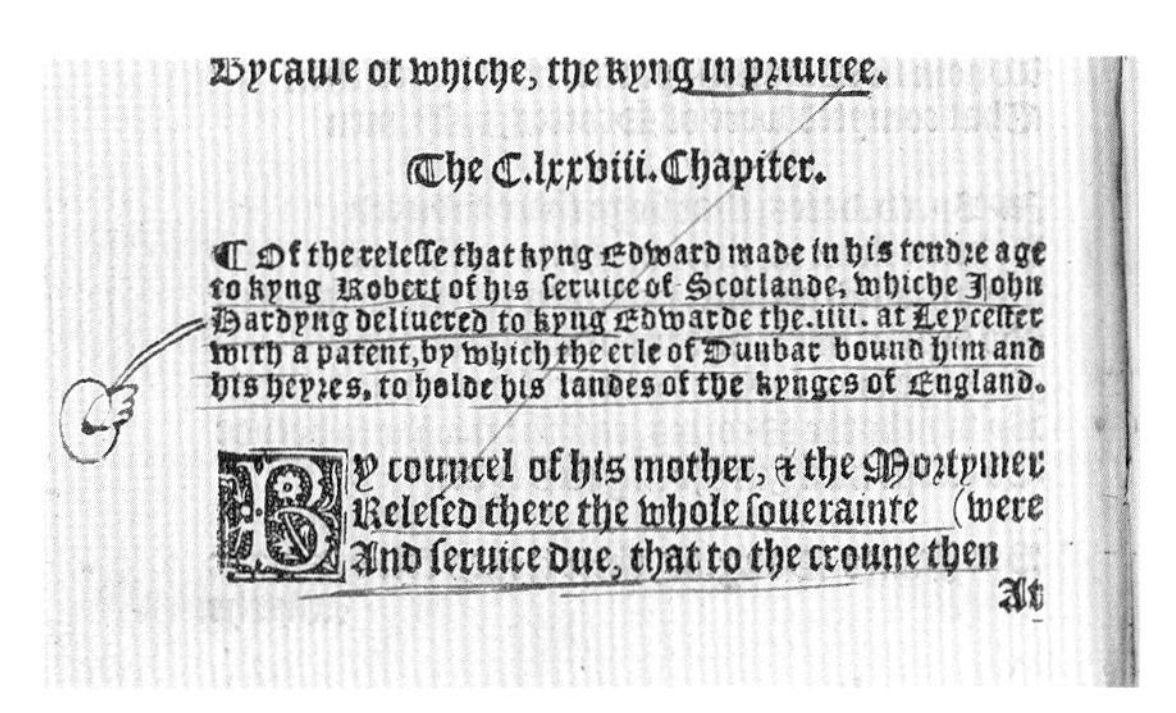

Bycause of whiche, the kyng in priuitee.

The C.lxxviii. Chapiter.

Of the relesse that kyng Edward made in his tendre age to kyng Robert of his seruice of Scotlande, whiche John Hardyng deliuered to kyng Edwarde the.iiii. at Leycester with a patent, by which the erle of Dunbar bound him and his heyres, to holde his landes of the kynges of England.

By councel of his mother, & the Mortymer
Relesed there the whole soueraintie (were
And seruice due, that to the croune then
At

［図17］ディーによるマニキュル使用例。長い人差し指に注目

［図16］。シャーマンはまた、多くの同時代人と同じようにディーも頻繁にマニキュル（manicule=pointing finger）を用いたことに触れている。現本の6箇所には彼のマニキュルが明瞭に書き込まれている［図17］。

さて、2016年秋、ディー信奉者たちは王立内科医協会（Royal College of Physicians: RCPと略称）で開催された展覧会「学者、廷臣、魔術師：ジョン・ディーの失われた蔵書」（'Scholar, Courtier, Magician: The Lost Library of John Dee'）を堪能したに違いない。私も2度訪れて、大いに啓発された。ディー蔵書の運命はよく記録されている。彼自身は3,000冊の印刷本と1,000冊の写本を所有していたと豪語していたが、彼が外国に滞在中、モートレイク（Mortlake）の館から多くの本が略奪されたり、なくなったりした。例えばRCPが保有する100冊を超える蔵書は、ディーの生徒の一人だったと思われるニコラウス・ソーンダー（Nicholaus Saunder）が盗んだもので、彼は頻繁にディーの署名を抹消したり、自分自身の署名を重ね書きしたりした。ソーンダーのコレクションは後にドーチェスター侯爵（Marquis of Dorchester）が買い上げて、侯爵の死後、1680年にRCPに寄贈された。ハーディング『年代記』のディー旧蔵本はソーンダーの仕業による盗難ではなかった。ディー蔵書目録の1686番には、本書がMr Jackによって戻されたと書き込まれている。目録の編纂者Roberts & Watsonは、Thomas Jackなる人物が、ディーのハンマー、壊れた石磁石のかけら、アーノルドとハーディングの年代記を所有していたと記録している（p. 55）。

オンライン目録とフランセス・イェイツやウィリアム・シャーマンといった卓越した学者の研究成果のおかげで、ディーと彼の読書に関する研究は息を吹き返して、今や彼の蔵書をより鮮明に視覚化し文脈化することが可能になった。過去において、ディー旧蔵本は常に好古家や愛書家の垂涎の的であった。夥しい欄外注釈、彼の地位と重要性、オカルトと錬金術の実践などがその理由に挙げられるであろう。幸せな旧蔵者のABC順リストには、Elias Ashmole, Thomas Baker, William Cecil, Thomas Gale, James Orchard Halliwell, Richard Heber, Narcissus Luttrell, Frederic Maddenらがいる。現代の蔵書家リストは、当然のことながら短いが、それは市場に出た多くのディー旧蔵本が、公共図書館の所属に帰したからだ。現代の個人収集家の例として、ハーバード大学のオーウェン・ギンガリッチ名誉教授（Owen Gingerich, Professor Emeritus of Astronomy & the History of Science, Harvard University）を挙げよう。ベストセラー『誰も読まなかったコペルニクス―科学革命をもたらした本』（*Copernicus No One Read,* 柴田裕之訳、早川書房、2005）をものした天文学者である。彼が所蔵する、Roberts & Watson編纂の1583番には、所有銘'Joannes Dee. 1561. Londini'と鏡文字で書き込まれている。おそらく盗難に遭った後、ほどなくして大西洋を渡ったもので、17世紀以降は米国にあったことが歴然としている。

近世豪商・豪農の〈家〉経営と書物受容

北奥地域の事例研究

鈴木淳世［著］

本体10,000円

19世紀前半、相次ぐ飢饉や財政窮乏などの社会状況の変化に対し、中間層である豪商・豪農たちはどのように対応していったのか。北奥・八戸藩において対照的な行動をなした二人の人物を取り上げ、その行動の背景にある思想の形成過程を蔵書体系や書物受容から探り、村・町などの共同体との共生において「知」がどのように関わっていたのかを鮮やかに描き出す。

近世・近現代

文書の保存・管理の歴史

佐藤孝之・三村昌司［編］

本体4,500円

多様に、膨大に作成されるようになった近世・近現代の文書・歴史資料。それらはどのようにして保存・管理され、現在どのように利用・活用されているのか。近世は幕府や藩、村方、商家等を対象に、明治以降の近現代は公文書、自治体史料などの歴史資料、そして、修復やデジタルアーカイブなどの現代的課題に焦点を当てて、文書の保存・管理システムの実態と特質を明らかにする。

由緒・偽文書と地域社会

北河内を中心に

馬部隆弘［著］

本体11,000円

「椿井文書」なる偽文書が地域の由緒に大きく関わる北河内地域を中心に、偽文書や由緒書の生成・流布の過程を解明。当該地域における歴史叙述の脈絡を捉え直し、戦国期に寺内町を次々と生み出した地域秩序を明らかにすることで、地域史の再構築をはかり、歴史学と地域社会との対話を模索する。

アジア遊学248

明治が歴史になったとき

史学史としての大久保利謙

佐藤雄基［編］

本体2,800円

歴史家が「明治時代」を新たに学問の対象としたとき、そこではどのような営為がおこなわれていたのか。国会図書館憲政資料室の創設に関わり、史料環境の整備に尽力した日本近代史研究の先駆者である大久保利謙。その足跡を史学史・史料論・蔵書論の観点を交え検証し、日本近代史研究の誕生の瞬間を描き出す。

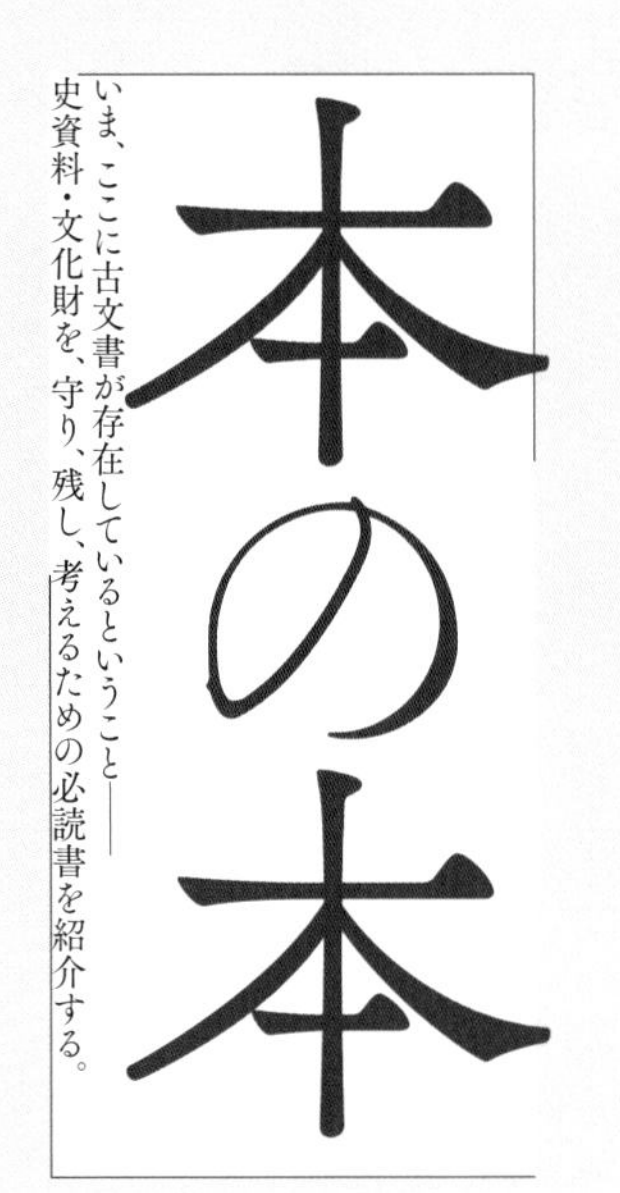

本の本
いま、ここに古文書が存在しているということ——
史資料・文化財を、守り、残し、考えるための必読書を紹介する。

「本読み」の民俗誌

交叉する文字と語り

川島秀一［著］

本体3,500円

宗教的な講や田の水引きの農作業など村人が集まる機会に、独特の節回しで本を読んで聞かせる人びと、ホンヨミ。彼らによって読み伝えられた物語や由緒は、語り継がれ、また、時には書き写されながら、地域社会の共通の知となっていった。地域社会において、〈本〉は、そして〈読む〉ことと〈書く〉ことはどのような意味を持っていたのか。三陸地方のフィールドワークから浮かび上がる民俗社会を描き出す。

紙の日本史

古典と絵巻物が伝える文化遺産

池田寿［著］

本体2,400円

古来、日本人の生活のなかに紙は常に存在していた。
時代の美意識や技術を反映しながら、さまざまな用途に合わせ、紙は作られ、選ばれ、利用されていた。長年文化財を取り扱ってきた最先端の現場での知見を活かし、さまざまな古典作品や絵巻物をひもときながら、文化の源泉としての紙の実像、そして、それに向き合ってきた人びとの営みを探る。

【増刷出来！】

江戸日本橋商人の記録

〈にんべん〉伊勢屋
高津伊兵衛家の古文書

澤登寛聡・筑後則［編］

本体11,000円

享保改革期、320年の歴史の基礎を築いた高津家三代・四代当主の活動を克明に記した日記・文書、そして、その思想・人生哲学を伝える史料を初めて翻刻、解題・通釈を付して公刊。資金繰り、相場の変動、雇用問題、家族の死、度重なる災害など、目まぐるしく変わる状況に彼らはいかに対応してきたのか——。江戸に生きた商人・町人の暮らしを映し出す貴重資料。

北条氏発給文書の研究

附・発給文書目録

北条氏研究会［編］

本体15,000円

鎌倉幕府創立に尽力し、その後の武家政治体制の基盤を作るとともに実権をも掌握していった北条氏。その政治の実際をまざまざと伝える一次史料である発給文書を網羅的に収集・検討し、時政以下、執権をつとめた各代、さらには頼朝、実朝など鎌倉殿の各代について、その足跡を歴史上に位置付ける。歴代の発給文書目録も具えた、レファレンスツールとして必備の一冊。

書物學

刊行のことば

BIBLIOLOGY : the history and science of books as physical objects.

書物は人類の英知の結晶である。中国やエジプトにおけるその起源は幽にして遠、ただ仰ぎ見るばかりである。

それらに較べれば、中国文明に接するまで文字をもたなかった日本の書物の歴史は、短い。しかし、漢字を学び、漢文訓読という読解法を編みだし、そこから派生した片仮名、さらに漢字を表音文字として使用する平仮名という文字を生みだし、それらを駆使して、多くの書物が書かれてきた。「女手（おんなで）」とよばれた平仮名による女性の著述の歴史も、千年を超える。

漢字、片仮名、平仮名。一つの言語が三つの文字体系をもち、それらを使い分けて書物は書かれ出版された。そのような言語、そのような国はあるだろうか。

いま、書物は急速に「物」の次元を超え、手に触れることのできない電子の世界に移行しようとしている。それもまた人類の驚異的な英知の成果にほかならない。

これまでに蓄積されてきた書物をめぐる精緻な書誌学、文献学の富を人間の学に呼び戻し、愛書家とともに、洋の東西を隔てず、現在・過去・未来にわたる書物論議を展開する場として、ここに『書物学（Bibliology）』を創刊する。

本書の創刊が、書物を研究し書物を愛でる人々による「書物の人間学」への機縁となることを期待したい。

書物学 第18巻
蔵書はめぐる――海外図書館の日本古典籍コレクション

2020年7月15日発行

発行者 ……………… 池嶋洋次
企画・編集………… ㈳勉 誠
発売元 ……………… 勉誠出版㈱
〒101-0051 東京都千代田区神田神保町 3-10-2
電話 (03)5215-9021 FAX(03)5215-9025
E-mail : info@bensei.jp
印刷・製本………… ㈱太平印刷社

ISBN978-4-585-20718-4 C1000